suhrkamp taschenbuch
wissenschaft 627

In diesem Buch erscheinen in Deutsch bisher unveröffentlichte preistheoretische Beiträge von D. Ricardo (1772-1823), A. Marshall (1842-1924), V. Dmitriev (1868-1913) und von P. Sraffa (1898-1983).

Der Aufsatz »Absoluter Wert und Tauschwert« enthält Ricardos letzte Gedanken über die Berücksichtigung der Kapitalverzinsung in seiner Arbeitswertlehre.

Die Skizze »Die reine Theorie der inländischen Werte« faßt die vom frühen Marshall vertretene, in mancher Hinsicht noch klassische Preistheorie zusammen. Marshall entwickelte hier als erster den aus den mikroökonomischen Lehrbüchern bekannten Kurvenapparat.

In dem Essay »David Ricardos Werttheorie« erweist sich Dmitriev als Vorläufer der Input-Output-Analyse und der modernen Reformulierung der klassischen Preistheorie.

Sraffa analysiert in seinem Aufsatz »Über die Beziehungen zwischen Kosten und produzierter Menge« die ceteris paribus-Bedingung bei Marshall. Dieser frühen Kritik zufolge wäre Marshalls Preistheorie nur als Produktionskostentheorie konsistent.

Der Herausgeber versucht, mit dem Aufsatz »Nachfrage und Zufuhr in der klassischen Ökonomie« die Funktion des ›normalen‹ Preises gegenüber dem Marktpreis herauszustellen.

Bertram Schefold, geb. 1943 in Basel, ist seit 1974 o. Professor an der J. W. Goethe-Universität Frankfurt.

Ökonomische Klassik
im Umbruch

Theoretische Aufsätze von
David Ricardo, Alfred Marshall,
Vladimir K. Dmitriev und
Piero Sraffa

Herausgegeben von
Bertram Schefold

Suhrkamp

CIP-Kurztitelaufnahme der Deutschen Bibliothek
Ökonomische Klassik im Umbruch :
theoret. Aufsätze / von David Ricardo...
Hrsg. von Bertram Schefold. – 1. Aufl. –
Frankfurt am Main : Suhrkamp, 1986
(Suhrkamp-Taschenbuch Wissenschaft ; 627)
ISBN 3-518-28227-1
NE: Ricardo, David [Mitverf.];
Schefold, Bertram [Hrsg.]; GT

suhrkamp taschenbuch wissenschaft 627
Erste Auflage 1986
© Suhrkamp Verlag Frankfurt am Main 1986
Suhrkamp Taschenbuch Verlag
Alle Rechte vorbehalten, insbesondere das
des öffentlichen Vortrags, der Übertragung
durch Rundfunk und Fernsehen
sowie der Übersetzung, auch einzelner Teile
Satz und Druck: Wagner GmbH, Nördlingen
Printed in Germany
Umschlag nach Entwürfen von
Willy Fleckhaus und Rolf Staudt

1 2 3 4 5 6 – 91 90 89 88 87 86

Inhalt

Vorwort 7

David Ricardo
Absoluter Wert und Tauschwert 15

Alfred Marshall
Die reine Theorie der inländischen Werte 35

Vladimir K. Dmitriev
David Ricardos Werttheorie.
Versuch einer strengen Analyse 63

Piero Sraffa
Über die Beziehungen zwischen Kosten
und produzierter Menge 137

Bertram Schefold
Nachfrage und Zufuhr in der klassischen Ökonomie 195

Biographischer Anhang 243

Vorwort

In diesem Buch werden erstmals wichtige Aufsätze der ökonomischen Theorie in deutscher Sprache veröffentlicht, die für das Verständnis der modernen werttheoretischen Diskussion und ihrer Geschichte von grundlegender Bedeutung sind. Ihre Herausgabe soll der Diskussion der Frage dienen, welche offenen Probleme der klassischen Theorie zur Neoklassik führten und welche Inkonsistenzen der Neoklassik wiederum Sraffas Versuch rechtfertigten, eine neue Begründung der Klassik zu liefern. Die Aufsätze beleuchten spezielle Aspekte dieses weiten theoriegeschichtlichen Zusammenhangs.

Von Ricardos kurz vor seinem Tod verfaßten Essay »Absoluter Wert und Tauschwert« sind uns nur eine Rohfassung und eine spätere unvollendete Version erhalten geblieben. Bis zur Publikation der gesammelten Werke Ricardos 1951[1] war der hier übersetzte Beitrag der Öffentlichkeit unbekannt. Das Manuskript wurde nach Sraffas jahrelanger Suche 1943 unter Papieren und Briefen gefunden, die einem Nachfahren von James Mill gehörten. Der Fund wurde zum Anlaß einer wesentlichen Revision der schon fast fertigen Ricardo-Gesamtausgabe. Der erste Teil des deutschen Textes (S. 15-24) entstammt der späteren Fassung (Bd. IV, S. 398-410), während von S. 24 an die Rohfassung (S. 374-379) als Grundlage für die Übersetzung des englischen Textes diente. Die Übersetzung wurde von Peter Lindenthal besorgt.

In diesem Entwurf befaßte sich Ricardo mit der Existenz eines »unveränderlichen Wertmaßstabs«. Es handelt sich hierbei um ein grundsätzliches Problem der Werttheorie. Der Tauschwert drückt nur den relativen Wert einer Ware aus. Deswegen kann man mit Hilfe dieses Werts die »absolute« Änderung von Warenwerten nicht ermitteln. Man weiß im Zweifelsfall nicht, ob sich der zu messende Warenwert, der Wertmaßstab oder beide ihren Wert geändert haben.

Dieses Problem träte nach Ricardo nicht auf, wenn ein Wertmaß-

---

[1] *The Works and Correspondence of David Ricardo,* hg. von Piero Sraffa und Maurice Dobb, Cambridge 1953-1973, hier: Bd. IV.

stab zur Verfügung stünde, der von Veränderungen der Produktionsbedingungen und der Verteilung selbst nicht beeinflußt wird. Nur ein solcher unveränderlicher Wertmaßstab könnte sicherstellen, daß es sich bei beobachteten Preisveränderungen tatsächlich um Veränderungen der zu messenden Warenwerte handelt. Das Wertmaß würde daher objektive Messungen der Preise mit derselben Verbindlichkeit ermöglichen wie das bekannte Urmeter in Paris hinsichtlich von Längenmessungen.

Diese rein technische Analogie und die quasi naturgesetzliche Auffassung eines ökonomischen Problems befremden den heutigen Leser. Solche Begriffe wie »unveränderlicher Wertmaßstab« sind zu relativieren: gemeint ist das Aufsuchen eines Wertstandards, der mit Ricardos Theorie der Einkommensverteilung und des Produktivitätswachstums verträglich ist.

Ricardo diskutiert in dem Essay die von anderen politischen Ökonomen vorgeschlagenen Wertstandards und verwirft sie alle. Falls Werte in Arbeitsmengen gemessen würden, müßten zwei Waren, die die gleiche Menge Arbeit enthalten, gleich viel wert sein. Wird jedoch zum Beispiel bei der Produktion der einen Ware Kapital vorgeschossen und bei der anderen Ware nicht, wäre die erstere um so teurer als die letztere, je höher die Profitrate.

Auch die Heranziehung eines Warenkorbs als Wertmaß lehnt Ricardo ab. Denn wie sollte sichergestellt werden, daß die Wertsumme der in diesem Korb enthaltenen Waren wirklich unverändert bliebe, wenn aufgrund von wechselnden Produktionsbedingungen und Änderungen der Verteilung die Werte der einzelnen Waren variieren – ein Problem, das Sraffa[2] später auf die Verteilung einschränken und damit streng lösen sollte.

Ricardo hielt ein vollkommenes Wertmaß für unmöglich. Resignierend schlug er schließlich eine Ware als Wertmaßstab vor, die unter durchschnittlichen Bedingungen produziert wird. Der Wert dieser Ware würde daher auf Veränderungen von Technologie und/oder Verteilung so reagieren, wie der Durchschnitt aller Warenwerte. Man hätte damit zwar keinen wirklich verteilungs-

---

2 Piero Sraffa, *Production of Commodities by Means of Commodities. Prelude to a Critique of Economic Theory*, Cambridge 1960; deutsch: *Warenproduktion mittels Waren. Einleitung zu einer Kritik der ökonomischen Theorie*, Nachworte von Bertram Schefold, Frankfurt/M. 1976.

und technologieunabhängigen Wertmaßstab, aber immerhin einen, der »... in den meisten Fällen eine viel geringere Abweichung vom wahren Sachverhalt« (S. 21) ergibt als andere Maßstäbe.
Obwohl Ricardo zu keinem befriedigenden Ergebnis kam, ist sein Essay auch heute noch von hohem Interesse. Er ist es insbesondere auch aus dogmenhistorischen Gründen. Er belegt unzweideutig, daß Ricardo bis zum Ende seines Lebens an seinem Ziel, eine auf objektiven Grundlagen aufbauende Preistheorie abzuleiten, festhielt, obwohl in seiner Konstruktion Schwierigkeiten auftraten, die erst heute gelöst sind. Ricardo war konsistenter, als man dachte, und verschiedene angebliche Widersprüche in seinem System beruhten auf einem Unverständnis, das erst durch die moderne Formalisierung überwunden wurde.

Die Skizze Marshalls »Die reine Theorie der inländischen Werte« wurde als zweiter Abschnitt der *Pure Theory of Foreign Trade* 1879 in einem kleinen Privatdruck veröffentlicht. Das erste Kapitel, in dem Marshall die Angebots- und Nachfragekurven konstruiert, wurde von Jan Brägelmann aus dem Englischen übersetzt. Als Grundlage der Übersetzung diente die Fassung der »Pure Theory of Domestic Values«, die im zweiten Band (S. 186-210) der *Early Economic Writings of Alfred Marshall, 1867-1890*[3] erschien. Anmerkungen des englischen Herausgebers wurden – soweit sie zum besseren Verständnis des Textes nützlich erschienen – mitübersetzt.
Konstruktionen von Angebots- und Nachfragekurven Marshalls liegen zwar schon aus den Jahren 1870/71 vor, doch sind jene Texte[4] noch fragmentarischer und wurden zu Zeiten Marshalls auch nie gedruckt.
Die neuere Entwicklung der neoklassischen Theorie wird von der allgemeinen temporalen oder intertemporalen Gleichgewichtstheorie (Hicks bzw. Arrow und Debreu) dominiert. Man könnte daher meinen, daß neoklassische Theorieansätze, wie sie von Marshall vertreten wurden, keine Relevanz mehr für die gegenwärtige Volkswirtschaftslehre besäßen. Doch dieser Eindruck täuscht. Die allgemeine Gleichgewichtstheorie ist nicht in der

3 *The Early Writings of Alfred Marshall 1867-1890*, Bd. II, hg. von J. K. Whitaker, London/Basingstoke 1975.
4 Vgl. a.a.O., Bd. I, S. 124-164.

Lage, relevante Konzepte für das wirtschaftliche Handeln der Unternehmung zu formulieren. Sobald sich die mikroökonomischen Lehrbücher damit befassen, greifen sie auf Werkzeuge der ökonomischen Theorie zurück, die maßgeblich von Marshall geprägt wurden.

Im übersetzten Kapitel der »reinen Theorie der inländischen Werte« faßte Marshall kurz die Preis- bzw. Werttheorie zusammen, die er im wesentlichen auch in seinem Hauptwerk[5] vertrat. Doch wird im Gegensatz zu seinem Spätwerk in diesem Aufsatz die Anknüpfung an Mill und Ricardo, also an die klassische Ökonomie, deutlicher.

Nach dem Versuch der Legitimierung seiner analytischen Werkzeuge ging Marshall in seinem Essay auf den Streit über den Produktionskosten- und Wertbegriff ein. Er versuchte der Problematik, die in Ricardos Essay abgehandelt wurde, aus dem Weg zu gehen, indem er sich auf Geldgrößen und hinsichtlich der Kosten auf Ausgaben bezog. Anschließend leitete Marshall seine Nachfragekurve ab. Diese Kurve wird bei ihm jedoch hier noch nicht – wie in der modernen Neoklassik – aus Präferenzen bzw. Nutzenfunktionen deduziert, sondern ist schlicht eine Aneinanderreihung von Preisen, die für eine auf einem bestimmten Markt verkaufte Ware erzielt werden können, wenn ihre Angebotsmenge variiert wird.

Im Gegensatz zu Jevons legte Marshall das Schwergewicht auf die Angebotsseite. Das Angebot im Sinne Marshalls muß, anders als in der walrasianischen Schule, als eine Stromgröße betrachtet werden. Es sind durchschnittliche Produktionskosten, die den Angebotspreis bei einer bestimmten Ausbringungsmenge bestimmen. Weil Marshall – wie die Klassik – an die Produktionsbedingungen anknüpfte, mußte er bei variierender Ausbringungsmenge fallende und steigende Durchschnittskostenverläufe diskutieren. In der Bemühung, Veränderungen der Produktionsbedingungen in der Angebotskurve abzubilden, war er genauer und anspruchsvoller als moderne Autoren; das Problem, ob solche Veränderungen als Kurvenverschiebungen oder als Wanderungen auf derselben Angebotskurve aufzufassen seien, stellt sich ihm deshalb deutlich in seiner ganzen grundsätzlichen Unlösbarkeit – sobald

---

[5] Alfred Marshall, *Principles of Economics*, 8. Aufl., London/Basingstoke 1920.

nämlich Irreversibilitäten auftreten. Anders als in seinen *Principles of Economics*, in deren späteren Auflagen die Diskussion steigender Skalenerträge in einen Appendix verbannt wurde, erörterte er dieses Problem in seinen früheren Schriften noch recht ausführlich, wobei sein Dilemma, die empirisch so häufig vorgefundenen fallenden Kosten mit Konkurrenzbedingungen zu verbinden, deutlich wird.
Nach der Untersuchung der Stabilität der Gleichgewichte bemühte sich Marshall um eine widerspruchsfreie Darstellung der Irreversibilitäten der Angebotskurve und diskutierte am Ende des Kapitels die Ursachen und Folgen einer Nachfrage- bzw. Angebotsänderung.

Vladimir K. Dmitrievs Essay »David Ricardos Werttheorie – Versuch einer strengen Analyse« erschien 1898 in Moskau. Dieser Essay wurde anschließend zusammen mit Aufsätzen über Wettbewerbstheorie und die Grenznutzentheorie 1904 noch einmal publiziert. Die Beiträge Dmitrievs blieben jedoch selbst seinen russischen Fachkollegen relativ unbekannt. Erst Bortkievič erwähnte die Arbeiten dieses russischen Ökonomen und verwandte die von ihm entwickelte Darstellung der Werttheorie Ricardos in seinen berühmten kritischen Aufsätzen über die Marxsche Wertlehre.[6] Die Essays Dmitrievs wurden dann 1968[7] in die französische und 1974[8] in die englische Sprache übertragen.
In diesem Band wurde der Essay über die Werttheorie Ricardos von Michalis Skourtos und Brigitte Preißl ins Deutsche übersetzt. Als Grundlage dienten ihnen die französische und die englische Ausgabe. Anmerkungen des englischen Herausgebers der Ausgabe von 1974 wurden teilweise mitübersetzt.
Die Analyse Dmitrievs ist lehrreich, weil sie als Vorläufer sowohl

---

6 Vgl. Ladislaus v. Bortkievič, »Wert- und Preisrechnung im Marxschen System«, in: *Archiv für Sozialwissenschaft und Sozialpolitik*, Neue Folge, Bd. 25, S. 10-51, Tübingen 1907; wiederabgedruckt in: Etappen bürgerlicher Marxkritik, hg. von Horst Meixner und Manfred Turban, Bd. 2, Gießen 1976, S. 77-115, hier S. 100.
7 Vladimir Dmitriev, *Essays Économiques. Equisse de synthèse organique de la théorie de la valeur travail et de la théorie de l'utilité marginale*, hg. von Alfred Zauberman, Paris 1968.
8 Vladimir Dmitriev, *Economic Essays on Value, Competition and Utility*, hg. von D. Nuti, Cambridge 1974.

der Leontiefschen Input-Output-Analyse als auch der modernen klassischen Preistheorie betrachtet werden kann. Dmitriev entwarf ein mathematisches Modell zur Ermittlung der direkten und indirekten Arbeitsmenge, die für eine Ware aufgewendet wird. Weiterhin spezifizierte er die inverse Beziehung zwischen der Höhe der Profit- und der Lohnrate; er meinte, es sei das Verdienst Ricardos gewesen, diese zuerst exakt abgeleitet zu haben.
Dmitriev hatte bereits erkannt, daß bei konstanten Skalenerträgen die Zusammensetzung und Höhe der Nachfrage die Produktionspreise nicht tangiert. Diese Erkenntnis ist dann als »non-substitution theorem« von Paul A. Samuelson bekannt geworden.
Dmitriev kann als ein Vorläufer der modernen ökonomischen Theorie angesehen werden, soweit sie sich auch heute im klassischen Rahmen bewegt. Klassische Elemente haben sich in der Theorie erhalten – gleichgültig, ob sie sich auf die nie ganz abgerissene Tradition ausdrücklich bezieht oder ob sie, vor allem in der anwendungsorientierten Ökonomie, die sonst vorherrschende Neoklassik unbewußt aufgibt. Sie kehrt dann zu einer Preistheorie zurück, die sich in irgendeiner Form auf Produktionskosten beruft, die Verteilung als exogen determiniert hinzudenkt und die Mengen und damit Auslastungsgrad und Beschäftigungshöhe über das Prinzip der effektiven Nachfrage bestimmt. Neoklassisch sind dagegen jene Theorien, welche die Mengen über die Preise, insbesondere die Faktorpreise (Verteilung), durch subjektiv bestimmte Angebots- und Nachfragebedingungen geregelt denken und die daher im Gleichgewicht – anders als in der Klassik – grundsätzlich die Vollbeschäftigung des gegebenen Arbeitsangebots unterstellen.

Piero Sraffas Artikel »Sulle relazioni fra costo e quantità prodotta«[9] wurde von Brigitte Preißl und Michalis Skourtos erstmals aus dem Italienischen übersetzt. Dieser Aufsatz stellt einen Angriff auf die Theorie dar, wie sie zum Beispiel von Marshall in der »reinen Theorie der inländischen Werte« (S. 35-61) dargelegt wurde.
Jedes (neoklassische) volkswirtschaftliche Lehrbuch, begann Sraffa 1925, nimmt an, daß wir zu jedem Zeitpunkt für jede Ware

9 In: *Annali di Economia* II, 1925, S. 277-328.

bestimmen könnten, ob sie bei erhöhter Ausbringungsmenge zu sinkenden, steigenden oder konstanten Skalenerträgen produziert werden kann. Die Existenz konstanter Durchschnittskosten wurde von der Neoklassik als zufällige Überlagerung von steigenden und fallenden Durchschnittskosten verstanden. Den Klassikern unterstellte Sraffa zu jener Zeit noch im allgemeinen einen konstanten Verlauf der Durchschnittskostenkurve. Sinkende Erträge wurden im Zusammenhang mit Rentenphänomenen und sinkende Durchschnittskosten im Zusammenhang allgemeinen technischen Fortschritts diskutiert.
Sraffa ging davon aus, daß nur konstante Durchschnittskosten mit der Theorie Marshalls kompatibel sind. Denn fallende Durchschnittskosten lassen sich nicht mit der vollkommenen Konkurrenz vereinbaren – mit Ausnahme eines besonderen Falls steigender Skalenerträge, die der Einzelfirma extern und der jeweiligen Branche intern sind. Sinkende Skalenerträge können hingegen in der Industrie nur unter sehr speziellen Bedingungen unterstellt werden. Sraffa kam deshalb zu dem Schluß, daß nur konstante Durchschnittskosten mit der neoklassischen Theorie Marshalls zu vereinbaren seien. Dies hat fatale Konsequenzen für die neoklassische Preistheorie: Denn in diesem Fall bilden sich die Preise unabhängig von der Nachfrage.
Sraffas Aufsatz von 1925 ist durch seine späteren Arbeiten in mehrfacher Weise überholt: Schon 1926 kam ein Versuch des Einbezugs der unvollkommenen Konkurrenz hinzu, der ihn berühmt machte, es folgte die Kontroverse im *Economic Journal* über die Ertragsgesetze, in welcher Sraffa bereits erklärte, die Marshallsche Theorie sei aufzugeben. Er forderte die Rückkehr zu Ricardo. 1960 erschien seine neue Begründung der klassischen Preistheorie, die eine ungleich umfassendere Konzeption darstellt als die Klärung und Kritik der Marshallschen Theorie. Aber durch die Schärfe der Analyse, durch die in vieler Hinsicht interessanten dogmenhistorischen Bezüge, vor allem aber wegen der unveränderten Aktualität des Marshallschen Ansatzes für die neoklassische Theorie der Unternehmung und des partiellen Gleichgewichts bleibt der Aufsatz von 1925 aktuell. Er wird im Ausland viel gelesen.

Im Anschluß an Sraffas Aufsatz diskutiert der Herausgeber zentrale Begriffe und Annahmen der klassischen Theorie der natürlichen und der Marktpreise und vergleicht sie mit der neoklassischen Theorie. Dieser Beitrag geht auf einen bei der konstituierenden Sitzung des Dogmengeschichtlichen Ausschusses des Vereins für Socialpolitik gehaltenen Vortrag zurück und erschien ursprünglich in den Schriften des Vereins für Socialpolitik[10]; er ist hier unverändert abgedruckt.[11]

---

10 *Studien zur Entwicklung der ökonomischen Theorie* I, hg. von F. Neumark, Berlin 1981, S. 53-91.
11 Zwei neuere Beiträge des Verfassers zu verwandten Fragestellungen und insbesondere zur klassischen Theorie der Nachfrage und der Konkurrenz finden sich im 1. Jahrgang der in Italien erscheinenden Zeitschrift *Political Economy. Studies in the Surplus Approach*, 1985.

David Ricardo
Absoluter Wert und Tauschwert

Tauschwert

Unter Tauschwert versteht man die Verfügungsmacht, die eine Ware über eine gegebene Menge einer anderen Ware hat, ohne jegliche Bezugnahme auf ihren absoluten Wert. Wenn eine Unze Gold, statt wie üblich über zwei Ellen Tuch auf dem Markt zu verfügen, drei Ellen frei kommandieren kann oder eintauschen könnte, so sollten wir sagen, daß der Tauschwert einer Unze Gold im Verhältnis zu Tuch gestiegen ist. Und aus dem gleichen Grund sollten wir unter denselben Umständen sagen, daß der Tauschwert des Tuchs im Hinblick auf Gold gefallen ist, da drei Ellen Tuch notwendig wurden, um über dieselbe Menge Gold zu verfügen, die zuvor zwei Ellen kommandiert hatten. Jede Ware, die Wert hat, wird Tauschwert messen, denn Tauschwert und relativer Wert bedeuten dasselbe. Wenn wir wissen, daß sich zu einer bestimmten Zeit eine Unze Gold gegen zwei Ellen Tuch, zehn Ellen Leinwand, einen Zentner Zucker, einen Viertelzentner Weizen, drei Viertelzentner Hafer etc. etc. austauschen, so kennen wir den relativen Wert all dieser Waren und können behaupten, daß eine Elle Tuch fünf Ellen Leinwand wert ist und ein Viertelzentner Weizen den dreifachen Wert eines Viertelzentners Hafer hat.

Absoluter Wert

Alle Längenmaße sind Maße der absoluten wie auch der relativen Länge. Nehmen wir an, Leinwand und Tuch neigten dazu, sich zusammenzuziehen und auszudehnen. Indem man sie zu verschiedenen Zeiten mit einem Zollstock mißt, der selbst weder einer Expansion noch einer Kontraktion ausgesetzt ist, wären wir imstande zu bestimmen, welche Veränderung in ihrer Länge stattgefunden hat. Wenn zu einer bestimmten Zeit das Tuch 200 Fuß und zu einer anderen Zeit 202 Fuß maß, so sollten wir sagen, daß es genau um 1 Prozent zugenommen hat. Wenn die Leinwand von 100 Fuß Länge auf 103 zunahm, so sollten wir von einer Zunahme von 3 Prozent sprechen. Wir sollten dagegen nicht behaupten, daß der Zollstock in der Länge geschrumpft sei, weil sich sein Verhältnis zur Länge des Tuchs und der Leinwand verringert hat. Die Veränderung würde in Wirklichkeit bei dem Tuch und der Leinwand, nicht beim Zollstock liegen. Genauso: Wenn wir ein vollkommenes Wertmaß besäßen, das selbst weder einer Zunahme noch einer Abnahme im Wert ausgesetzt ist, wären wir mit seiner Hilfe imstande, die realen sowie die relativen Veränderungen bei anderen Dingen festzustellen, und wir würden niemals die Veränderung bei der gemessenen Ware der Ware, durch die sie gemessen wird, zuschreiben. Wäre Gold ein solches vollkommenes Wertmaß, so sollten wir in dem oben angeführten Fall des Austausches einer Unze Gold gegen drei statt wie zuvor zwei Ellen Tuch nicht behaupten, daß Gold im Wert gestiegen ist, weil es sich gegen mehr Tuch austauscht, sondern daß Tuch im Wert gefallen ist, weil es sich gegen weniger Gold austauscht. Wenn auch Gold all den Schwankungen anderer Waren unterläge, könnten wir uns – würden wir die Gesetze kennen, die ein vollkommenes Wertmaß konstituieren – entweder für eine andere Ware entschließen, die die Bedingungen eines guten Maßes erfüllt, um durch sie die ersichtlichen Schwankungen anderer Dinge zu korrigieren und damit festzustellen, ob Gold oder Tuch oder beides sich in ihrem wirklichen Wert geändert haben, oder wir könnten – in Ermangelung einer solchen Ware – das gewählte Maß korrigieren, indem wir den Effekt jener Ursachen berücksichtigen, die nach unseren vorherigen Feststellungen auf den Wert einwirken.

Viele Politische Ökonomen behaupten, daß wir ein absolutes Wertmaß besitzen, freilich nicht in irgendeiner einzelnen Ware, sondern in der Masse der Waren. Wenn wir uns versichern wollten, ob in dem eben angenommenen Fall des Tuches und des Goldes die Veränderung bei dem einen oder dem anderen gelegen hatte, könnten wir das unmittelbar feststellen, indem wir sie abwechselnd mit vielen anderen Waren vergleichen: Falls das Gold mit diesen Waren dieselbe Relation wie zuvor bewahrte, dann hätte sich das Tuch verändert; falls jedoch das Tuch wie zuvor blieb, könnten wir sicher schließen, daß sich das Gold verändert hat.

Dieses Maß mag bei vielen Gelegenheiten genau sein; aber angenommen, ich fände bei einem solchem Vergleich heraus, daß sich Gold hinsichtlich einer großen Zahl von Waren im Wert verändert hat und es sich hinsichtlich einer anderen großen Zahl von Waren – anders als das Tuch – nicht verändert hat. Wie sollte ich bestimmen, ob sich Tuch oder Gold änderte? Weiterhin sei angenommen, daß die Ergebnisse in Hinblick auf beliebige zwanzig oder dreißig Waren, mit denen ich sie verglichen habe, gleich waren. Wie sollte ich wissen, daß die Waren, mit denen ich sie verglichen habe, nicht selbst im Wert sich änderten? Wenn zugegeben wird, daß sich eine Ware im absoluten Wert ändern kann, so muß zugegeben werden, daß 2, 3, 100, eine Million das tun können. Wie werde ich dann mit Sicherheit sagen können, ob sich die eine oder die Million geändert haben?

Es kann kein unfehlbares Maß der Länge, das Gewichts, der Zeit oder des Werts geben, falls es nicht einen Gegenstand in der Natur gibt, auf den der Standard selbst zurückgeführt werden kann und durch den wir imstande sind, festzustellen, ob es seinen Charakter der Unveränderlichkeit bewahrt. Denn es leuchtet unmittelbar ein, daß nichts ein Maß sein kann, das nicht selbst invariabel ist. Wenn wir Zweifel hinsichtlich der Gleichförmigkeit z. B. unseres Längenmaßes, des Fußes, haben, können wir es auf einen Teil des Meridianbogens oder auf die Schwingungen des Pendels unter gegebenen Umweltbedingungen beziehen und auf diese Weise zufällige Veränderungen korrigieren. Wenn wir Zweifel hinsichtlich unserer Uhren haben, regulieren wir sie unter Bezug auf die tägliche Umdrehung der Erde um ihre Achse. Durch ähnliche Verfahren sind wir zwar imstande, unsere Gewichts- und Volumenmaße zu korrigieren. Auf welchen Standard aber sollen wir uns für die Korrektur unseres Wertmaßes beziehen? Es ist behauptet worden, daß wir einen Standard in der Natur besitzen, auf den wir uns für die Korrektur der Irrtümer und Abweichungen in unserem Wertmaß – genauso wie bei den anderen Maßen, die ich erwähnt habe – beziehen können, und daß ein solcher Standard in der menschlichen Arbeit zu finden ist. Die durchschnittliche Leistungskraft von tausend oder zehntausend Menschen, so wird behauptet, ist immer nahezu dieselbe. Warum dann nicht die menschliche Arbeit zur Einheit oder zum Standardmaß des Wertes machen? Wenn wir im Besitz einer

Ware sind, die zu ihrer Produktion immer dieselbe Arbeitsmenge benötigt, dann muß diese Ware von gleichförmigem Wert sein, und sie ist hervorragend geeignet, den Wert aller anderen Dinge zu messen. Auch wenn wir nicht im Besitz einer solchen Ware sind, sind wir doch nicht der Mittel beraubt, den absoluten Wert der anderen Dinge genau zu messen. Denn indem wir unser Maß korrigieren und die größere oder geringere Arbeitsmenge, die zu seiner Produktion notwendig ist, berücksichtigen, haben wir immer die Möglichkeit, jede Ware, deren Wert wir zu messen wünschen, auf einen unfehlbaren und unveränderlichen Standard zu beziehen. Wenn dieses Verfahren akzeptiert wird, so wurde behauptet, würde jede Ware entsprechend der Arbeitsmenge, die zu ihrer Produktion benötigt wird, bewertet werden. Wenn zum Beispiel eine bestimmte Anzahl Krabben die Arbeit von zehn Menschen für einen Tag, eine Menge an Tuch die Arbeit von zehn Menschen für ein Jahr und ein Quantum Wein die Anwendung der Arbeit von zehn Menschen für zwei Jahre erfordert, dann würde der Wert des Tuches das 365fache des Wertes der Krabben und der des Weines das Doppelte des Wertes des Tuches betragen.

Es ist weiter behauptet worden: Falls eine Ware, die vor zwanzig Jahren produziert wurde, etwa Tuch, die Arbeit von zehn Menschen für ein Jahr erforderte und nunmehr die Arbeit von zwölf Menschen für den gleichen Zeitraum erfordert, dann würde sie um ein Fünftel oder zwanzig Prozent im Wert zugenommen haben und sich im Markt tatsächlich gegen ein Fünftel mehr von einer Ware austauschen, bei deren Produktion dieselbe Arbeitsmenge gleichförmig verwendet wird.

Von allen bisher vorgeschlagenen Standards scheint dieser der beste zu sein, aber er ist bei weitem nicht vollkommen. Zum ersten trifft es nicht zu, daß das Tuch, das unter den angenommenen Umständen produziert wird, genau den 365fachen Wert der Krabben hätte, denn zu diesem Wert sind, wenn die Profite 10% betragen, 10% auf alle Vorschüsse zu addieren, die in dem Zeitraum geleistet wurden, bis die Ware auf den Markt gelangt ist. Es würde ebenfalls nicht zutreffen, daß der Wein nur den zweifachen Wert des Tuches hätte. Er wäre mehr wert. Denn der Tuchmacher hätte Anspruch auf Profite nur eines Jahres, der Weinhändler auf die zweier Jahre. Zum zweiten: Falls die Profite von 10% auf 5% fielen, würden sich die Wertproportionen zwischen Wein, Tuch und Krabben entsprechend ändern, obwohl überhaupt keine Änderung in der Arbeitsmenge stattfand, die zur Produktion dieser Waren jeweils notwendig ist. Welche dieser Waren sollten wir nun als unseren Standard wählen? Sie wären alle unfehlbar, wenn die Arbeitsmenge, die zu ihrer Produktion verwendet wird, das einzige Kriterium des Wertes wäre, und dennoch sehen wir, daß ohne eine Änderung in der Menge dieser Arbeit sie alle [in ihrer wertmäßigen Beziehung] zueinander variieren. Falls wir Tuch auswählten und die Profite fielen auf 5%, so würden Krabben im Wert steigen und Wein würde fallen. Falls wir Wein auswählten, würden Krabben sehr beträchtlich und Tuch geringfügig steigen; und wenn wir Krabben auswählten, würden Wein und Tuch beide beträchtlich fallen, der Wein jedoch mehr als das Tuch.

Wenn alle Waren allein durch Arbeit, ohne jegliche Vorschüsse, produziert und in einem Tag auf den Markt gebracht würden, dann besäßen wir tatsächlich ein gleichförmiges Wertmaß; und eine Ware, die zu ihrer Produktion immer dieselbe Arbeitsmenge benötigt, wäre ein so vollkommenes Wertmaß, wie ein Fuß ein vollkommenes Längenmaß oder ein Pfund ein vollkommenes Gewichtsmaß ist.
Oder wenn alle Waren durch Arbeit eines Jahres produziert würden, dann wäre ebenfalls eine Ware, die immer dieselbe Arbeitsmenge erfordert, ein vollkommenes Maß. Dasselbe würde gelten, wenn sie alle in zwei Jahren produziert würden. Aber insofern Waren unter höchst unterschiedlichen Umständen hinsichtlich der Zeitdauer, bis sie auf den Markt gelangen, produziert werden, werden sie nicht nur aufgrund der größeren oder geringeren Arbeitsmenge variieren, die zu ihrer Produktion notwendig ist, sondern ebenfalls wegen des größeren oder geringeren Anteils an der fertiggestellten Ware, der dem Arbeiter gezahlt werden muß, je nachdem, ob Arbeit reichlich oder knapp ist oder die Produktion der Bedarfsartikel des Arbeiters schwieriger wird. Dieses ist auch die einzige Ursache der Schwankung der Profite. Eine Ware, die allein durch Arbeit an einem Tag produziert wird, bleibt von einer Variation der Profite gänzlich unberührt, und eine Ware, die in einem Jahr produziert wird, wird von einer Schwankung der Profite weniger berührt als eine Ware, die in zwei produziert wird.
Es zeigt sich somit, daß eine Ware, die immer mit derselben

Arbeitsmenge produziert wird – ob die Arbeit nun für einen Tag, einen Monat, ein Jahr oder eine Anzahl von Jahren beschäftigt wird –, ein vollkommenes Wertmaß ist, vorausgesetzt die Proportionen, in die die Waren für Löhne und Profite aufgeteilt werden, sind immer gleich. Aber es kann kein vollkommenes Maß der Variationen im Warenwert geben, die von einer Änderung in diesen Proportionen herrühren, da sich diese Proportionen selbst unterscheiden, je nachdem, ob die als Maß verwendete Ware in einer kürzeren oder längeren Zeitspanne produziert wird.

Es muß daher eingestanden werden, daß es in der Natur so etwas wie ein vollkommenes Wertmaß nicht gibt. Dem Politischen Ökonomen bleibt nichts anderes übrig, als zuzugeben, daß die bedeutende Ursache der Änderung der Warenwerte die größere oder geringere Arbeitsmenge ist, die sie zu ihrer Produktion benötigen; daß es jedoch noch eine andere, wenn auch weniger machtvolle Ursache ihrer Änderung gibt, die von den verschiedenen Proportionen, in denen die fertiggestellten Waren zwischen Meister und Arbeiter verteilt werden, herrührt. Dies ist die Folge der verbesserten oder verschlechterten Lage des Arbeiters oder der größeren Schwierigkeit oder Leichtigkeit, die Mittel seiner Subsistenz zu produzieren.

Aber auch wenn wir kein vollkommenes Wertmaß haben können, ist dann nicht eines der Maße, die durch Arbeit produziert werden, besser als ein anderes, und welches sollen wir herausgreifen, wenn wir zwischen gleichermaßen unvollkommenen Maßen auswählen: eines, das durch Arbeit allein, oder eines, das durch für einen bestimmten Zeitraum, etwa ein Jahr, beschäftigte Arbeit produziert wird?

Für mich zeigt sich ganz klar, daß wir ein Maß wählen sollten, das durch für einen bestimmten Zeitraum beschäftigte Arbeit produziert wird und das stets einen Kapitalvorschuß voraussetzt. Denn erstens ist es ein vollkommenes Maß für alle Waren, die unter denselben Zeitumständen produziert werden wie das Maß selbst. Zweitens wird bei weitem die größte Zahl der Waren, die Gegenstand des Austausches sind, durch die Verbindung von Kapital und Arbeit produziert, das heißt durch Arbeit, die für einen gewissen Zeitraum beschäftigt wird. Drittens liegt eine Ware, die durch Arbeit – beschäftigt für ein Jahr – produziert wird, in der Mitte zwischen den Extremen der Waren, die einerseits durch

Arbeit und Vorschüsse für weit mehr als ein Jahr, andererseits durch Arbeit allein für einen Tag ohne irgendwelche Vorschüsse produziert werden, und der Durchschnitt wird in den meisten Fällen eine viel geringere Abweichung vom wahren Sachverhalt ergeben, als wenn eines der Extreme als Maße benutzt worden wäre. Angenommen, Geld wird in genau derselben Zeit wie Korn produziert: Das wäre dann das Maß, das ich vorschlagen würde, vorausgesetzt, daß zu seiner Produktion stets dieselbe einheitliche Arbeitsmenge benötigt wird. Wenn dem nicht so ist, müssen wir voraussetzen, daß die Wertänderung des Maßes infolge der größeren oder geringeren Arbeit, die zu seiner Herstellung erforderlich ist, berücksichtigt wird. Der Umstand, daß dieses Maß in demselben Zeitraum wie Korn und die meisten anderen pflanzlichen Nahrungsmittel, die bei weitem die wertvollsten Artikel des täglichen Konsums darstellen, produziert wird, wäre für mich entscheidend, ihm den Vorzug zu geben.

Herr Malthus schlägt ein anderes Maß vor: Ein Geld, das durch die Arbeit eines Tages an der Meeresküste aufgelesen werden kann. Die Menge, die gleichförmig auf diese Weise aufgesammelt werden kann, ist, folgt man ihm, nicht nur das beste, sondern ein vollkommenes Wertmaß. Angenommen also, ein Mann könnte an einem Arbeitstag stets die Menge Silber auflesen, die wir 2 Schillinge nennen, so wären ein Arbeitstag und 2 Schillinge von gleichem Wert, und das eine wie das andere wäre nach Herrn Malthus' Ansicht ein vollkommenes Wertmaß.

Daß es kein vollkommenes Wertmaß sein kann, muß schon aus den vorangegangenen Bemerkungen ersichtlich sein. Aber es ist sonderbar, daß gerade Herr Malthus für sein Wertmaß diese Eigenschaft beansprucht, obwohl er zugesteht, daß Korn, welches stets die gleiche Arbeitsmenge erfordert, oder Gold, das unter denselben Umständen wie Korn produziert wird, vollkommene Wertmaße wären, wenn alle Waren durch Verbindung von Kapital und Arbeit in derselben Zeit wie Korn produziert würden. Herr Malthus gibt demnach zu, daß das von mir vorgeschlagene Maß für eine breite Klasse von Waren vollkommen ist und daß es für alle vollkommen wäre, wenn der eben angenommene Fall zuträfe. Nehmen wir nun an, daß Korn, Tuch, Gold und verschiedene andere Waren in derselben Zeit produziert werden und daß Gold das Maß ist und stets mit derselben Arbeitsmenge produziert wird. Nehmen wir ferner an, daß Arbeit knapp wird und überall einen größeren Anteil an der fertigen Ware bezahlt erhält. Wird Korn oder Tuch im Preis steigen? Wird es sich gegen mehr Gold, das allgemeine Maß, austauschen? Herr Malthus hat eingeräumt und wird einräumen, daß dem nicht so ist, weil der Anstieg der Löhne alle Waren gleichermaßen betreffen und sie daher in derselben relativen Position zueinander belassen wird. Falls die Arbeiter in der Landwirtschaft drei Viertel statt der Hälfte des Produkts als Lohn empfangen, werden die Arbeiter in den Goldminen und in der Tuchmanufaktur denselben Anteil erhalten, und folglich werden die Preise dieser Waren, das heißt ihr Wert, in diesem (unter den angenommenen Umständen) perfekten Maß unverändert bleiben. Nehmen wir nun das durch die Arbeit eines Tages erworbene Geld des Herrn Malthus als Wertmaß an. Werden Korn und Tuch unter der obigen Annahme, daß dem Arbeiter ein größerer Anteil am gesamten Produkt gezahlt wird, von gleichem Wert bleiben? Sicherlich nicht. Jeder Viertelzentner Korn wird weniger Arbeit, weniger von Herrn Malthus' Geld kommandieren und daher von geringerem Wert sein. Es gibt also zwei Maße, die beide, Herrn Malthus zufolge, vollkommen sind: Dieselben Waren, die in dem einen konstant bleiben, ändern sich in dem anderen.

Wenn ich kein Argument gegen die Zweckmäßigkeit des von Herrn Malthus vorgeschlagenen Maßes vorzubringen hätte: dies, glaube ich, wäre ein schlüssiger Einwand gegen den von ihm erhobenen Anspruch auf dessen universelle Genauigkeit und Vollkommenheit. Aber ich habe viele Gründe, mich wegen dessen Unzweckmäßigkeit gegen seine Übernahme auszusprechen.

Nehmen wir an, daß eine große Verbesserung in der Landwirtschaft entdeckt wurde, mit deren Hilfe wir ohne jede zusätzliche Arbeit auf dem Lande 50% mehr Korn produzieren könnten. Nach meinem Verfahren, den Wert zu schätzen, würde Korn im Verhältnis von 150 zu 100 fallen, und zwar ohne Rücksicht darauf, was dem Arbeiter gezahlt wird. Nach dem Schätzverfahren von Herrn Malthus würde der Wert des Korns überhaupt nicht von der Schwierigkeit oder Leichtigkeit seiner Produktion abhängen, sondern allein von der Menge, die dem Arbeiter gezahlt wird. Obwohl man 50% oder 100% mehr mit derselben Arbeit produzieren könnte, würde er behaupten, daß, wenn der Arbeiter nicht mehr als zuvor erhielte, Korn von gleichem Wert wäre. Für ihn sind Waren nicht im Verhältnis der Schwierigkeit oder Leichtigkeit ihrer Produktion zu bewerten. Auch hängt deren Wert gänzlich nicht von dem Anteil am Produkt, sondern von der tatsächlichen Menge, die der Arbeiter erhält, ab. Man kann in unserem derzeitigen Geld anderthalb Laib Brot für dasselbe Geld kaufen, mit dem man zuvor nur einen Laib Brot kaufen konnte: Man kann es, weil die Leichtigkeit der Produktion um 50% zugenommen hat, und doch würde uns Herr Malthus zwingen, zu behaupten, daß Korn nicht im Wert gefallen, sondern daß Geld im Wert gestiegen ist, wenn der Arbeiter [nach wie vor] dieselbe Menge Korn erhielte.

Eine Epidemie nimmt in einem Land so große Ausmaße an, daß ein sehr großer Teil der Bevölkerung hinweggefegt wird, und in der Folge sind alle Arbeitgeber gezwungen, einen viel größeren Teil ihrer fertigen Waren ihren Arbeitern zu geben. Dies hätte nach meinem Schätzverfahren überhaupt keinen Einfluß auf den Güterpreis, aber einen großen auf den Preis der Arbeit. Die Löhne, so würde ich sagen, wären hoch, und zwar deshalb, weil Arbeit im Vergleich zu Kapital knapp wurde. Nicht so Herr Malthus. Er würde sagen, daß Arbeit genau denselben Wert behielte und daß ausnahmslos Waren, die das Produkt von Arbeit und Kapital sind, eine beträchtliche Wertminderung erführen.

Eine gewaltige Zahl von Leuten kommt aus Irland in dieses Land, und durch deren Wettbewerb sinkt der Preis der Arbeit. Herr Malthus versichert uns, daß Arbeit sich nicht im Wert verändert habe, daß vielmehr alle Waren, bei deren Produktion keine neue Schwierigkeit eingetreten ist, im Wert sehr beträchtlich zugenommen haben.

Wenn Herr Malthus gezeigt hätte, daß die von ihm vorgeschlagene Änderung auf einem soliden Prinzip beruht, würde ich sofort dafür eintreten, daß wir uns – wenigstens unter Politischen Ökonomen – diese Ausdrucksweisen zu eigen machen sollten, so sehr sie auch dem allgemeinen Gebrauch entgegenstehen. Aber ich behaupte, daß seine Wahl auf überhaupt keinem soliden Prinzip fußt, daß sie willkürlich ist und keine Grundlage in Vernunft und Wahrheit hat. Herr Malthus behauptet, sein Maß sei invariabel, weil es sowohl Löhne wie Profite messe. »Ich sehe keine Unzulässigkeit darin, mit Adam Smith zu behaupten, daß Arbeit nicht nur den Teil des gesamten Wertes einer Ware, der sich in Arbeit auflöst, messen wird, sondern auch den, der sich in

Profit auflöst.« Tatsächlich gäbe es nichts einzuwenden, wenn die Aufgabe allein darin bestünde, die Proportionen zu bestimmen, in die der Gesamtwert zwischen Kapitalisten und Arbeitern aufgeteilt wird. Aber welchen Beweis bietet das für ein unveränderliches Wertmaß? Würden nicht Gold, Silber, Eisen, Blei, Tuch, Korn – alle zugestanden variable Maße – die vorgelegte Aufgabe gleichermaßen erfüllen? Es geht um ein unveränderliches Wertmaß, und der Beweis der Unveränderlichkeit des vorgeschlagenen Maßes ist, daß es Profite ebenso wie Arbeit messen wird – eine Aufgabe, die jedes andere Maß, variabel oder invariabel, ohne Ausnahme gleichermaßen erfüllen wird.

Aber die Bedingungen der Zufuhr, behauptet Herr Malthus, sind immer so, daß die Waren mehr Arbeit kommandieren müssen, als sie kosten. Deshalb ist für ihn Arbeit ein besonders geeignetes Maß. Mit anderen Worten, wo immer auch Vorschüsse geleistet werden, wird die Ware nicht produziert, wenn jene Vorschüsse nur zurückgegeben werden und nichts für den Profit übrig bleibt. Das ist eine Behauptung, die niemand bestreitet, aber sie bietet nicht den geringsten Beweis für die Unveränderlichkeit des Wertes der Arbeit. Denn wenn jemand seine Vorschüsse und seine Erträge in Arbeit bewertet, werden seine Profite zunehmen, wenn die Arbeit während des Zeitraums, in dem er seine Erträge erhält, im Überschuß vorhanden ist. Sie werden auf wenig oder nichts reduziert, wenn die Arbeit knapp wird. Wenn er diese Schätzungen in Geld macht, wäre es aber ebenso. Wenn Arbeit in Geld steigt, würde er weniger Geld für Profite realisieren, da er gezwungen wäre, einen Großteil des Geldes seinen Arbeitern zu geben. Er würde mehr Geld für Profite realisieren, wenn er infolge eines fallenden Preises der Arbeit seinen Arbeitern ein kleines Quantum Geld zu zahlen hätte. Mir scheint, der Beweis, daß Arbeit im Wert unveränderlich ist, ist Herrn Malthus völlig mißlungen.[1]

Von vielen wurde behauptet, der einzige Weg der Wertbestimmung bestehe darin, die Ware, deren Wert wir bestimmen wollen, in der Masse der Waren zu messen. Wenn sie sich zu einer Zeit für mehr von diesen Waren austauscht als zu einer früheren,

1 [Übersetzungsgrundlage des folgenden Texts ist ein Auszug aus dem Rohentwurf Ricardos, in: *Works and Correspondence of David Ricardo*, Bd. IV, a.a.O., S. 374 ff.]

könnten wir mit Recht behaupten, daß sie im Wert gestiegen ist, und umgekehrt. Nun, der Einwand dagegen ist, daß hier Unveränderlichkeit im Wert der Waren angenommen wird, denn nichts kann, wie bereits bemerkt, ein geeignetes Wertmaß sein, das nicht selbst von allen Änderungen ausgenommen ist. In unseren Zeiten sind große Verbesserungen in den Verfahren zur Herstellung von Tuch, Leinwand und Baumwollwaren, Eisen, Stahl, Kupfer, Strümpfen gemacht worden. Große Verbesserungen sind auch in der Landwirtschaft gemacht worden. Sie tendieren alle dahin, den Wert dieser Güter und des Bodenprodukts zu senken, und doch werden sie zu einem bestimmten Bestandteil des Maßes gemacht, mit dem man den Wert der anderen Dinge messen möchte. Col. Torrens hat keine Skrupel, zwei Dinge miteinander zu vermengen, die gänzlich voneinander getrennt gehalten werden sollten: Wenn ein Stück Tuch für weniger Geld als zuvor getauscht wird, würde er sagen, daß Tuch im Wert gesunken ist. Zugleich würde er auch behaupten, daß Geld im Wert gestiegen ist, weil es sich für mehr Tuch austauschen ließe. Dieser Sprachgebrauch mag korrekt sein, solange er nur dazu benutzt wird, den Tauschwert auszudrücken. In der Politischen Ökonomie verlangen wir jedoch etwas mehr. Wir wollen wissen, ob es einer neuen Erleichterung in der Tuchmanufaktur zu verdanken ist oder ob es von einer neuen Erschwernis in der Geldproduktion herrührt, daß Tuch weniger Geld kommandiert. Mir scheint es widersprüchlich zu behaupten, ein Ding habe im natürlichen Wert zugenommen, während es weiter unter denselben Umständen wie zuvor produziert wird. Es ist auch ein Widerspruch gemäß der eigenen Theorie von Col. Torrens. Denn nach ihm sind Waren im Verhältnis zur Kapitalmenge, die auf ihre Produktion verwendet wird, zu bewerten. Wenn nun weniger Kapital zur Produktion von Tuch erforderlich ist, wird Tuch im Wert sinken – hierin sind wir uns alle einig. Aber wäre es nicht falsch, zu behaupten, daß Geld im Wert gestiegen ist, wenn nach wie vor dieselbe Kapitalmenge zur Geldproduktion erforderlich ist? Es ist im Vergleich zu Tuch im Wert gestiegen, wird er behaupten. Zweifellos ist es von höherem relativen Wert als Tuch. Aber mir ist nicht klar, wie behauptet werden kann, daß es im Wert gestiegen ist, weil eine andere Ware im Wert gesunken ist, wenn nicht unter Mißbrauch der Sprache.

Herr Mill behauptet, Waren würden gemäß der aufgewandten

Arbeitsmenge bewertet. Wenn man ihm entgegenhält, daß Tuch und Wein, der für mehrere Jahre eingelagert wurde, nicht im Verhältnis der in ihnen enthaltenen Arbeitsmenge bewertet werden, da der Weinpreis eine Kompensation für die Zeit beinhalten muß, während der das Händlerkapital investiert wurde, antwortet er, ein solcher Einwand zeigte, daß das angeführte Prinzip zu streng angewendet werde. Der Wein wird nicht genau im Verhältnis zu der in ihm enthaltenen Arbeitsmenge bewertet, vielmehr wird sein Wert durch den Wert derjenigen Ware bestimmt, in der Arbeit enthalten ist und die aus einem hinreichenden Grund als Wertmaß gewählt wurde. Aber das ist nicht ganz richtig. Wein hat heute einen bestimmten Wert relativ zu Tuch, und es sei angenommen, daß Tuch das Wertmaß ist. Im nächsten Jahr wird, infolge einer spärlichen Zufuhr oder einer größeren Nachfrage nach Arbeit, ein größerer Anteil der fertiggestellten Ware für Arbeit bezahlt. Dann wird sich notwendigerweise Wein in seinem relativen Wert zu Tuch verändern, obwohl dieselbe Arbeitsmenge – nicht mehr und nicht weniger – im Tuch enthalten ist. Wenn Wein sich nicht in dieser Weise verändern würde, das heißt, wenn der Wein nicht in diesem Maße sinken würde, wären die Profite des Weinherstellers größer als die des Tuchmachers, und folglich würde der Wettbewerb sofort auf jenen Handelszweig einwirken. Wie kann Herr Mill dann im Recht sein, wenn er behauptet, daß der Wert des Weines durch die Arbeitsmenge bestimmt wird, die in dem Maß Tuch enthalten ist, wenn sich der Wein für eine größere oder kleinere Menge austauschen kann, obwohl keine Veränderung in seinem Produktionsverfahren eingetreten ist?

Herr McCulloch verteidigt dieses Prinzip mit einer etwas anderen Begründung. Er schätzt die beschäftigte Arbeitsmenge mittels der aufgewendeten Kapitalmenge. Wenn ich 1000 £ in diesem Jahr für das Mauerwerk meines Hauses aufwende, 1000 £ im nächsten Jahr für die Verschalung, 1000 £ im übernächsten für Abschluß und Vollendung des Baues, sollte mein Haus nicht lediglich den Wert einer Ware haben, auf die so viel Arbeit verwendet wurde, wie 3000 £ für ein Jahr zahlen können – was tatsächlich die gesamte Arbeit wäre, die in das Haus hineingesteckt wurde –, sondern etwas mehr. Bei Profiten von 10% sollte eine Ware – zum Beispiel Tuch, auf die Arbeit im Wert von 3000 £ für ein Jahr verwendet wurde – den Wert von 3300 £ haben, aber das

Haus hätte einen Wert von 3641 £. Denn die im ersten Jahr ausgegebenen 1000 £ sollten am Jahresende 1100 £ wert sein, und diese 1100 £ würden im zweiten Jahr den Wert von 1210 £, im dritten Jahr den Wert von 1331 £ haben, so daß das Haus sich für 1331 £ + 1210 £ + 1100 £ = 3641 £ verkaufen lassen sollte, das heißt um 341 £ mehr, als sich die andere Ware verkaufen ließe. Nun ist nach McCulloch in dem Haus mehr Arbeit realisiert als in den anderen Waren, weil die für drei Jahre beschäftigten Kapitale nicht 3000 £, sondern 3310 £ – beschäftigt für ein Jahr – entsprechen. Denn 1000 £ wurden im ersten Jahr beschäftigt, 1100 £ im nächsten und 1210 im übernächsten, und 10% Profit auf 3310 ist gleich 331 £, die Differenz zwischen dem Wert des Tuchs und dem des Hauses. Ich habe ein Recht, sagt McCulloch, den Wert meines Hauses durch die Arbeitsmenge zu messen, die ich in einer Ware hätte realisieren können, wenn ich imstande gewesen wäre, den Profit von Jahr zu Jahr zu realisieren. Auf eine Eiche von 73 Jahren habe ich vielleicht soviel Arbeit verwendet, wie 2 Schillinge kommandieren können. Aber wenn ich gegen Ende eines jeden Jahres meine Profite erhielte, hätte ich am Ende des ersten Jahres 2,2 Schillinge, am Ende des zweiten 2,42 Schillinge, und nach 73 Jahren würden sich meine 2 Schillinge auf 100 £ belaufen. Wenn ich nun feststelle, daß mein Baum den gleichen Wert wie die auf ihn verwendete Arbeit hat, sollte mir nicht die Behauptung unterstellt werden, es wäre tatsächlich soviel Arbeit auf den Baum verwendet worden wie auf eine Ware wie Tuch, die für 100 £ verkauft wird, denn das wäre absurd. Ich behaupte vielmehr, daß – wenn ich von Jahr zu Jahr meine ursprünglichen 2 Schillinge mit den Profiten darauf realisiert hätte – ich in diesem letzten Jahr imstande wäre, soviel Arbeit für dieses besondere Jahr zu beschäftigen wie der Tuchmacher. Daher wäre die Ware, die ich zu verkaufen hätte, von demselben Wert wie das Tuch oder der Baum. Herr McCulloch mag schon mit seiner Ansicht recht haben, aber in jenem Fall streitet er nur für die Eignung und Korrektheit des Wertmaßes, das er übernimmt und in dem er in der Tat den Wert aller Dinge schätzt, und gibt seine Gründe für dieses Verfahren an. Jener Sprachgebrauch jedoch, der festlegt, daß Waren einen relativen Wert zueinander gemäß der in ihnen enthaltenen Arbeit tragen, ist streng genommen nicht richtig. Ein Kapitalist, der 2 Schillinge investiert und hieraus für 73 Jahre keine Früchte erhält, müßte seinen Baum für

100 £ verkaufen, damit er jenem Kapitalisten gleichgestellt ist, der Arbeit die ganze Zeit über mit jährlichen Profiten von 10% beschäftigt hat. Das ist zweifellos wahr, und niemand bestreitet es. Aber angenommen, Arbeit steigt derart, daß die Profite auf 5% sinken, dann würde eine einmalige Ausgabe von 2 Schillingen – ohne Rückfluß daraus – in 73 Jahren nur 35 £ produzieren. Der Sachverhalt ist sehr schwierig, denn mit derselben beschäftigten Arbeitsmenge kann eine Ware 100 £ oder 35 £ eines Geldes, das immer unter denselben Umständen produziert wird und immer dieselbe Arbeitsmenge benötigt, wert sein. Herr McCulloch – wie es auch Herr Malthus tun könnte – zeigt in der Tat, daß sein Maß, wenn man ihm seine Korrektheit zubilligte, für den Zweck der Messung der Waren geeignet wäre. Aber der Disput dreht sich in Wirklichkeit um die Unveränderlichkeit des gewählten Maßes. Wenn das von Herrn McCulloch gewählte unveränderlich ist, ist Herrn Malthus' Maß nicht unveränderlich, und wenn Herrn Malthus' Maß unveränderlich ist, ist es das von Herrn McCulloch nicht.[2]

1. Alle Waren, die Wert haben, sind entweder das Ergebnis unmittelbarer Arbeit oder unmittelbarer vereint mit akkumulierter Arbeit.
2. Die Anteile, in denen unmittelbare Arbeit und akkumulierte Arbeit in unterschiedliche Waren eingehen, sind außerordentlich verschieden und lassen sich nicht mit Bestimmtheit angeben.
3. Jener Teil des Wertes einer Ware, der zur Kompensation des Arbeiters für die auf sie verwendete Arbeit erforderlich ist, heißt Lohn. Der verbleibende Teil ihres Wertes wird vom Meister einbehalten und heißt Profit. Er ist eine Vergütung für die akkumulierte Arbeit, die er vorschießen mußte, damit die Ware produziert werden konnte.
4. Wenn ich ein Ellenmaß besitze, kann ich die Länge eines Stückes Tuch, eines Stückes Musselin, eines Stückes Leinen ermitteln, und ich kann nicht nur feststellen, welches das längste und welches das kürzeste ist, sondern auch in welchem Verhältnis ihre Längen zueinander stehen.
5. Auf dieselbe Weise kann ich, wenn ich eine Ware nehme, die Wert besitzt und frei gegen andere Waren im Markt ausgetauscht

---

2 [Es folgt eine fragmentarische Zusammenfassung der Grundgedanken.]

wird, den relativen Wert der anderen Waren ermitteln. Ich kann zum Beispiel herausfinden, daß eine Ware das Doppelte, eine andere die Hälfte und eine andere drei Viertel des Wertes der Ware besitzt, von der ich bei der Wertermittlung Gebrauch mache.

6. Es gibt jedoch einen Unterschied zwischen einem Längenmaß und einem Wertmaß: In bezug auf das Längenmaß verfügen wir über ein Kriterium, mit dem wir es immer mit Sicherheit auf die gleiche uniforme Länge einstellen oder irgendwelche Abweichungen berücksichtigen können. Bei einem Wertmaß besitzen wir kein solches Kriterium. Wenn ich Zweifel hege, ob mein Metermaß heute dieselbe Länge hat wie vor 20 Jahren, brauche ich es nur mit einem Standard zu vergleichen, den die Natur bereitstellt, mit einem Teil des Meridianbogens oder mit der Strecke, die ein Pendel in einem gegebenen Zeitabschnitt zurücklegt. Falls ich jedoch ähnliche Zweifel in bezug auf die Uniformität des Wertes meines Wertmaßes in verschiedenen Perioden hege, auf welche Weise könnte ich zu demselben Grad von Gewißheit gelangen wie im Fall des Längenmaßes?

7. Wir besitzen folglich eine Vielzahl von Wertmaßen und können eines davon willkürlich auswählen, um den relativen Wert der Waren zum Zeitpunkt der Messung festzustellen, aber wir verfügen über keines, mit dem wir die Änderungen in den Werten der Waren für ein Jahr, für zwei Jahre oder entfernte Zeitabschnitte feststellen könnten. Zum Beispiel kann ich nicht behaupten, daß Leinen heute 20% billiger ist als vor einem Jahr, wenn ich nicht mit Sicherheit sagen kann, daß die Ware, mit der ich seinen Wert ermittle, in den beiden Perioden selbst unveränderlich gewesen ist. Durch welches Verfahren werde ich jedoch feststellen können, ob ihr Wert fest geblieben ist oder sich ebenfalls geändert hat? Es bereitet mir keine Schwierigkeit, festzustellen, daß ein Stück Tuch, das heute 20 Fuß mißt, doppelt so lang ist wie ein Stück Tuch, das vor einem Jahr gemessen wurde, aber ich habe überhaupt kein Mittel, festzustellen, ob es von doppeltem Wert ist.

8. Die Frage ist, wie die dargelegte Schwierigkeit am besten überwunden wird und welches Wertmaß die beste Annäherung wäre, wenn wir ein absolut gleichförmiges nicht haben können.

9. Gibt es keinen Standard in der Natur, mit dem wir die Gleichförmigkeit im Wert eines Maßes feststellen können? Es wird

versichert, daß wir über einen solchen verfügen und daß Arbeit dieser Standard ist. Die durchschnittliche Stärke von 1000 oder 10 000 Menschen, so wird behauptet, ist zu allen Zeiten annähernd gleich. Eine Ware, die in einer gegebenen Zeit durch die Arbeit von 100 Menschen produziert wird, hat den doppelten Wert einer Ware, die in der gleichen Zeit durch die Arbeit von 50 Menschen produziert wird. Um festzustellen, ob eine Ware heute von demselben Wert ist, wie eine vor 20 Jahren produzierte Ware, müssen wir demnach nur herausfinden, welche Arbeitsmenge für die gleiche Zeitspanne vor 20 Jahren zu ihrer Produktion notwendig war und welche Menge heute notwendig ist. Wenn vor einem Jahr die Arbeit von 80 Menschen benötigt wurde und heute die Arbeit von 100 Menschen benötigt wird, so können wir zuversichtlich verkünden, daß die Ware um 25% gestiegen ist.

10. Nachdem wir diesen Standard herausgefunden haben, sind wir im Besitz eines gleichförmigen Wertmaßes, ebenso wie eines gleichförmigen Längenmaßes. Denn angenommen, 1000 Ellen Tuch oder 100 Unzen Gold werden durch die Arbeit von 80 Menschen produziert, dann müssen wir lediglich den Wert der Ware, die wir in verschiedenen Perioden messen wollen, durch Tuch oder Gold abschätzen, und wir werden feststellen, welche Veränderungen in ihrem Wert stattgefunden haben. Und wenn wir Zweifel hegen, ob unser Maß sich selbst verändert hat, gibt es eine einfache Methode der Korrektur, indem wir ermitteln, ob dieselbe Arbeitsmenge – nicht mehr und nicht weniger – zu seiner Produktion erforderlich ist, und dies entsprechend berücksichtigen.

11. Dieses Maß hätte alle behaupteten Vorzüge, wenn genau dieselbe Zeitspanne – weder mehr noch weniger – für die Produktion aller Waren notwendig wäre. Die Waren hätten dann einen absoluten Wert, der direkt proportional der auf sie verwendeten Arbeitsmenge wäre. Tatsächlich ist es jedoch anders: Einige Waren erfordern nur einen Tag für ihre Produktion, andere erfordern 6 Monate, viele ein Jahr und einige 2 oder 3 Jahre. Eine Ware, die die Arbeit von 100 Menschen für ein Jahr erfordert, ist nicht genau soviel wert wie eine Ware, die die Arbeit von 100 Menschen für sechs Monate erfordert. Eine Ware, die die Arbeit von 100 Menschen für zwei Jahre erfordert, ist nicht genausoviel wert wie eine Ware, die dieselbe Arbeitsmenge für ein Jahr erfordert, noch ist ihr Wert das 24fache des Wertes einer Ware,

die mit derselben Arbeitsmenge in einem Monat produziert wird. Ebensowenig ist der Wert einer Ware, die mit der Arbeit von 100 Menschen in einem Monat produziert wird, gleich dem 30fachen des Wertes einer Ware, die mit derselben Arbeitsmenge in einem Tag produziert wird.

Auch wenn wir berücksichtigen, daß kein Wertmaß bei der Ermittlung der relativen Änderungen der Waren, die unter verschiedenen Zeitumständen produziert werden, umfassend genau sein kann, so mag dennoch behauptet werden, daß eines gefunden werden kann, das uns über den relativen Wert derselben Ware zu verschiedenen Perioden informieren würde. Wenn zum Beispiel die gleiche Menge Tuch jetzt 100 Menschen und vor zwanzig Jahren 80 Menschen zu ihrer Herstellung erforderte, dann könnten wir sagen, daß ihr Wert um 25% zugenommen hat. Dasselbe könnte von jeder anderen Ware behauptet werden, die ein Viertel mehr Arbeit erfordert, ob sie nun in einem Tag, einem Monat, einem Jahr oder fünf Jahren produziert wird. Aber wenn Wein in fünf Jahren und Tuch in einem Jahr produziert wird und beide ein Viertel mehr Arbeit zu ihrer Produktion erforderten, würden sie sich nicht gegen eine im gleichen Verhältnis gestiegene Menge einer beliebigen anderen Ware austauschen.[3]

12. Eine Ware, die in zwei Jahren produziert wird, ist mehr als doppelt soviel wert wie eine Ware, die mit derselben Arbeitsmenge in einem Jahr produziert wird. Denn wenn die Profite 10% betragen, werden 100 £, beschäftigt für ein Jahr, einen Wert von 110 £, und 110 £, beschäftigt über das zweite Jahr, werden einen Wert von 121 £ produzieren, daher werden 100 in zwei Jahren 121 £ und 100 in einem Jahr 110 £, das heißt zusammen 231 £ hervorbringen.

Wird eine Ware in einem Jahr durch eine Menge Arbeit produziert, die durch 100 £ beschäftigt werden kann, sollte sie somit am Jahresende 110 £ wert sein, aber wenn eine gleiche Arbeitsmenge weiter auf sie angewandt wird, das heißt, wenn die Arbeit, die eine Summe von 100 £ kommandieren kann, das zweite Jahr über beschäftigt wird, würde der Gesamtwert der Ware 231 £ betragen. Dieser Wert wäre notwendig, um eine angemessene Vergütung von Profiten zu bieten, aber wenn sie gemäß der auf sie verwendeten Arbeitsmenge bewertet würde, betrüge ihr Wert nur

---

3 [Dieser Absatz ist nicht vollendet worden.]

200 £. Ihr Wert wird daher nicht durch die tatsächlich auf sie verwendete Arbeitsmenge bestimmt.

Wenn wir indes annehmen, daß Arbeit, die durch 200 £ beschäftigt werden kann, in einer Ware in einem Jahr verkörpert ist, wird die Ware am Jahresende 220 £ wert sein – aber wenn sie ein Gut ist, das sich im Zeitablauf verbessert, wie Wein, und somit für ein weiteres Jahr im Keller gelagert wird, wird der Warenwert am Ende des zweiten Jahres 242 £ betragen.

In unserem Beispiel haben wir deswegen drei Waren, die alle mit derselben Arbeitsmenge in gleicher Zeitperiode produziert wurden: Die eine Ware ist 220 £, die zweite 231 £ und die dritte 242 £ wert.

13. Nunmehr sei angenommen, daß Arbeit im Wert steigt und die Profite fallen – sie fallen von 10% auf 5%. Dann wird der Wert der einen Ware 210 £, der der anderen 215,25 £ und der dritte 220,5 £ betragen. Wenn aber die erste dieser Waren das Wertmaß ist, wird sie weiter den Wert von 220 £ haben, weil sie sich nicht selbst ändern kann. In diesem Fall wird die zweite 225,5 £ und die dritte 231 £ betragen. Gemessen durch die erste, wird die zweite damit um 2,38%, die letzte um 4,54% gefallen sein. Während sich in bezug auf die Arbeit in ihrer Produktion nichts ereignet hat, was den Wert dieser verschiedenen Waren geändert hätte, weil dieselbe Arbeitsmenge – weder mehr noch weniger – in ihnen enthalten ist, variieren sie dennoch, und zwar sehr ungleichmäßig. Es ist wahr, daß die Arbeit, die tatsächlich in diesen Waren enthalten ist, unter allen getroffenen Annahmen dieselbe ist, und trotzdem ist die Behauptung streng genommen nicht richtig, daß sich Waren nur aufgrund der in ihnen enthaltenen Arbeitsmenge ändern, die weder zugenommen noch abgenommen hat. Denn sie können, wie wir sehen, auch bloß aufgrund einer Änderung der Profitrate und der Löhne variieren – das heißt aufgrund der verschiedenen Proportionen, in denen das Gesamtergebnis der Arbeit zwischen Meister und Arbeiter aufgeteilt wird. Aber beweist dies, daß das vorgeschlagene Maß unvollkommen ist? Kann ich nicht sagen, daß ich den Wert der Waren einmal im Jahr schätze – daß am Ende des ersten Jahres der Wein, auf den 200 £ verwendet worden sind, 220 £ wert ist und die beiden anderen Waren, auf die nur die Hälfte der Arbeit über denselben Zeitraum verwendet wurde, 110 £ wert sind? Insoweit stimmen ihre Werte mit den beschäftigten Arbeitsmengen überein, und wenn man die

Profite auf 20% oder 5% abänderte, wären ihre relativen Werte genau dieselben. Setzt man das erste dieser Kapitale ein, ohne Arbeit zu beschäftigen, dann muß sein Wert genau derselbe sein, wie wenn man einen gleichen Wert in der Unterstützung von Arbeit einsetzt. Deshalb werden beide im zweiten Jahr den Wert von 242 £ haben, wenn die Profite 10% betragen. Im zweiten Fall beschäftigt man tatsächlich nur soviel Arbeit, wie 210 £ beschäftigen können, und man erhält deshalb nur einen Wert von 231 £. Wenn das Wertmaß in einem Jahr produziert wird, muß die zu messende Ware jährlich bewertet werden, und zwar nicht durch die Arbeitsmenge, die tatsächlich auf sie verwendet wird, sondern durch die Menge, die ihr Wert beschäftigen könnte, würde sie derjenigen Ware gewidmet, die das Wertmaß darstellt.

Alfred Marshall
Die reine Theorie der inländischen Werte

§ *1* In diesem Teil unserer Abhandlung[1] werden wir uns mit den Ursachen beschäftigen, welche die relativen Warenwerte in einem Land unter Bedingungen freier Konkurrenz bestimmen. Diese Theorie wurde von Mill und anderen ›Werttheorie‹ genannt. Ich bevorzuge den Ausdruck ›Theorie der inländischen Werte‹, weil der Ausdruck ›Werttheorie‹ meines Erachtens als ein Oberbegriff verstanden werden sollte, der sowohl die Theorie der inländischen als auch die der internationalen Werte umfaßt. Die Diagrammdarstellung, die für die Analyse der letzteren angemessen war, ist in der ersteren wenig dienlich, so daß folglich hier eine andere gefunden werden muß.

Die Notwendigkeit dieses Unterschieds läßt sich leicht zeigen: In der Theorie der internationalen Werte ist es wichtig, die Ähnlichkeit der Positionen des ein bestimmtes Gut kaufenden und das es verkaufenden Landes herauszuarbeiten. Beziehen wir uns auf das Beispiel des Außenhandels, das in einem früheren Teil abgehandelt wurde.[2] Wir sehen, daß die ökonomischen Ursachen der Bereitschaft Deutschlands, sein Leinen gegen englisches Tuch zu tauschen, in jeder Hinsicht der Bereitschaft Englands gleicht, sein Tuch gegen deutsches Leinen zu tauschen. Daher war es zweck-

1 [Bei Marshall geht eine »Reine Theorie der internationalen Werte« voraus, auf die er sich in den ersten Abschnitten der »Theorie der inländischen Werte« bezieht. Einige kurze Verweise auf Ausführungen zur Theorie der internationalen Werte sind hier weggelassen; diese Auslassungen sind durch [...] gekennzeichnet. In eckigen Klammern stehende Ergänzungen und Zusätze im Text und in den Fußnoten zu diesem Aufsatz Marshalls stammen vom Herausgeber des englischen Originals oder vom Herausgeber dieser Übersetzung. Es wurde nur das erste Kapitel der »Pure Theory of Domestic Values« übersetzt, das in *The Early Writings of Alfred Marshall*, hg. von J. K. Whitaker, London/Basingstoke (Macmillan) 1975, S. 186-212 erschienen ist.]
2 [Dieser Hinweis scheint sich auf die *Pure Theory of Foreign Trade* (in: *The Early Economic Writings*, a.a.O.) zu beziehen und ist ein weiteres Anzeichen dafür, daß die Theorie der inländischen Werte als Fortsetzung der Theorie der internationalen Werte gedacht war.]

mäßig, die Kurven, welche die jeweilige Nachfrage Englands und Deutschlands darstellten, nach dem gleichen Grundsatz zu zeichnen. [...]

Andererseits sind in der Theorie der inländischen Werte die Bestimmungsgründe des Preises, zu dem die Produzenten eine bestimmte Menge eines Gutes auf den Markt zu bringen bereit sind, in den meisten Beziehungen von ganz anderem Charakter als jene Gründe, aus denen Konsumenten bereit sind, eine bestimmte Menge zu kaufen. Grundsätzlich existiert keine Symmetrie zwischen diesen Ursachen. Daher ist auch der Versuch nutzlos, die Wirkung dieser unterschiedlichen Bestimmungsgründe durch Kurven darzustellen, deren Gesetze symmetrisch aufeinander bezogen sind.

Die graphischen Darstellungen, welche die reine Theorie der inländischen Werte explizieren, scheinen auf den ersten Blick infolge des Fehlens von Symmetrie ziemlich kompliziert zu sein. Dies ist jedoch nicht der Fall, da diese Theorie, obwohl sie in gewisser Hinsicht gegenüber der reinen Theorie der internationalen Werte Nachteile aufweist, zum Ausgleich einen Vorteil besitzt: In der Theorie der inländischen Werte ist es nicht notwendig, die besonderen Bedingungen von mehr als einer Ware gleichzeitig zu erörtern, wohingegen die Theorie der internationalen Werte – mit der eingeschränkten Ausnahme eines engumgrenzten, noch zu diskutierenden Teils[3] – nur erörtert werden kann, wenn die Verhältnisse, die die Nachfrage nach wenigstens zwei Waren bestimmen, zum Beispiel nach Tuch und Leinen, zusammen berücksichtigt werden. Dieser Vorteil ist so bedeutend, daß die Anwendung der Methode der graphischen Darstellung auf die erstere Theorie im ganzen weniger Schwierigkeiten bereitet als auf die letztere.

§ 2 Der Fortschritt der Theorie der inländischen Werte wurde sehr durch Streitigkeiten über die Beziehung gehemmt, die zwischen dem Wert und den ›Produktionskosten‹ besteht, und darüber, was unter dem Ausdruck ›Produktionskosten‹ zu verstehen sei. Der Begriff wurde in zwei unterschiedlichen Bedeutungen gebraucht. Manchmal wurde darunter die Summe der Anstren-

---

3 [Dies bezieht sich wahrscheinlich auf das unvollständige letzte Kapitel.]

gungen und Entbehrungen verstanden, die die verschiedenen Arbeiter und Kapitalisten, die zur Produktion beitrugen, auf sich nehmen mußten. Andererseits verstand man jedoch unter ›Produktionskosten‹ auch das ökonomische Maß dieser Anstrengungen und Entbehrungen, das heißt den Preis, der von den Menschen, die das betreffende Gut erwerben wollen, gezahlt werden muß.

In der vorliegenden Untersuchung beschäftigen wir uns lediglich mit Produktionskosten im letzteren Sinne oder, besser gesagt, mit den ›Produktionsausgaben‹. Wir befassen uns nur mit dem Tauschmechanismus. Deswegen brauchen wir nicht die Ermüdung oder die Unannehmlichkeit zu berücksichtigen, die diejenigen auf sich nehmen müssen, die irgendeine gegebene Aufgabe verrichten. Wir haben nur den Preis zu betrachten, der gezahlt werden muß, um jemanden zu veranlassen, etwas zu verrichten. Wir müssen hier nur die Folgen erörtern, die sich aus dem großen zentralen Gesetz der ökonomischen Wissenschaft ergeben.

Dieses Gesetz beschreibt, wie »Produzenten – ein jeder unter der Regie der Bedingungen freier Konkurrenz und beherrscht von Berechnungen bezüglich des Eigeninteresses – danach streben werden, die Menge eines jeden Gutes, die für einen gegebenen Markt produziert wird, so festzulegen, daß es im Durchschnitt gerade gelingt, Nachfrager während dieser Periode zu einem kostendeckenden Preis zu finden. Unter einem kostendeckenden Preis soll hier ein Preis verstanden werden, der gerade gleich der Summe des Gegenwertes bzw. der ökonomischen Maßgrößen der Anstrengungen und Opfer ist, die zur Produktion benötigt werden, um die hier angenommene Menge herzustellen. Diese ökonomischen Maßgrößen sind die Ausgaben, welche von einer Person, die das Ergebnis dieser Anstrengungen und Opfer erwerben will, aufgewandt werden müssen.«[4]

Folglich zeichnen wir wie zuvor zwei festgelegte rechtwinklig aufeinanderstehende Strahlen Ox und Oy. Aber während wir durch Abschnitte auf dem Strahl Ox Mengen der in Frage kommenden Güter darstellen, müssen wir durch die Abschnitte auf

---

4 Vgl. den Artikel des Verfassers in der *Fortnightly Review*, April 1876. [Gemeint ist der Artikel über »Mr. Mill's Theory of Value«. Der ›zitierte‹ Abschnitt – er wird hier in Wirklichkeit nur paraphrasiert – ist im Wortlaut enthalten in: A. C. Pigou, *Memorials of Alfred Marshall*, London 1956, S. 126 f.]

dem Strahl Oy Werte von einer Mengeneinheit dieses Gutes (zum Beispiel eine Tonne, falls die Ware Kohle heißt, oder ein Yard, falls wir das Gut Tuch behandeln, usw.) abtragen. Diese Werte müssen in einem anderen Gut gemessen werden. Im allgemeinen ist es vorteilhaft, sie in Geld zu messen oder, was dasselbe meint, in einem Bezugsrecht auf Güter im allgemeinen, so daß die auf Oy abgetragenen Abschnitte Preisen entsprechen. Die Kurven können bei der Lösung vieler Probleme, die sich auf Marktwerte beziehen, angewandt werden. Hier werden sie nur auf Durchschnittswerte bezogen.

§ 3 Zuerst soll die Kurve erörtert werden, die auf einem gegebenen Markt die durchschnittliche Nachfrage nach einer speziellen Ware, zum Beispiel Kohle einer bestimmten Qualität, abbildet. Der Markt sei von beliebiger räumlicher Größe und mag sogar die ganze Nation umfassen. Die Kohlenmenge, die in einer vorgegebenen Zeit, zum Beispiel in einem Jahr, gekauft oder »nachgefragt« wird, hängt vom durchschnittlichen Preis ab, zu welchem sie zum Verkauf angeboten wird. Wenn also beispielsweise über eine Million Tonnen jährlich auf diesem Markt zu einem durchschnittlichen Preis von 25 Shilling je Tonne veräußert werden kann, würde es unmöglich sein, 1,1 Millionen Tonnen auf diesem Markt zu verkaufen, es sei denn zu einem niedrigeren Preis wie zum Beispiel zu 23 Shilling je Tonne. Angenommen, wir kennen den Preis, zu dem jeweils unterschiedliche Mengen Kohle jährlich abgesetzt werden können. Falls wir nun die Kohlenmenge auf Ox messen und den Preis pro Tonne Kohle in Shilling auf Oy abtragen, können wir eine Kurve zeichnen, die man als »Nachfragekurve« bezeichnen kann. Daraus folgt: M_1 sei ein beliebiger Punkt auf der Geraden Ox (Abbildung 1), und der Preis, bei dem OM_1 Tonnen Kohle jährlich abgesetzt werden können, sei ungefähr gleich ON_1. M_1P_1 und N_1P_1 stehen jeweils senkrecht auf Ox und Oy, so daß sie sich im Punkt P_1 treffen. P_1 ist dann ein Punkt auf der Nachfragekurve. Indem wir M_1 ausgehend vom Ursprung auf Ox kontinuierlich verschieben und die Lage der Punkte P_1 ausmachen, die jeweils jeder Menge M_1 zugeordnet werden, erhalten wir eine kontinuierliche Aneinanderreihung der einzelnen Positionen der Punkte, das heißt, durch die Punkte können wir die gesuchte Kurve beschreiben.
Es kann natürlich unmöglich sein, den Preis, zu dem eine be-

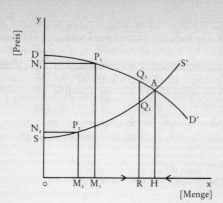

Abb. 1

stimmte Menge der Ware verkauft werden kann, auch nur mit annähernder Genauigkeit zu schätzen, wenn diese Menge entweder weit über oder unter der Menge M₁ liegt, die auf dem betreffenden Markt verkauft werden soll. Folglich kann die Nachfragekurve bei der Diskussion irgendeines speziellen praktischen Problems nur in der näheren Umgebung der vorgegebenen Menge als zuverlässig betrachtet werden. Aber dieses Problem ist nur in Verbindung mit angewandter Ökonomie von Bedeutung. In der reinen ökonomischen Theorie, mit der wir uns hier allein beschäftigen, dürfen wir annehmen, daß die Kurve in ihrer ganzen Länge genau gezeichnet werden kann.

Indem wir uns erinnern, daß die Länge von P₁M₁ der von ON₁ gleich ist, definieren wir die Nachfragekurve wie folgt:

Die Nachfragekurve DD' für eine Ware auf dem Markt sei so beschaffen, daß – da P₁M₁ senkrecht zu Ox gezeichnet wurde – bei der Wahl eines Punktes P₁ auf dieser Kurve P₁M₁ den Preis einer Wareneinheit widerspiegelt, bei dem eine bestimmte Menge der Ware, abgebildet durch OM₁, auf einem Markt in einem Jahr (oder einer anderen vorgegebenen Periode) verkauft werden kann.

Weil jede Erhöhung von OM₁ ein Sinken von P₁M₁ verursacht, wird ein Punkt, der sich von D auf DD' bewegt, seine Entfernung zu Oy erhöhen und zu Ox verringern. Hier ist es möglich, sich an eine frühere Definition zu erinnern.[5] Es wurde festgelegt:

[5] [Vgl. Kapitel III, § 3 der *Pure Theory of Foreign Trade*, in: *Early Economic Writings*, a.a.O.]

Wenn für irgendeinen Abschnitt einer Kurve gilt, daß ein Punkt, der sich auf ihr bewegt, sich sowohl von Ox als auch von Oy entfernt, dann ist dieser Kurvenabschnitt *steigend*. Wenn umgekehrt ein Teil einer Kurve so verläuft, daß ein Punkt, der auf dieser sich bewegt, von Ox sich entfernt und gleichzeitig sich Oy annähert, dann wird dieser Kurvenabschnitt als *fallend* bezeichnet.
Mit Hilfe dieser Definition können wir formulieren:
SATZ XVII: *Die Nachfragekurve ist überall durchgehend fallend.*

§ 4 In ähnlicher Weise können wir die Kurve zeichnen, welche die Bedingungen des durchschnittlichen Warenangebots widerspiegelt. Diese Kurve wird dann »Angebotskurve«[6] genannt. Es kann sein, daß eine Steigerung der angebotenen Menge eine überproportionale Steigerung der Produktionsausgaben bewirkt. So können wir annehmen, daß für ein jährliches Angebot von neunhunderttausend Tonnen schon ein Preis von 23 Shilling pro Tonne genügen würde, falls die Menge von einer Million Tonnen Kohle jährlich zu einem Preis von 25 Shilling pro Tonne – wobei der erforderliche Spielraum für Handelsgewinne der verschiedensten Art mit berücksichtigt wird – gefördert und auf den Markt gebracht werden kann. Bei einem Angebot von 1,1 Millionen Tonnen würde jedoch ein Preis von 27 Shilling erforderlich sein. Wenn wir annehmen, daß wir den Preis kennen, der die Produktionsausgaben für jede der verschiedenen jährlich auf dem Markt angebotenen Kohlemengen deckt, so können wir die Angebotskurve wie folgt zeichnen:
M_2 sei ein beliebiger Punkt auf Ox (Abbildung 1). Der Preis, der gerade die Ausgaben deckt, um die OM_2 Tonnen Kohle jährlich zu produzieren und auf den Markt zu bringen, sei berechnet und betrage ON_2. M_2P_2 und N_2P_2 werden dann jeweils senkrecht zu Ox beziehungsweise Oy gelegt, um sich im Punkt P_2 zu treffen. P_2 ist dann ein Punkt auf der Angebotskurve. Wenn wir M_2 vom Ursprung aus dann auf Ox stetig wachsen lassen und die Lage der Punkte P_2 ausmachen, die dem jeweiligen M_2 entsprechen, erhalten wir eine kontinuierliche Folge von Lagen der Punkte P_2, das

---

6 [Eine wörtlich genaue, aber unübliche Übersetzung von »supply curve« wäre »Zufuhrkurve«. Vgl. hierzu meinen Beitrag am Ende des Bandes – *B.S.*]

heißt, wir können mit diesen Punkten die gesuchte Kurve beschreiben.
Die zur Konstruktion einer Angebotskurve für spezielle praktische Probleme notwendigen Berechnungen sind in der Regel nur für solche Mengen zuverlässig, die [weder] sehr viel über [noch] sehr viel unter der Menge liegen, die wirklich auf dem betreffenden Markt zu verkaufen gewünscht wird. Aber, wie schon bei der Erörterung der Nachfragekurve bemerkt, hindert dieses Problem uns im Rahmen reiner ökonomischer Theorie nicht daran, unter der Annahme zu argumentieren, die Kurve könne in ihrer ganzen Länge genau gezeichnet werden.
Wir können die Angebotskurve wie folgt definieren:
Auf einem Markt verläuft die Angebotskurve SS' für eine Ware so, daß die senkrecht auf Ox stehende Strecke P_2M_2 den Stückpreis abbildet, zu dem das Angebot der Ware, deren Menge durch OM_2 abgebildet ist, in jedem Jahr (oder in einer anderen gegebenen Periode) kostendeckend produziert und auf den Markt gebracht werden kann, falls wir einen beliebigen Punkt P_2 auf ihr wählen.
Das Gesetz, das den Verlauf dieser Kurve bestimmt, ist nicht so einfach wie das entsprechende Gesetz der Nachfragekurve. Im folgenden Abschnitt werden wir näher auf die Frage eingehen, wie ein Anwachsen der gesamten Produktion jeder Ware den Preis beeinflußt, bei dem die Produzenten diese Ware zum Verkauf anbieten können. Einstweilen nehmen wir an, daß im allgemeinen eine Steigerung der Produktion eines Rohprodukts nur durch eine überproportionale Ausgabensteigerung erreicht werden kann, während ein Nachfrageanstieg für industriell gefertigte Waren meistens zu einer Verminderung des Preises führt, zu dem sie zum Verkauf angeboten werden können. Falls jedoch SS' die Angebotskurve eines Rohprodukts ist, gilt in den meisten, aber nicht allen Fällen, daß die Entfernung sowohl zu Ox als auch zu Oy wachsen wird, wenn sich ein Punkt von S auf der Kurve bewegt; oder in anderen Worten, daß die Kurve durchweg steigt. Wenn aber SS' eine Angebotskurve einer industriell gefertigten Ware ist, gilt in den meisten, aber nicht allen Fällen, daß, wenn sich der Punkt von S auf der Angebotskurve bewegt, die Entfernung von Oy zu, die zu Ox abnimmt. Ab einer gewissen Stelle jedoch ist es möglich, daß sich die Angebotskurve nicht weiter nähert, sondern sich schließlich von Ox entfernt. Denn eine

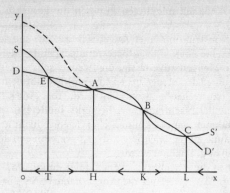

Abb. 2

Erhöhung der Produktionsmenge ab einem gewissen Punkt bewirkt unter Umständen keine zusätzlichen bedeutenden Ersparnisse in der Produktion. Deswegen kann aufgrund der gestiegenen Ausgaben, die dem Fabrikanten bei der Beschaffung zusätzlicher Einheiten Rohmaterial oder Arbeit entstehen, jedes Ansteigen der Produktionsmenge nur zu einem höheren Preis profitabel erreicht werden. Aber wiederum können bei der Produktion einer beträchtlich höheren Ausbringungsmenge Ersparnisse in einer Größenordnung anfallen, daß sie die Tendenz ausgleichen, nach der die Ausgaben für die Beschaffung zusätzlicher Mengen Arbeit und Rohmaterial den Preis, bei dem eine Ware noch produziert werden kann, erhöhen. Der Punkt, der sich auf SS′ bewegt und sich weiter von Oy entfernt, beginnt dann wieder, sich Ox anzunähern usw. Die Angebotskurve kann also wie in Abbildung 2 verlaufen. Dieses Ergebnis läßt sich wie folgt ausdrücken: Es ist möglich, daß einige Teile der Angebotskurve steigend und andere fallend sind. Es ist jedoch offensichtlich, daß die Kurve der Ausbringungsmenge sich nicht in der Art zurückkrümmen kann, wie in Abbildung 3 dargestellt. Denn die Bedingungen, von denen die Schwierigkeiten der Produktion einer gegebenen Warenmenge OM_2 abhängen, sind eindeutig bestimmt; es kann nie wahr sein, daß zwei Preise P_2M_2 und Q_2M_2 (Abbildung 3) gerade ausreichen, um bei gleicher Ausbringungsmenge OM_2 noch kostendeckend zu produzieren. Folglich erhalten wir das einzige Gesetz, dem alle Angebotskurven gehorchen müssen:

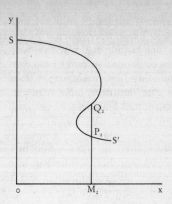

Abb. 3

SATZ XVIII: *Die Angebotskurve kann nicht zweimal eine vertikale Gerade schneiden.*
Wie man sieht, beinhaltet das zum Verlauf der Nachfragekurve abgeleitete Gesetz den Satz:
Die Nachfragekurve kann weder eine vertikale noch eine horizontale Gerade zweimal schneiden.
§ 5 Es ist in der vorliegenden Arbeit unmöglich, die Daten vollständig zu untersuchen, die notwendig wären, um in jedem Einzelfall eine Angebotskurve zu konstruieren. Denn bei einem solchen Versuch wäre das Studium eines großen Teils der angewandten Volkswirtschaftslehre nötig. Für die, welche mit dieser Wissenschaft vertraut sind, ist der allgemeine Charakter der erforderlichen Untersuchung schon hinreichend angedeutet worden.[7] Doch ich wage zu bemerken, daß ich die übliche Methode der Erörterung der Vorteile, die der Arbeitsteilung und der Großproduktion zu verdanken sind, in gewisser Hinsicht für fehlerhaft halte. Denn in den meisten ökonomischen Schriften wird unterstellt, daß die wichtigsten Vorteile allein durch die

---

7 Doch vergleiche den Anhang über Mills *Werttheorie*. [Gemeint ist möglicherweise der Anhang I, auf den in Kapitel I, § I der *Pure Theory of Foreign Trade* Bezug genommen wurde. Vielleicht bezieht sich dieser Hinweis aber auch auf Anhang II. Es scheint unwahrscheinlich, daß Marshall nur seinen Artikel aus dem Jahre 1876 »Mr. Mill's Theory of Value« wieder veröffentlichen wollte, wofür man Hinweise oben in § 2 finden kann.]

Konzentration vieler Arbeiter in großen Unternehmen entstünden. Falls dies die Regel wäre, könnte man vernünftigerweise einwenden, daß die Einführung von Ersparnissen im Fabrikationsprozeß nicht direkt und in erster Linie von der Größenordnung der Gesamtmenge der produzierten Ware abhängt. In der Tat könnte sich eine Industrie, die zusammen ungefähr 20 000 Mann beschäftigt, in den Händen weniger großer Unternehmen konzentrieren, die somit in den Genuß der meisten Vorteile der Großproduktion kämen. Umgekehrt können aber auch weitaus größere Industrien vollständig von kleinen Unternehmern betrieben werden. Dies ist zum Beispiel der Fall in einigen Teilen des Metallgewerbes sowie im Schuhmacher- und Schneidergewerbe in England. Auf diese Einwände läßt sich in zweifacher Weise antworten:

Zuerst muß darauf bestanden werden, daß Branchen wie die beiden letztgenannten gerechterweise nicht dem produzierenden Gewerbe zugeordnet werden sollten. Denn der Produzent, der hier in unmittelbarem Kontakt mit den Verbrauchern steht, besitzt im allgemeinen einen großen Vorteil gegenüber dem Fabrikanten, der vom Nachfrager seiner Waren, die zudem einer bestimmten Konfektion entsprechen müssen, entfernt lebt. Aber wenn der technische Fortschritt bedeutende Ersparnisse ermöglicht, die nur den großen Unternehmen nützlich sein können, werden auch in einer solchen Branche Unternehmen dann schneller und sicherer wachsen, wenn die Gesamtnachfrage für Güter dieser Branche eher größer als kleiner ist. Zur Veranschaulichung dieser Regel sei hier die Geschichte des Schuhmachergewerbes in Amerika angeführt. Hier verlief das Wachstum der großen Firmen und einer engumgrenzten Branche simultan mit der Entwicklung der unterschiedlichen Nähmaschinentypen und anderen großen Verbilligungen in der Herstellung. Die Textilindustrie Amerikas und auch anderswo scheint in eine ähnliche Phase einzutreten.

Wir sollten deswegen den Begriff des produzierenden Gewerbes auf die Branchen eingrenzen, deren Waren im Großhandel gehandelt werden, die den unmittelbaren Kontakt mit Produzenten oder Verbrauchern nicht benötigen, die nicht mit dem Anbau oder der Gewinnung von Rohprodukten aus der Erde beschäftigt sind und die Raum für die verschiedenen Formen spezialisierter Tätigkeiten und spezialisierter Maschinen lassen.

Das so definierte produzierende Gewerbe wird das metallverarbeitende Gewerbe einschließen, das, wie schon erwähnt, sich hauptsächlich in den Händen kleiner Unternehmer befindet. Dieses bringt uns zum zweiten Teil unserer Antwort auf den oben angeführten Einwand. In dieser Branche können die Vorteile steigender Erträge in der Produktion im allgemeinen genausogut durch eine Ansammlung einer großen Anzahl kleiner Unternehmen wie durch die Errichtung einiger großer Fabriken erreicht werden. Es ist wahr, daß die Nachteile, denen die Kleinunternehmer in der Konkurrenz mit Großunternehmen unterliegen, schneller zunehmen als ihre spezifischen Vorteile und daß in den meisten, aber nicht allen Fällen eine Tendenz besteht, die Kleinunternehmer zu verdrängen. Doch in dem hier diskutierten Metallgewerbe und in vielen anderen Fällen lassen sich die Vorteile, die im allgemeinen unter dem Stichwort Arbeitsteilung und Großproduktion genannt werden, durch die Ansammlung vieler Firmen mittlerer Größe in einem Gebiet beinahe ebenso erreichen wie durch die Errichtung einiger weniger großer Fabriken. Die gebräuchliche Methode, die durch Arbeitsteilung entstehenden Vorteile der Produktion zu behandeln, scheint mir fehlerhaft zu sein, weil sie dieser Tatsache kaum Rechnung trägt. Allerdings kann ich hier eine Erklärung nur in ihren Grundzügen andeuten.

Erstens ist es bei vielen Warengruppen möglich, den Produktionsprozeß in verschiedene Stufen aufzuteilen, wobei jede einzelne mit größtmöglicher Ersparnis in einer kleinen Unternehmung produziert werden kann. Trotzdem verfügen die größeren Kapitalisten auch in diesen Fällen, was die Beschaffung von Material und gelegentlich auch den Absatz ihrer Produkte betrifft, über größere Vorteile. Falls eine Anzahl kleiner Unternehmen existiert, die sich auf eine bestimmte Stufe des Produktionsprozesses spezialisiert haben, besteht auch die Möglichkeit, Kapital profitabel zum Aufbau der Hilfsindustrien einzusetzen, um einen bestimmten Bedarf zu befriedigen. Die wichtigsten dieser Hilfsindustrien lassen sich in zwei Gruppen einteilen.

Eine dieser Gruppen beschäftigt sich mit der Herstellung spezieller Werkzeuge und Maschinen, die für diese Stufe der Produktion benötigt werden. Eine solche Aufgabe bietet großen Spielraum für unternehmerisches Handeln im allgemeinen und insbesondere auch bei der Erfindung und dem Bau der Maschinen, welche zur

Herstellung dieser speziellen Werkzeuge und Maschinen dienen. Aber um eine solche Aufgabe effizient durchzuführen, ist es notwendig, daß die Gesamtnachfrage nach diesen Werkzeugen und Maschinen sehr groß ist.

Die andere Gruppe der Hilfsindustrie ist mit dem Sammeln und Verteilen der verschiedensten Materialien und anderer Waren, die von diesen kleinen Unternehmen benötigt werden, sowie mit dem Sammeln und Verteilen ihrer produzierten Ware beschäftigt. Dieses Geschäft wird einerseits von Fuhrleuten, Spediteuren sowie von denen, die die Eisenbahnen und Kanäle betreiben bzw. bauen, und andererseits von großen und kleinen Zwischenhändlern verrichtet. Zu dieser Gruppe der Hilfsindustrien zählen auch die Produzenten der Handelsblätter und andere Agenturen, die spezielle Geschäftsinformationen sammeln und verbreiten.

Zu den bedeutendsten Ersparnissen, die bei der Produktion verschiedenster Warenklassen auftreten, gehört zweitens die Ausbildung spezieller Fähigkeiten. Falls sehr viele Menschen an einem Ort mit einer ähnlichen Arbeit befaßt sind, kann man feststellen, daß sie sich gegenseitig durch die Pflege des Umgangs untereinander bilden. Das heißt, um es mit den Worten der Arbeiter auszudrücken, daß die für die Arbeit benötigten Fähigkeiten »in der Luft sind und die heranwachsenden Kinder sie einatmen«. Weiterhin wird ein Mann, der die Fähigkeiten eines Vorarbeiters bzw. irgendeiner besonders schwierigen Form körperlicher Arbeit besitzt, wahrscheinlich bald die Arbeit erhalten, für die er sich eignet, wenn in der Nachbarschaft viele Werkstätten existieren, in denen er sich eine gute Anstellung suchen kann. Angeborene Fähigkeiten werden also schnell und sicher gefördert. Die Größe eines Marktes, in welchem Arbeitgeber ausgebildete Arbeiter suchen können, erleichtert wiederum den Unternehmern, die ihr Geschäft ausweiten möchten, die Einstellung zusätzlicher, schon gut ausgebildeter Arbeiter. Die Unternehmer entgehen so der Unordnung in ihrem Geschäft, die auftreten würde, wenn die durch Krankheit oder Tod eines Vorarbeiters oder eines anderen gut ausgebildeten Arbeiters freiwerdende Stelle nicht ohne Mühe besetzt werden könnte.

Drittens gibt es bei einer kleinen Gesamtzahl der Firmen innerhalb einer speziellen Branche nur wenige Menschen, die in der Lage sind, Verbesserungen im Fabrikationsprozeß vorzunehmen und neue Produktionsmethoden und Maschinen zu erfinden.

Wenn aber die Anzahl der Menschen, die sich für diese Dinge interessieren, sehr groß ist, gibt es unter ihnen viele, die aufgrund ihres Verstandes und ihrer Wesensart zur Schaffung neuer Ideen geeignet sind. Jede neue Idee wird von vielen Menschen erörtert und verbessert. Jede neue zufällige Erfahrung und jedes bewußte Experiment wird nicht nur wenigen, sondern vielen Personen Stoff zum Nachdenken und neue Anregungen geben. Neue Ideen werden sich wahrscheinlich in großen örtlich begrenzten Branchen schneller entwickeln, und jede dieser Ideen fördert wahrscheinlich praktische Verbesserungen.

Dieser wechselseitige Austausch von Ideen wurde gerade in der letzten Zeit bis zu einem gewissen Ausmaß auch in nicht örtlich begrenzten Wirtschaftszweigen durch die schon erwähnten Handelsblätter möglich. Aber eine solche Zeitung kann so lange keine fähigen Herausgeber und Korrespondenten finden, als das Interesse an Handelsinformationen, die die Zeitung liefert, nicht genügend groß ist, um eine größere Auflage zu ermöglichen.

Zusammenfassend läßt sich sagen, daß eine Steigerung der Gesamtmenge einer industriell hergestellten Ware kaum verfehlen wird, zu erhöhten Ersparnissen in der Produktion zu führen – gleichgültig, ob diese Produktion nun unter vielen kleinen Kapitalisten aufgeteilt oder in den Händen einer vergleichsweise kleinen Anzahl von Unternehmen konzentriert ist.

§ 6 Nun wollen wir das Niveau der Gesamtproduktion der betreffenden Ware zu jedem Zeitpunkt geometrisch abbilden. Zu diesem Zweck wird festgelegt (vgl. Abbildung 4):

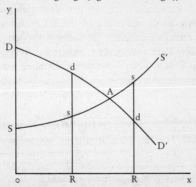

Abb. 4

DEFINITION: R sei ein Punkt auf Ox, so daß OR die Warenmenge mißt, die in einem Jahr produziert würde, falls das zu einer gegebenen Zeit erreichte Niveau der Produktion gleichförmig fortgeführt wird. Dann ist R der *Mengen*index zu diesem Zeitpunkt.[8]

Mit dieser Definition können wir folgenden Lehrsatz aufstellen:

SATZ XIX: *Eine senkrechte Gerade, die durch den Mengenindex R verläuft, soll die Nachfragekurve in d und die Angebotskurve in s schneiden. Falls d über s liegt, wird sich der Mengenindex tendenziell nach rechts bewegen. Falls d unter s liegt, wird der Mengenindex sich tendenziell nach links bewegen. Falls d mit s zusammenfällt, wie in Punkt A, befindet sich der Mengenindex R im Gleichgewicht, und er hat weder die Neigung, sich nach rechts noch sich nach links zu bewegen.*

Wenn R der Mengenindex ist, kann eine Menge OR zu einem Preis Rs gerade produziert und zu einem Preis Rd verkauft werden. Wenn nun Rd größer als Rs ist, stellen die Produzenten zu Ausgaben Rs das her, was sie zu einem Preis von Rd verkaufen können. Daher werden sie neben dem normalen Profit einen zusätzlichen Profit sd für jede produzierte Wareneinheit erhalten. Dadurch wird das betreffende Gewerbe außerordentlich profitabel sein, und zusätzliches Kapital wird hineinfließen. Daher wird eine größere Menge des Gutes produziert werden, oder, in anderen Worten: der Mengenindex wird sich nach rechts bewegen. Falls wiederum Rd, der Preis, zu welchem die Menge OR jährlich auf dem Markt verkauft werden kann, kleiner als Rs ist, das heißt, der Preis, der erforderlich ist, um der Unternehmung die Rückführung eines normalen Profits an die Kapitalisten zu ermöglichen, wird Kapital von diesem Gewerbe abfließen. Also wird die Produktion der Ware verringert werden; das heißt, der Mengenindex wird sich nach links bewegen. Falls aber Rd gleich Rs ist, wird das Gewerbe den Kapitalisten genau die normalen Profite zukommen lassen, und es besteht keine Neigung des Mengen-

---

8 Vgl. die Definition des Ausdrucks ›Tauschindex‹ und die Bemerkungen über diesen in der *Pure Theory of Foreign Trade*, Kapitel [III], § [1]. [Dieser Hinweis bezieht sich in der Sidgwick-Fassung auf Kapitel I, § 9 bzw. auf das Kapitel II, § 9 der *Early Economic Writings*, a.a.O. Dort gibt es keinen solchen Abschnitt. Allerdings wird der Tauschindex kurz in Kapitel II, § 5 erwähnt.]

index, sich nach rechts oder links zu bewegen. Rd ist natürlich nur gleich Rs, falls R genau senkrecht unter dem Schnittpunkt der Nachfrage- und Angebotskurve liegt.

Dieses können wir wie folgt formulieren:

SATZ XX: *Der Mengenindex befindet sich im Gleichgewicht, falls er senkrecht unter dem Schnittpunkt der Angebots- und Nachfragekurve liegt.*

Aus Satz XIX folgt, daß in Abbildung 1 der Mengenindex, falls er sich zwischen O und H befindet, dazu neigt, sich nach rechts zu bewegen. Falls er sich irgendwo jenseits von H befindet, wird er dahin tendieren, sich nach links zu bewegen. In Abbildung 2 wird der Mengenindex, falls er zwischen O und T liegt, die Tendenz zeigen, sich nach links zu bewegen; wenn er zwischen T und H liegt, wird er sich nach rechts, falls er zwischen H und K liegt, nach links bewegen. Falls er zwischen K und L liegt, wird er sich nach rechts, und falls er jenseits von L liegt, nach links bewegen. Diese Ergebnisse sind in jeder Abbildung durch Pfeilspitzen auf Ox angedeutet. In Abbildung 1 bezeichnen A und in Abbildung 2 A und C stabile Gleichgewichtspunkte. E und B in Abbildung 2 sind dagegen Punkte eines instabilen [Gleichgewichts]. Denn wir legen folgendes fest:

DEFINITION: Falls der Mengenindex, der gerade geringfügig aus der Gleichgewichtsposition gebracht wird, dazu neigt, in diese Lage zurückzukehren, wird das Gleichgewicht stabil genannt. Andernfalls wird es als instabil bezeichnet. Daher erhalten wir als direkte Folge aus Satz XIX:

SATZ XXI: *Das Gleichgewicht des Mengenindex, welches jeweils einem Schnittpunkt von Nachfrage- und Angebotskurven entspricht, ist stabil oder instabil, je nachdem, ob die Nachfragekurve links von diesem Punkt über oder unter der Angebotskurve liegt.*

Falls die Kurven sich in irgendeinem Punkt berühren, wird das Gleichgewicht, das diesem entspricht, stabil für Verschiebungen in die eine, aber nicht stabil für Verschiebungen in die andere Richtung sein. Diesem Fall kommt aber keinerlei praktische Bedeutung zu.[9]

Es ist offensichtlich, daß wir einen Punkt instabilen Gleichge-

---

9 Vgl. die Bemerkungen zum analogen Fall, *Pure Theory of Foreign Trade*, Kapitel [III] § 4, [in: *Early Economic Writings*, a.a.O.].

wichts durchlaufen müssen, falls wir uns auf einer der beiden Kurven von einem stabilen Gleichgewicht zum nächsten bewegen. Das heißt, in Fällen, in denen die Kurven sich mehr als einmal schneiden, wechseln sich stabile und instabile Gleichgewichte ab.

Ferner muß bei einer Bewegung auf der Kurve nach rechts der letzte Schnittpunkt ein stabiler Gleichgewichtspunkt sein. Denn der Verkaufspreis müßte fast auf Null fallen, wenn die produzierte Menge unendlich erhöht werden würde. Aber der zur Deckung der Produktionsausgaben nötige Preis würde nicht so weit fallen. Deshalb muß bei einer Bewegung eines Punktes auf der Angebotskurve diese letztlich steigen und über der Nachfragekurve bleiben.

Falls wir von links nach rechts wandern, kann der zuerst erreichte Schnittpunkt entweder ein stabiler oder ein instabiler Gleichgewichtspunkt sein. Sollte es, wie in Abbildung 2, ein instabiler Gleichgewichtspunkt sein, dann zeigt dieser Sachverhalt, daß sich für die Produzenten die Produktion der betreffenden Ware auf niedrigem Niveau nicht lohnt. Daher kann die Produktion so lange nicht aufgenommen werden, bis nicht eine vorübergehende Notwendigkeit eine dringende Nachfrage für eine Ware dieser Art zeitweilig aufkommen läßt, ähnlich der, die durch die gestrichelte Kurve in der Abbildung dargestellt wird. Aber die Produktion kann profitabel fortgeführt werden, falls sie einmal richtig angefangen hat.

§ 7 Bei der Behandlung des instabilen Gleichgewichts, das in der Außenhandelstheorie angesprochen wurde (Teil III, Kapitel III, § 7)[10], wurde bereits ausgeführt, daß in der Ökonomie jedes Ereignis dauerhafte Veränderungen der Bedingungen herbeiführt, unter denen zukünftige Ereignisse eintreten können. Auf jene Bemerkungen sei der Leser verwiesen. Es wurde dargelegt, daß

---

10 [Kapitel III, § 7 der *Pure Theory of Foreign Trade*]. [Die nächsten zwei Absätze wiederholen *mutatis mutandis* fast buchstäblich den letzten Absatz des Kapitels III der *Pure Theory of Foreign Trade*. An drei Textstellen werden indes die notwendigen Änderungen nicht vorgenommen. Die Bezugnahme auf OG, auf den Tauschindex und auf das Niveau, auf dem Leinen exportiert wurde, ist nicht korrigiert worden. Die falsche Bezugnahme auf OG wurde durch die angemessene auf DD' ersetzt, die anderen unterbliebenen Korrekturen sind aber im Text nicht geändert worden.]

man in der Außenhandelstheorie ein instabiles Gleichgewicht vorfindet, das völlig mit den Bedingungen übereinstimmt, die für ein instabiles Gleichgewicht in der Mechanik gelten. [...] Es wurde aber zugleich angemerkt, daß diese Eigenschaften nicht vollständig mit denen des sogenannten instabilen Gleichgewichts übereinstimmen, das auf die Verminderung der Produktionsausgaben infolge einer Erhöhung der produzierten Menge zurückzuführen ist.

Falls nämlich eine zufällige Störung ein Ansteigen der Produktion irgendeiner Ware und damit eine Einführung überproportionaler Einsparungen verursacht hat, gehen diese nicht ohne weiteres verloren. Einmal eingeführte Weiterentwicklungen mechanischer Apparate, der Arbeitsteilung und der Organisation des Transports werden nicht ohne weiteres aufgegeben. Kapital und Arbeit, die einmal in einer speziellen Branche eingesetzt wurden, werden in Wirklichkeit im Wert gemindert, wenn die Nachfrage nach den damit produzierten Waren zurückgeht, aber sie können nicht kurzfristig für eine andere Aufgabe umgerüstet werden. Weiterhin wird die Konkurrenz für einige Zeit verhindern, daß eine verringerte Nachfrage ein Steigen der Preise verursacht. Ähnliche Ausführungen können auf das, was ich in der vorliegenden Theorie als instabiles Gleichgewicht bezeichnete, angewandt und *mutatis mutandis* hier wiedergegeben werden.

So impliziert zum Beispiel in Abbildung 5 die Form der hier erörterten Angebotskurve, daß bei der jährlichen Produktion der Ware auf einem Niveau von OV die eingeführten Einsparungen so weitreichend sind, daß das Gut zum Preis TV verkauft werden kann. Wenn diese Einsparungen dann einmal zur Wirkung gekommen sind, würde die Kurve SS' wahrscheinlich nicht mehr genau die Angebotsbedingungen widerspiegeln. So würden zum Beispiel die Produktionsausgaben für eine Menge OU im Vergleich zur Menge OV nur unverhältnismäßig höher liegen. Um die Angebotsbedingungen wiederum mit Hilfe der Kurve darstellen zu können, ist es notwendig, sie weiter unten einzuzeichnen – möglicherweise so weit unten, daß sie die Lage der gestrichelten Kurve annimmt und nur noch einmal [DD'] schneidet. Wir können also das allgemeine Prinzip der Wirkungsweise so formulieren: Eine spezielle Behandlung der Angebotskurve in einem bestimmten Bereich wird dann nötig, wenn der Prozeß, in dem eine Ware hergestellt wird, bei einem Ansteigen des Produktionsniveaus in diesem Bereich große zusätzliche Einsparungen des herstellenden Gewerbes verursacht. Denn der Teil der ursprünglichen Kurve kann nur zur Darstellung der Angebotsbedingungen vor und bis zum Auftreten eines Ereignisses verwandt werden, das es lohnend macht, auf hohem Produktionsniveau genügend lang zu produzieren, so daß die Einsparungen eingeführt werden können. Doch nach Auftreten dieses Ereignisses muß die Kurve, zumindest teilweise, neu gezeichnet werden. Falls wir somit einen Punkt auf Ox in diesem Bereich der Angebotskurve gemäß den oben angeführten Regeln zeichnen, wird eine nach links zeigende Pfeilspitze anzeigen, daß ein Widerstand überwunden werden muß, bevor sich der Mengenindex zu diesem Punkt bewegen kann. Wenn jedoch der Mengenindex, auf welchem Wege auch immer, zu diesem Punkt gelangt ist, rechtfertigt die Existenz dieser Pfeilspitze nicht, daß ohne Untersuchung angenommen werden kann, daß in dem abgebildeten praktischen Problem eine Kraft wirkt, die dazu neigt, den Tauschindex nach links zu bewegen. [...]

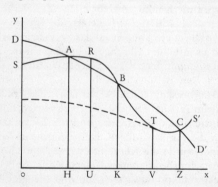

Abb. 5

Deswegen sollte eine Darlegung der Lagen instabiler Gleichgewichte, die bei einer Untersuchung der Kurven abgeleitet werden konnten, so lange nicht allgemein auf praktische Probleme angewandt werden, wie nicht in jedem einzelnen Fall die Wahrscheinlichkeit untersucht worden ist, inwieweit einmal eingeführte Einsparungen schnell verlorengehen. [Die Positionen instabiler Gleichgewichte] können, so scheint es heute, im allgemeinen nicht zur unmittelbaren Ableitung von praktischen Schlußfolgerungen herangezogen werden. Doch scheint ein weites Anwendungsfeld solcher Kurven darin zu liegen, daß sie auf neue praktische Probleme hinweisen.

§ 8 Wenn immer wir zur Lösung spezieller Probleme die Kurven von Angebot und Nachfrage verwenden, müssen wir genau die Periodendauer bestimmen, die unter durchschnittlichen Umständen angemessen ist. Diese Bestimmung erfordert große Sorgfalt. Selbst den besten Nationalökonomen mißlang es manchmal vollständig, die einzelnen Bedeutungen des Begriffs des Durchschnitts, den sie in solchen Ausdrücken wie ›durchschnittliches Angebot‹, ›durchschnittliche Nachfrage‹, ›durchschnittlicher Wert‹ verwandten, zu unterscheiden.

Wir wollen den Fall am Beispiel des Weizens erörtern. Die Weizenversorgung erfolgt fast nur von der nördlichen Erdhalbkugel, so daß der Weizen ungefähr zur gleichen Zeit des Jahres geerntet wird. Folglich braucht es keine bedeutenden Veränderungen der Weizenpreise innerhalb eines Jahres zu geben, wenn alle wichtigen Daten der Ernte bekannt sind und ihre Auswirkungen von den Händlern richtig eingeschätzt werden. Dies gilt zumindest so lange, bis die Erwartungen hinsichtlich der nächsten Ernte beginnen, sich anzukündigen. Die großen Preisbewegungen, die sogar in den Wintermonaten auftauchen, dürfen nicht als Auswirkungen ökonomischer Gründe im engeren Sinne betrachtet werden. Ihre Ursachen müssen eher in psychologischen Erscheinungen gesucht werden: in der Beschränktheit des menschlichen Wissens und der Fehlbarkeit des menschlichen Urteils.

In bezug auf Marktpreise auf Märkten mit großer zeitlicher Ausdehnung ist einige Sorgfalt erforderlich, um den durchschnittlichen Preis oder das Preisniveau auszumachen, um den herum der Marktpreis schwankt. Denn beim Vergleich zweier zu unterschiedlichen Zeitpunkten ermittelter Preise muß der Einfluß des Zinses auf den früher ausgemachten Preis berücksichtigt werden. Das heißt: Falls der Zins fünf Prozent per annum beträgt, entspricht der Preis von 61s 6d für ein Quarter verkauften Weizens im Juni dem Niveau von 60s für ein Quarter im vorangegangenen Januar.

Eine Statistik der monatlichen Weizenpreise seit 1793 (Tookes

History of Prices, Band II, S. 390 und die Statistical Abstracts)[11] zeigt zwei, in manchen Fällen sogar drei Schwankungen um den durchschnittlichen Preis im Laufe eines Erntejahres. Diese Schwankungen können kaum mit den Veränderungen der Erwartungen für eine gute Ernte in dem darauffolgenden Jahr erklärt werden. Selbst wenn wir diese Schwankungen und die Wirkungen von partiellen und zeitweiligen, offenen oder stillschweigenden Absprachen berücksichtigen, bleibt eine große Anzahl von Unregelmäßigkeiten, die die Schwierigkeit andeuten, schnell die erforderlichen Daten zu bekommen. Diese Schwierigkeit nimmt durch die wachsende Komplexität dieser Daten um genau so viel zu, wie sie sich durch unsere verbesserten Methoden der Informationsübertragung vermindert. Es ist zwar wahr, daß in den letzten achtzig Jahren der durchschnittliche Preis im Juli mindestens um so viel über dem Januarpreis lag, wie er eigentlich liegen sollte, nämlich 3s 6d. Aber es zeigt sich, daß folgende Ereignisse doch nur langsam wahrgenommen wurden: Wenn einer kargen Ernte eine gute folgt, ist nicht nur das im Monat September von der Statistik ausgewiesene Sinken der Preise im allgemeinen vergleichsweise gering, sondern zieht sich in vielen Fällen über einen

---

11 [Vgl. T. Tooke, *A History of Prices and of the State of the Circulation from 1793 to 1837*, London 1838 (Longman, Orme, Brown, Green and Longmans), Bd. I, II. Im Band II ist ein ›Table of the Monthly Average Price of Wheat per Winchester Quarter in England and Wales from 1793 to 1837 inclusive‹ abgebildet. In dem Exemplar, das Marshall noch benutzte und das in der Marshall-Bibliothek vorhanden ist, findet sich auf dieser Seite die Anmerkung: »Beachte den höchsten Preis in jedem ›Erntejahr‹. Aus obiger Statistik kann vielleicht geschlossen werden, daß in der Praxis Einwände gegen die Wahl des Erntejahres vom 1. September bis zum 31. August vorgebracht werden können. Falls ein Jahr mit einem niedrigen Weizenpreis einem mit einem höheren Weizenpreis folgt, dann wird in diesem Jahr der Weizenpreis im allgemeinen im September am höchsten sein. Deswegen sollte der September grundsätzlich aus der Untersuchung ausgeschlossen werden.« Der *Statistical Abstract for the United Kingdom in each of the Last Fifteen Years* wurde jährlich veröffentlicht. Die 20. Auflage wurde 1873 in London (Eyre, Spottiswoode, für die H.M.S.O., Sp. 833) herausgegeben und umfaßte die Jahre 1858 bis 1872. Die 1. Auflage für die Jahre 1840–1854 wurde 1870 wieder abgedruckt in London (Sp. 145) (mit Ergänzungen für 1855 bis 1869).]

großen Teil des Erntejahres hin. In den letzten dreißig Jahren war der Preis im Durchschnitt im Februar niedriger als im November und im April nur wenig höher als im Oktober. Falls man unter dem Ausdruck ›Durchschnitt‹ den Durchschnitt von sechs Wintermonaten versteht, dann sind die Bestimmungsgründe, die die Beziehung zwischen durchschnittlichem Preis und Marktpreisen des Weizens determinieren, gänzlich andere, als wenn man die Periode, auf die sich der Durchschnitt bezieht, so lang wählt, daß sie mehrere Ernten umfaßt.

Die Perioden, die wir hier behandeln, sind eher letzterer Art. Sie sind einerseits lang genug, um zufällige Störungen auszuschalten, die vom Fehler der Produzenten herrühren, das Angebot an die Nachfrage genau so anzupassen, daß die angebotene Menge noch gerade zu einem kostendeckenden Preis verkauft werden kann. Sie sind jedoch andererseits hinreichend kurz, um grundsätzliche Änderungen in den Gegebenheiten der Nachfrage und des Angebots abzuschließen. Auf der Nachfrageseite einer bestimmten Ware ist es erforderlich, die Perioden so abzugrenzen, daß folgende Ereignisse in diesen nicht berücksichtigt werden: (i) Jede große Änderung des Wohlstands und der Kaufkraft der Gemeinschaft, (ii) jede wichtige Änderung der Moden, die den Gebrauch der Ware beeinflussen, (iii) eine Erfindung oder eine große Verbilligung einer Ware, die in größerem Umfang als Substitut verwandt werden kann, (iv) der Mangel einer Ware, der durch schlechte Ernten, Krieg bzw. durch die Einführung von Zöllen oder Warenverbrauchsteuern hervorgerufen wurde, für den die Ware, deren Markt wir untersuchen, als Substitut dienen kann, (v) ein plötzlicher großer Bedarf nach einem Gut, wie zum Beispiel nach Tauen, wenn ein Seekrieg ausbricht, sowie (vi) die Entdeckung neuer Gebrauchsmethoden oder die Öffnung wichtiger Märkte, auf denen das Gut verkauft werden kann.

Auf der Angebotsseite ist es erforderlich, daß die Perioden folgendes nicht berücksichtigen: (i) die Erschließung oder das Versiegen von bedeutenden Angebotsquellen (zum Beispiel durch einen Krieg oder eine Steuer) der Ware selber oder von Waren, mit denen diese produziert werden, oder (ii) die Erfindung grundsätzlich neuer Methoden und Maschinen zur Herstellung dieser Ware. Die Periode kann dann aber die verbreitete Anwendung bekannter Verfahren und Maschinen sowie die Ersparnisse bei der Beförderung und Verteilung der Waren berücksichtigen, die sich als direkte Folge des Anstiegs des Produktionsniveaus ergeben.

Für den Fall des Weizens heißt das: Die Angebots- und Nachfragekurven können unter keinen Umständen in der vorliegenden Darstellung verwandt werden, um das Wirken der Ursachen aufzuzeigen, die die im Laufe vieler Generationen zu beobachtende Veränderung im Weizenwert bestimmen. Jüngste Kontroversen lassen es angebracht erscheinen, diesen Punkt etwas sorgfältiger zu untersuchen. Britische Ökonomen haben ein Gesetz des fallenden Ertrags formuliert. Sie stellen fest, daß eine beachtliche Steigerung der Weizenmenge in einem gegebenen Gebiet eines schon dicht bevölkerten Landes nur durch Einsatz überproportionaler Arbeitsmengen erzielt werden kann. Amerikanische Ökonomen stellen fest, daß in einem jungen Land immer – und oft sogar in einem alten Land – das Bevölkerungswachstum Verbesserungen in der Ackerbaukunst mit sich bringt: beispielsweise neues Wissen um Methoden und Werkzeuge, einen besseren Zugang zu den Gütermärkten für Käufer und Verkäufer sowie die Entwicklung der Straßen- und Schienenverbindungen, so daß ein vermehrtes Nahrungsmittelangebot zu unterproportional wachsenden Lohnkosten hergestellt werden kann. Insbesondere betonen sie nachdrücklich, daß die Arbeitsmenge, die zum Anbau eines Quarters Weizen unter den denkbar schlechtesten Bedingungen heute in England aufgewandt werden muß, geringer ist, als sie es vor vielen Jahrhunderten war. Diese Meinungen, die britische und amerikanische Ökonomen des öfteren vertreten, sind zweifellos beide wahr. Sie widersprechen einander nicht. Das Gesetz des fallenden Ertrages kann durch eine durchweg steigende Angebotskurve für Weizen wie in Abbildung 1 ausgedrückt werden. Der entgegengesetzte Fall, der durch die speziellen Verhältnisse in Amerika berühmt wurde, kann durch eine Kurve des Weizenangebots ausgedrückt werden, die wie in Abbildung 2 in einigen Teilen steigt und in anderen fällt. In diesem Fall ist es jedoch notwendig, den Wert des Korns in einer Einheit einer bestimmten Arbeitsart zu messen, während im ersteren Fall der Wert des Korns sowohl in Arbeitseinheiten als auch in Einheiten wertvoller Metalle ausgedrückt werden kann. Die soeben dargestellten Angebotskurven beziehen sich aber auf völlig verschiedene Probleme. Jede Kurve stellt zwar Veränderungen von in Geld oder Arbeit gemessenen Kosten des Getreideanbaus dar, die durch eine Erhöhung der produzierten Weizenmenge hervorgerufen wurden. Die erstere Kurve bezieht sich indes auf einen so kurzen Zeitabschnitt, daß sich keine grundsätzlichen Änderungen des allgemeinen Zustands des Landes, in der Entwicklung der Ackerbaukunst, im Verkehrswesen sowie im allgemeinen in der Hilfsindustrie der Landwirtschaft ereignen. Zu dieser Kurve kann man dann eine Nachfragekurve zeichnen, die grob die Sachverhalte der durchschnittlichen Nachfrage nach Weizen in der gleichen Periode wiedergibt. Die Lage des Schnittpunkts dieser beiden Kurven würde dann ungefähr die durchschnittliche Produktionsmenge und den durchschnittlichen Preis bestimmen, um welchen der mittlere Preis schwankt. Im zweiten Fall aber bezieht sich die Angebotskurve auf einen so langen Zeitabschnitt, daß grundsätzliche Änderungen in der Eigenart vieler verschiedener Industrien des Landes eingeschlossen werden. Falls man diese Kurve zeichnet, würde man nicht nur die direkt durch das Anwachsen der Angebotsmenge verursachten Einsparungen in Betracht ziehen, sondern es würden auch Erfindungen und andere Verbesserungen einfließen, die der mit dem Bevölkerungswachstum einhergehenden Zivilisierung geschuldet sind. Eine Angebotskurve kann also so gezeichnet werden, daß sie die Ergebnisse der Statistik als vergangene Geschichte oder die Vermutungen über den Verlauf der Geschehnisse in der Zukunft darstellt. Offensichtlich ist aber, daß wir diese Kurve nicht richtig auf eine entsprechende Nachfragekurve beziehen und durch den Schnittpunkt dieser beiden Kurven den durchschnittlichen Wert, um den der Marktwert schwankt, nicht bestimmen können.

Es ist in der Tat möglich, die Weizenpreise der verschiedenen Jahre aufzuaddieren und diese durch die Anzahl der Jahre zu teilen, um ein arithmetisches Mittel der Preise zu finden. Dieses Mittel sollte aber nicht als ein durchschnittliches Ergebnis der ökonomischen Bestimmungsgründe bezeichnet werden. Ein solcher Ausdruck kann nicht genau interpretiert werden, ohne eine gewisse Einheitlichkeit wenigstens hinsichtlich des allgemeinen Charakters der wirkenden Ursachen anzunehmen. Auch könnten wir keine Annahme zugrundelegen, die in diesem Fall auch nur ungefähr den Tatsachen entsprechen würde. Malthus[12] hat tat-

12 *Political Economy*, Kapitel IV [T. R. Malthus, *Principles of Political Economy Considered with a View to their Practical Application*,

sächlich einige aufschlußreiche Untersuchungen über die Beziehungen geliefert, die im Laufe der englischen Geschichte zwischen dem durchschnittlichen Getreidepreis, dem durchschnittlichen Arbeitslohn und dem Bevölkerungswachstum bestanden. Es stimmt zwar, daß die ihm zugänglichen Statistiken nicht durchgängig befriedigend waren, doch machte er von denen, die ihm zur Verfügung standen, angemessen Gebrauch. Neuere Untersuchungen scheinen im großen und ganzen seine Ergebnisse zu bestätigen. Er folgerte, »daß in einem Zeitraum von fast 500 Jahren die Tagesverdienste der Arbeiter in unserem Land wahrscheinlich öfter unter als über einem Peck Weizen lagen«. [Weiterhin zog er den Schluß], »daß das Peck Weizen gewissermaßen als der Mittelpunkt zu denken ist – vielleicht liegt es sogar etwas über diesem Punkt –, um welchen die Marktlöhne für Arbeit schwankten, die sich nach Angebot und Nachfrage verändern, und daß die Bevölkerung eines Landes verhältnismäßig schnell wachsen kann, selbst wenn die Arbeitslöhne unter diesem Punkt liegen.«

Aber er fand auch heraus, daß der durchschnittliche Lohn, ausgedrückt in Getreidemengen, im späten fünfzehnten Jahrhundert nicht weit entfernt von zwei Peck und im siebzehnten Jahrhundert im allgemeinen unter dreiviertel Peck lag. »Von 1720 bis 1750 fiel der Getreidepreis und stiegen die Arbeitslöhne, aber trotzdem konnten sie auch zu jener Zeit nur wenig mehr als die Hälfte der Weizenmenge kommandieren, die im fünfzehnten Jahrhundert verdient wurde. Von dieser Zeit an begann der Kornpreis zu steigen, während der Arbeitslohn nicht ganz im selben Verhältnis stieg. In den 40 Jahren von 1770 bis 1810 und 1811 scheinen jedoch die Arbeitslöhne, ausgedrückt in Korn, annähernd unverändert gewesen zu sein.«

»Weiterhin ist die Menge herkömmlichen Getreides, die eine arbeitende Familie tatsächlich verdienen kann, ein Maß des der Bevölkerung gegebenen Ansporns und der Lage der Arbeiter, wenn man die Veränderungen der anderen Teile, die neben den

London 1820 (Murray), 1. Auflage. Marshalls Zitate stammen aus der 1. Auflage (jeweils Seite 284, 558-559, 290-291) und finden sich nicht in der 2. Auflage, London 1836 (Pickering), mit Ausnahme einer umformulierten Fassung des ersten Zitats, das aus S. 254 steht. Leichte stilistische Änderungen Marshalls wurden beibehalten.]

Nahrungsmitteln den Lohn ausmachen, in hinreichendem Maß berücksichtigt. Der Geldpreis solcher Löhne ist dann das beste Maß des Geldwertes, soweit dieser überhaupt durch ein Gut ausgedrückt werden kann.«[13]

Diese Tatsachen können – vielleicht nur, indem man den Begriffen etwas Gewalt antut – als Arbeitsangebot und -nachfrage, die den durchschnittlichen Arbeitslohn bestimmen, interpretiert werden. Malthus bemühte sich, sie so zu gebrauchen. Sie können aber nicht richtig widerspiegeln, wie der durchschnittliche Getreidepreis durch ökonomische Ursachen bestimmt wird.

§ 9 Der Leser wird ohne Mühe die Diagramme selbst zeichnen können, die die Veränderungen der Kurven und der Gleichgewichtslagen wiedergeben, die aufgrund irgendeines allgemeinen Wechsels der Bedingungen von Angebot oder Nachfrage auftreten. Die Gesetze, auf die er seine Überlegungen wird aufbauen müssen, sind in jeder Hinsicht denen ähnlich, die für die Untersuchung der entsprechenden Probleme in der Theorie der internationalen Werte herangezogen worden sind. Wir können jetzt der Analogie der Ausdrücke folgen, die dort zur Beschreibung der Veränderung der Angebotskurve verwandt wurden. Diese Veränderung ist immer dann notwendig, wenn irgendein Ereignis ein Ansteigen der Produktionsausgaben pro Einheit produzierter Warenmenge verursacht. Wir können sagen, daß ein solches Ereignis – ob es eine Steuer, das Versiegen irgendeiner Angebotsquelle oder irgendeine andere Erschwerung sei – die Angebotskurve »nach oben verschiebt«.

In Abbildung 6 sei P irgendein Punkt auf der Angebotskurve, so daß PM der Preis ist, der notwendig ist, um die Ausgaben zur Produktion der Menge OM einer Ware zu decken. Nach der Änderung der Angebotskurve ist ein höherer Preis pM zur

---

[13] Offensichtlich in Unkenntnis dieser Untersuchung und ihres abschließenden Beweises, daß Löhne, ausgedrückt in Korn, in manchen Jahrhunderten höher lagen als in anderen, greift Cairnes, *Leading Principles*, Teil 1, Kapitel v, § 3 die kurze Bemerkung, die Mill (*Pol. Econ.*, Buch III, Kap. xv, § 2) zu dieser Tatsache gemacht hat, an. [Vgl. J. E. Cairnes, *Some Leading Principles of Political Economy Newly Expounded*, London 1874 (Macmillan); J. S. Mill, *Principles of Political Economy*, S. 579–580.]

Deckung dieser Ausgabe erforderlich. Somit wird, wenn sich der Preis P entlang der alten Angebotskurve SS' bewegt, die Bewegung von Preis p der neuen Angebotskurve ss' folgen. Falls die Veränderung in der Einführung einer Steuer besteht, die einen festen Anteil des Verkaufspreises der Ware ausmacht, wird das Verhältnis von pM zu PM für alle Positionen von P konstant sein.

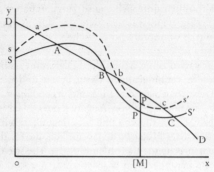

Abb. 6

Ähnlich kann die Angebotskurve ›nach unten verschoben‹ werden, wenn eine Steuer gesenkt oder Subventionen gewährt werden, neue Angebotsquellen erschlossen werden oder eine neue Herstellungsmethode gefunden wird. Denn wie schon erwähnt, bedeutet jede wesentliche neue Erfindung einen Wechsel der Angebotsbedingungen, der die alte Angebotskurve ungültig werden läßt. Ein Ansteigen des Produktionsniveaus wird infolge eines größeren Spielraums für die Anwendung schon bekannter Methoden und Maschinen notwendig zu wachsenden Einsparungen führen. Die alte Angebotskurve wurde unter der Voraussetzung gezeichnet, daß diese Einsparungen vorausgesagt und berücksichtigt werden konnten. Aber neue Erfindungen und andere Verbesserungen, die nicht direkt durch ein Ansteigen des Produktionsniveaus verursacht worden sind, können nicht vorhergesagt werden. Wenn sie auftreten, lassen sie es notwendig werden, eine neue Angebotskurve zu zeichnen.

In gleicher Weise wird die Nachfragekurve durch die Entdeckung neuer Verwendungsmöglichkeiten für die betreffende Ware und allgemein durch jede ihre Nachfrage erhöhende Veränderung nach oben verschoben. Eine Verminderung der Nachfrage, die vielleicht auf einen Modewechsel oder auf eine Erfindung eines Substituts für das Gut zurückzuführen ist, wird in ähnlicher Weise die Nachfragekurve nach unten verschieben.

Es ist zu beachten, daß eine merkliche Bewegung der Angebotskurve nach oben bzw. der Nachfragekurve nach unten in Abbildung 6 die Anzahl der Schnittpunkte der Kurve von drei auf einen links von A liegenden vermindert. Der Mengenindex kann sich dann von einem stabilen Gleichgewichtspunkt, senkrecht unter Punkt C, zu einem Punkt nahe O bewegen. Doch es muß daran erinnert werden, daß die Hypothese, unter der dieses Ergebnis erzielt wurde, sich – allgemein gesprochen – nicht auf tatsächliche Phänomene wichtiger praktischer Probleme bezieht. Denn, wie schon weiter oben ausführlich erörtert, sind die Eigenschaften eines fallenden Teils einer Angebotskurve nur insoweit völlig zuverlässig, als sich der Mengenindex von links nach rechts bewegt. Sobald diese Bewegung jedoch vollzogen ist, kann die Angebotskurve die Tatsachen nicht mehr genau beschreiben, auf die sich ein praktisches Problem bezieht.

Vladimir K. Dmitriev
David Ricardos Werttheorie
Versuch einer strengen Analyse

1. Einführung:
Die Theorie der »Produktionskosten«
vor Ricardo

Die einfachste Formel, die die Beziehung zwischen Preisen und Produktionskosten ausdrückt, ist

(1)   Preis $\geq$ Produktionskosten.

Diese Formel ist nicht das Ergebnis wissenschaftlicher Analyse des Wirtschaftslebens, sondern ein einfacher Ausdruck für die selbstverständliche Tatsache, daß die Produktion dann nicht fortgesetzt werden kann (zumindest nicht für eine nennenswerte Zeitspanne), wenn der Produktpreis nicht die entstehenden Kosten deckt.

Deshalb erscheint es verwunderlich, die Entdeckung dieser Wahrheit einem bestimmten Ökonomen zuzuschreiben.[1] Um von diesem *Faktum* zu einer vollständigen *Theorie der Produktionskosten* in der Volkswirtschaft zu gelangen, war es notwendig, erstens die Gesetze zur Bestimmung der Höhe des Überschusses, der in einem Preis über die entstandenen Produktionskosten hinaus verkörpert ist, darzulegen. Zweitens waren die tatsächlichen, für den Unternehmer in der Produktion auftretenden Kosten zu analysieren. Das erste Problem war nicht einmal von Smith befriedigend gelöst worden: Er definiert Profit, wie man weiß, auf der Grundlage der Beziehung zwischen Nachfrage und Angebot von Kapital, das heißt durch ein Merkmal, das von Marktverhältnissen abhängig ist. Für die Zeit vor Smith gilt, daß selbst für die Analyse der realen Produktionskosten im engeren

---

1 Siehe zum Beispiel P. Bois-Guillebert, *Les détails de la France*, Paris 1843; K. Marx, *Zur Kritik der politischen Ökonomie*, Berlin 1859, S. 32; und N. Sieber, *D. Ricardo und K. Marx in ihrer ökonomischen Forschung* (in russ. Sprache), Moskau 1885.

Sinne, das heißt *ohne Einbeziehung des Profits,* sehr wenig geleistet wurde.

Man beachte, daß wir alle *unbegründeten* Aussagen über das Wertgesetz, die von verschiedenen »Denkern« ohne jede weitere Grundlage als die der Autorität ihrer Verkünder proklamiert wurden, vollkommen außer acht lassen, da sie nichts mit Wissenschaft zu tun haben. Dazu gehört zum Beispiel die »Theorie«, die besagt, der Wert sei durch die bei der Herstellung des Produktes verausgabte Arbeitsmenge (Franklin und Petty)[2] oder durch die Menge an Arbeit und Land (Cantillon, Locke u. a.)[3] bestimmt.

Wir finden die detaillierteste Analyse der Produktionskosten in den Arbeiten von Steuart, Smiths unmittelbarem Vorläufer. Nach Steuarts Theorie (*Principles of Political Economy,* 1767, Buch 2) setzt sich der tatsächliche Wert eines Dinges aus den folgenden Elementen zusammen: »Dem Wert der Subsistenzmittel des Arbeiters und der notwendigen Ausgaben sowohl für die Erfüllung seines persönlichen Bedarfs als auch für die Ausstattung mit Werkzeugen, die zu seinem Beruf gehören« und »dem Wert der Materialien, die vom Arbeiter als Rohstoff gebraucht werden.«

Steuart zufolge definieren diese drei zusammenwirkenden Elemente die niedrigste Grenze, unter die der Marktpreis des Produktes nicht fallen kann. Was wir hier sehen, ist im wesentlichen

---

2 Siehe *The Works of B. Franklin,* hg. von J. Sparks, 1856 (»Da Handel im allgemeinen nichts anderes ist als der Austausch von Arbeit gegen Arbeit, wird der Wert aller Dinge ... am besten durch Arbeit gemessen.«), Bd. 2, S. 267. Petty versucht jedoch, seine Behauptung weniger willkürlich zu gestalten, indem er *Ceteris-paribus*-Bedingungen verlangt: »Wenn jemand eine Unze Silber von der Erde Perus in derselben Zeit nach London bringen kann, in der er einen Scheffel Weizen produzieren kann, dann ist das eine der natürliche Preis des anderen. Wenn nun jemand durch neue und leichter abbaubare Minen zwei Unzen Silber ebenso einfach erhalten kann, wie vorher eine, dann wird Weizen zu zehn Schilling pro Scheffel *ceteris paribus* ebenso billig sein wie er vorher zu fünf Schilling war.« (W. Petty, *A treatise of taxes and contributions,* London, 1662, Kap. 5, S. 50f. der Ausgabe von 1899). Der Ansatz ist zweifellos wissenschaftlich, aber er begrenzt dennoch die Bedeutung und die Anwendungsmöglichkeiten des Gesetzes.

3 R. Cantillon, *Essay sur la nature du commerce en général,* London 1755, mit englischer Übersetzung von H. Higgs, London 1931; Locke, *Works,* London 1823, Bd. 5, *Of civil government,* § 40.

eine einfache, ausführliche Liste der Ausgaben, die dem kapitalistischen Unternehmer entstehen (wie vorher ist der Profit mit den Marktverhältnissen, das heißt mit Angebot und Nachfrage einer gegebenen Ware verbunden). Bis hierher lassen sich keine Spuren wissenschaftlicher Analyse in dieser ›Theorie‹ der Produktionskosten entdecken. Die einzige Ausnahme ist die Subsistenzlohntheorie. Sogar schon vor dem Erscheinen der Werke Adam Smiths hatte sich in der Wirtschaftswissenschaft die Theorie durchgesetzt, daß die Löhne dahin tendieren, sich den Subsistenzmitteln anzugleichen. Auch eine einigermaßen detaillierte Entwicklung des Begriffs der ›Subsistenzmittel‹ kann man finden (Cantillon, Petty und Turgot)[4].

Erst in den Werken von Adam Smith wurde jedoch eine Erklärung für den Mechanismus des Prozesses gegeben, durch den die Löhne stets auf dem Subsistenzniveau gehalten werden. Fassen wir das Gesagte zusammen, so können wir den Zustand der Theorie über die Beziehung zwischen Wert und Produktionskosten für die Zeit unmittelbar vor Erscheinen der Werke Adam Smiths mit der folgenden Formel (2) ausdrücken:

Preis = Ausgaben für Löhne (= die Zahl der Arbeitstage × täglicher Unterhalt des Arbeiters, *ausgedrückt im Produkt × Preis des Lohngutes*)

+ Ausgaben für den Ersatz von Werkzeugen und Materialien (= die Menge der bei der Produktion verbrauchten Werkzeuge und Materialien × *dem Preis von Werkzeugen und Materialien*)

+ *Gesamtprofit*

+ *Rente* (= die Summe, die für »den Beitrag der Naturkräfte« bezahlt wird).

---

4 Siehe Cantillon 1755, zitiert von Smith. W. Petty definiert den Wert des durchschnittlichen Tageslohnes durch das, was der Arbeiter zum Leben, zum Arbeiten und zu seiner Reproduktion benötigt (*The Political Anatomy of Ireland*, London 1691, S. 64, S. 181 der Ausgabe von 1899). Turgot bemerkt: »Die Arbeiter sind ständig gezwungen, gegenseitig ihren Lohn zu drücken. Der Lohn des Arbeiters ist auf das begrenzt, was für seinen Lebensunterhalt notwendig ist; das muß für alle Arten Arbeit gelten und gilt auch tatsächlich.« (A. R. J. Turgot, *Réflexions sur la formation et la distribution des richesses*, 1770, § VI, S. 10 der Ausgabe von 1844.)

Die hervorgehobenen Größen sind die Unbekannten.

Natürlich muß sich auf dieser Entwicklungsstufe die Produktionskostentheorie denselben Vorwurf gefallen lassen, der so oft gegen die Theorie der Produktionskosten *im allgemeinen* (folglich auch gegen ihre vollkommen ausgearbeitete Version) erhoben wird, daß sie nämlich Preise mittels Preisen, also eine Unbekannte mittels anderer Unbekannter definiert.[5] Das Problem, dem sich Adam Smith gegenübersah, war kein leichtes, und es überrascht daher nicht, daß seine Lösung dafür keineswegs vollkommen war. Erst in den Schriften seines Nachfolgers, Ricardo, wurde die Theorie der Produktionskosten vervollständigt. Nichtsdestoweniger trug Smith sehr viel zu der korrekten Lösung des Problems bei. Vor allem finden wir bei Adam Smith eine richtige Formulierung des zu lösenden Problems, was ohne Zweifel für die korrekte Lösung sehr wichtig ist.

Smith gibt an, daß »der relative oder Tauschwert der Güter« durch »Regeln« determiniert ist, »die man selbstverständlich bei ihrem Austausch gegen Geld oder andere Güter beachtet«.[6] Dies eliminierte erst einmal die Frage nach dem *inneren* Wert der Waren: Das Untersuchungsobjekt sollte einfach der *relative* Wert der Waren, ihre Austauschrate (der Begriff ist von Jevons[7] übernommen) sein, um die Verwirrung zu vermeiden, die aus dem zweifachen Gebrauch des Wortes ›Wert‹ herrührt: Tauschwert und Gebrauchswert. Die Verwendung des Begriffes »Austausch-

---

5 Zum Beispiel Sieber 1885, S. 109. Sieber zitiert die Worte Kamorčinskijs: »Man kann gegen Produktionskostentheorien einwenden, daß sie den Preis eines Gutes nicht mit solchen Elementen erklären, die vom Preis unabhängig wären, sondern mit anderen Preisen, weil Produktionskosten aus den Preisen aller Güter berechnet werden, die zur Produktion notwendig sind.« Sieber fügt dem hinzu: »Die Formulierung der Frage der Produktionskosten, die wir eingeführt haben, ist ein klarer Ausdruck der Unzufriedenheit, die leider nur bei sehr wenigen neueren Ökonomen zu finden ist, wenn sie Begriffe diskutieren, die *nur scheinbar* eine bekannte und bestimmte Bedeutung haben ...«

6 A. Smith, *An Inquiry into the Nature and Causes of the Wealth of Nations* (1776), Buch I, Kap. 4, S. 42 der Ausgabe von 1814.

7 Jevons benutzt den Begriff »die Austauschrate«, Zalesskij übersetzt dies in seiner Arbeit unserer Meinung wenig erfolgreich mit dem Wort »Austauschbeziehung«. S. Zalesskij, *Werttheorie*, in russ. Sprache, Kazan 1893, Buch II, S. 122.

rate« eliminiert die Notwendigkeit einer näheren Bestimmung der verschiedenen Bedeutungen des Wortes »Wert«, wie Smith[8] und Ricardo sie vornehmen.

Smith geht dann zu einer Analyse des Begriffs der Produktionskosten, oder genauer zu einer Analyse der Elemente über, aus denen sich die Produktionskosten für den kapitalistischen Unternehmer zusammensetzen. In seiner Lohntheorie entwickelt Adam Smith lediglich eine breitere Basis für die Hypothese, die schon von vorangegangenen Ökonomen vorgelegt wurde, daß die Reallöhne dazu neigen, mit den wesentlichen Subsistenzmitteln des Arbeiters übereinzustimmen.[9]

Die Hauptveränderungen, die von Smith bezüglich der Formel der Produktionskosten vorgenommen worden sind, beziehen sich auf den zweiten und dritten Ausdruck des zweiten Teils der Gleichung (2). Smith war der erste, der hervorgehoben hat, daß der Wert der bei der Produktion verbrauchten Werkzeuge und Materialien stets in Löhne, Profit und Rente aufgeteilt werden kann (unter »Profit« und »Rente« wollen wir stets die *Geldsumme des Profits* und *die Geldsumme der Rente* verstehen), so daß alle Produktionskosten auf die drei Elemente: Löhne, Profit und Rente reduziert werden können. Diese drei Teile, so meint Smith,

»scheinen entweder unmittelbar oder mittelbar den Preis des Weizens

8 »Das Wort *Wert*«, bemerkt Smith, »hat zwei verschiedene Bedeutungen und drückt manchmal den Nutzen (Gebrauchswert) eines bestimmten Dinges und manchmal die Möglichkeit, andere Güter zu kaufen, die mit dem Besitz dieses Dinges verbunden ist, aus. Das eine kann ›Gebrauchswert‹ genannt werden; das andere ›Tauschwert‹« (Buch 1, Kap. 4, S. 42 der Ausgabe von 1814). – Obwohl Adam Smith den Begriff des Tauschwerts hervorragend erklärt, wagte er nicht, eine ebenso präzise Definition des »Gebrauchswerts« oder der »Nützlichkeit« zu geben. Die erste vollkommen richtige Definition des Begriffs der Nützlichkeit findet sich bei F. Galiani, einem italienischen Ökonomen des letzten Jahrhunderts: »Ich nenne Nutzen die Fähigkeit eines Dings, uns zu Glück zu verhelfen« (*Della moneta*, 1750, Kap. 2, S. 59).

9 Smith selbst zitiert zu dieser Frage Cantillon (Smith, Buch 1, Kap. 8, S. 110 der Ausgabe von 1814). Die Theorie des »ehernen« Lohngesetzes erreichte seine endgültige Entwicklung natürlich in den Schriften D. Ricardos, und wir werden daher die nähere Untersuchung dieser Frage bis zur Analyse der Werttheorie Ricardos zurückstellen.

auszumachen. Man könnte vielleicht denken, es sei ein vierter Teil nötig, um das Kapital des Pächters wieder zu ersetzen, oder die Abnutzung von Zugvieh und Wirtschaftsgegenständen auszugleichen. Es gilt jedoch zu berücksichtigen, daß der Preis jedes Wirtschaftsgegenstandes, wie etwa eines Arbeitspferdes, selbst aus denselben drei Teilen besteht, nämlich aus der Grundrente von dem Lande, auf welchem es gezogen wird, aus der Arbeit seiner Zucht und Wartung und aus dem Profit des Pächters, der beides, die Grundrente und den Arbeitslohn, vorschießt. Wenn also der Weizenpreis sowohl den Preis als auch den Unterhalt des Pferdes bestreitet, so löst sich doch der ganze Preis entweder unmittelbar oder mittelbar in dieselben drei Teile auf: Rente, Arbeit und Profit.«

Diese Hypothese ist anschließend von Smith auf alle anderen Produkte erweitert worden (Smith, Buch 1, Kap. 6, S. 68 der Glasgow Edition).

Smith selbst führt Fälle an, bei denen eines (und manchmal sogar zwei) dieser drei grundsätzlichen Preiselemente fehlen, so daß der Produktpreis im Endeffekt auf nur zwei Elemente, nämlich auf *Löhne und Profite* reduziert wird (ebd.).

Wegen der Unhaltbarkeit der Ansichten Smiths über die Rente werden wir aussschließlich nur den letzten Fall betrachten. Wie von Ricardo erläutert wurde, liegt der Grund für die Existenz der Rente darin, daß verschiedene Mengen der gleichen Ware, die auf dem gleichen Markt verkauft wird (und folglich den gleichen Preis erzielt), mit unterschiedlichen Kosten produziert werden. Um die Rente aus dem Preis zu eliminieren, müssen wir die *übliche* Annahme treffen, daß alle Einheiten einer gegebenen Ware zu gleichen Kosten hergestellt werden (und folglich, daß alle Kapitaleinheiten, die in der gegebenen Produktion beschäftigt sind, *gleich produktiv* sind). Formel (2) wird dann zu:

(3) $\quad X_A = (n_A a X_a + n_1 a X_a + n_2 a X_a + \ldots + n_m a X_a)$
$\quad\quad + (y_A + y_1 + y_2 + \ldots + y_m)$

wobei X_A der Preis des Produktes A ist; $n_A, n_1, n_2, \ldots n_m$ geben die Zahl der in die Produktion eingegangenen Arbeitstage an. a ist die Menge eines Produktes, zum Beispiel Weizen, die von einem Arbeiter pro Tag konsumiert wird (der Einfachheit halber nehmen wir mit Ricardo an, der Arbeiter konsumiere ein Produkt, zum Beispiel Weizen. Dies ist natürlich eine Vereinfachung. Aber wir werden im folgenden sehen, daß sich nichts an unserer Analyse ändert, wenn wir annehmen, daß die Arbeiter mehrere

Produkte konsumieren). X_a ist der Preis des Produktes a; $y_A, y_1, y_2, \ldots y_m$ sind die im Preis des Produktes A verkörperten Profite; sie schließen sowohl den Profit ein, den der Produzent vom Produkt A selbst erzielt, als auch den, den die Produzenten der Werkzeuge und der im Laufe der Produktion von A verbrauchten Materialien erzielen. Oder, wenn

(4) $\quad \begin{cases} n_A + n_1 + n_2 + \ldots + n_m = N_A \\ y_A + y_1 + y_2 + \ldots + y_m = Y_A, \end{cases}$

dann erhalten wir

(5) $\quad X_A = N_A a x_a + Y_A,$

wobei N_A die Summe der Arbeit ist, die *mittelbar* oder unmittelbar in der Produktion des Gutes A verwendet worden ist, und Y_A die Gesamtsumme des Profits, der von allen Produzenten erzielt wurde, die unmittelbar oder *mittelbar* (zum Beispiel bei der Produktion von Materialien und Werkzeugen) an der Herstellung der Ware A teilgenommen haben.

Deswegen ist der Gesamtpreis des Produktes A, wenn die Rente wegfällt, aus nur zwei Elementen zusammengesetzt: aus Löhnen und Profiten. Diese Hypothese Smiths wurde immer wieder angegriffen.[10] Die Einwände wurden kürzlich wieder als Argument gegen die Arbeitswerttheorie von Ökonomen der ›Österreichischen Schule‹, Vertretern der Grenznutzentheorie, vorgebracht.

Sie laufen darauf hinaus, daß es, da in der *modernen* Wirtschaft in allen Produktionszweigen Kapital benötigt wird, unmöglich ist, bei der Berechnung der Produktionskosten das Element Kapital zu eliminieren. Zur Produktion von Kapital wird wiederum Kapital benötigt. Es wird gefragt, wie es möglich ist, die Arbeitsmenge, die zur Produktion eines gegebenen wirtschaftlichen Gutes vom Beginn der Geschichte an verwendet worden ist – als man ohne Kapital auskommen konnte –, bis zur Gegenwart zu berechnen. Es gibt keinen Zweifel, daß heute Kapital durchweg mit Kapital produziert wird. Es ist auch richtig, daß es eine unmögliche Aufgabe ist, die Arbeitsmenge zu berechnen, die in einem gegebenen Produkt seit der Herstellung des ersten Kapitals nur durch Arbeit allein vergegenständlicht ist. Es besteht aber keine

---

10 Siehe K. Marx, *Das Kapital,* Band 1 (1867), 3. Teil.

Notwendigkeit für eine solche Kalkulation. Die Summe der Arbeit, die bei der Produktion eines gegebenen Gutes verwendet worden ist, kann ohne solche historische Abschweifungen bestimmt werden.

Mit N_A sei die gesamte Arbeitsmenge bezeichnet, die unmittelbar und mittelbar für die Produktion einer Einheit der Ware A verwendet wird; die Arbeitsmenge, die unmittelbar in die Produktion eingeht, sei n_A; die verschiedenen Arten von »technischem Kapital« $K_1, K_2, \ldots, K_m$ seien an der Produktion beteiligt. Es sollen $1/m_1$ des Kapitals K_1, $1/m_2$ des Kapitals $K_2, \ldots, 1/m_M$ des Kapitals K_M in der Produktion verbraucht werden. Weiter soll N_1 die Menge an Arbeit sein, die mittelbar und unmittelbar bei der Produktion des Kapitals K_1 verwendet wurde. Diejenige, die bei der Produktion des Kapitals K_2 eingesetzt wurde, soll N_2 sein, ... die für K_M verwendete N_M. In diesem Fall wird die Gesamtsumme der bei der Produktion einer Einheit der Ware A verwendeten Arbeit

$$(6) \qquad N_A = n_A + \frac{1}{m_1} N_1 + \frac{1}{m_2} N_2 + \ldots + \frac{1}{m_M} N_m$$

sein.

Da n_A und $m_1, m_2, \ldots, m_M$ hier Mengen sind, die durch die technischen Bedingungen der Produktion des Gutes A gegeben sind, sind $N_A, N_1, N_2, \ldots, N_M$ Unbekannte.

Andere Kapitalgüter, von denen einige in diesen Reihen enthalten sind und andere nicht, sind ihrerseits an der Produktion der Kapitalgüter $K_1, K_2, \ldots, K_M$, denen die Arbeitsmengen $N_1, N_2, \ldots, N_M$ dieser Gleichung entsprechen, beteiligt. M soll die Anzahl der *verschiedenen* Kapitalgüter sein, die mittelbar und unmittelbar an der Herstellung des Produktes A beteiligt sind (diese Anzahl ist immer endlich).[11] Für die Arbeitsmenge, die zur Produktion irgendeines Kapitalgutes K_I aus den M Kapitalgütern gebraucht wird, ist es offensichtlich möglich, eine Gleichung aufzustellen, die der Gleichung (6) genau entspricht. Die Mengen N, die den Kapitalgütern entsprechen, die an der Produktion des Kapitals K_I mitwirken, werden im zweiten Teil einer solchen Gleichung

---

11 Dies ist der Fall, weil trotz der Verschiedenartigkeit und Komplexität der gegenwärtigen Technologie die Zahl *aller möglichen* qualitativ verschiedenen Kapitalgüter immer eine endliche Menge ist.

enthalten sein, und da M eine endliche Zahl ist, werden wir M Gleichungen mit M Unbekannten ($N_1, N_2, \ldots, N_M$) erhalten. Wir addieren dazu Gleichung (6) und erhalten ein System von ($M+1$) Gleichungen mit ($M+1$) Unbekannten ($N_A, N_1, N_2, \ldots, N_M$), das immer zur Bestimmung von N als die für die Produktion des Gutes A verausgabte Arbeitsmenge genügt. Wir können dann ohne jede Abschweifung in vorgeschichtliche Zeiten der ersten Einführung technischen Kapitals immer die Gesamtsumme an Arbeit ermitteln, die mittelbar und unmittelbar für die Produktion irgendeines Gutes *unter heutigen Produktionsbedingungen* verwendet worden ist – sowohl für das Produkt selbst als auch für die bei seiner Herstellung beteiligten Kapitalgüter. Wie wir gesehen haben, behindert die Tatsache, daß ebenfalls alle Kapitalgüter unter *heutigen* Bedingungen selbst mit Hilfe von andern Kapitalgütern produziert werden, keineswegs die präzise Lösung des Problems.

Das heißt jedoch nicht, daß für die Bestimmung der gesamten Arbeitsmenge, die für die Produktion irgendeines Produktes I verausgabt wird, das ganze System unserer ($M+1$) Gleichungen notwendig ist. Alle Unbekannten, die im Ausdruck für diese Summe auftauchen, können oft mit einer sehr kleinen Anzahl von Gleichungen eliminiert werden. Es sei z. B. das Kapitalgut K_1 an der Produktion des Gutes I beteiligt, die Kapitalgüter K_2 und K_3 an der Produktion des Kapitalgutes K_1; K_1 und K_3 an der Produktion von K_2; K_1 und K_2 an der von K_3 usw. In diesem Fall haben wir, wenn wir dieselben Symbole benutzen wie zuvor, ein System von vier Gleichungen mit vier Unbekannten, von denen N_I durch sukzessives Einsetzen bestimmt wird:

$$
\begin{aligned}
N_I &= n_I + \frac{1}{m_1} \cdot N_1 \\
N_1 &= n_1 + \frac{1}{m_2} \cdot N_2 + \frac{1}{m_3} N_3 \\
N_2 &= n_2 + \frac{1}{m_4} \cdot N_1 + \frac{1}{m_5} N_3 \\
N_3 &= n_3 + \frac{1}{m_6} \cdot N_1 + \frac{1}{m_7} N_2
\end{aligned}
\quad (7)
$$

Natürlich ist es möglich, sich noch einfachere Fälle vorzustellen.[12] So kann die Produktionsformel stets auf den folgenden Ausdruck reduziert werden:

(8) $\quad X_A = N_A a X_a + Y_A.$

Wenn wir die entsprechende Formel für den Preis irgendeines Produkts $B, C, \ldots$ nehmen,

(9) $\quad \left.\begin{array}{l} X_B = N_B a X_a + Y_B \\ X_C = N_C a X_a + Y_C \end{array}\right\},$
$\ldots$

und wenn wir uns vergegenwärtigen, daß die Aufgabe der Werttheorie in der Bestimmung der Proportionen liegt, in denen Produkte ausgetauscht werden, so erhalten wir:

(10) $\quad \left.\begin{array}{l} X_{AB} = \dfrac{X_A}{X_B} = \dfrac{N_A a X_A + Y_A}{N_B a X_A + Y_B} \\[2mm] X_{AC} = \dfrac{X_A}{X_C} = \dfrac{N_A a X_A + Y_A}{N_C a X_A + Y_C} \end{array}\right\}$
$\ldots$

usw., wobei X_{AB} den Wert des Produktes A in B ausdrückt, das heißt, die Anzahl der Einheiten des Produktes B angibt, die auf dem Markt für eine Einheit des Produktes A hergegeben wird.[13]

---

12 Wir können keinesfalls der Meinung Tugan-Baranovskijs zustimmen, der, während er ganz richtig von Wiesers Einwand gegen die Arbeitswerttheorie zurückweist, bemerkt: »Beim Übergang von einem Industriezweig zu einem anderen mit Gütern von immer höherer Ordnung relativ zu unserem Produkt ... kommen wir schließlich bei Produktionszweigen an, die ihr eigenes (in Marxscher Terminologie) konstantes Kapital produzieren« (*Juridicheskii Vestnik*, Okt. 1890, S. 223). Solch eine völlig willkürliche Annahme beraubt die Problemlösung der geforderten Allgemeingültigkeit. Wir können auch die mathem. Lösung des Problems, die er am Ende seines Papiers vorschlägt, weder von der Form noch vom Inhalt her akzeptieren; die Schlußfolgerung, zu der er kommt, erhält man nur dank der völlig willkürlichen und irrealen Annahme, daß der Nenner einer unendlich fallenden Reihe immer derselbe bleibt. Weiterhin ist es unmöglich, nicht vergleichbare Mengen gleichzusetzen.

13 Wir führen die Bedingung $X_{AB} = X_A/X_B$ ohne besonderen Beweis als

Um X_{AB} bestimmen zu können, müssen wir die Größen Y_A und Y_B vorgeben. Die Analyse dieser Größen war Adam Smiths zweiter wichtiger Beitrag zur Entwicklung der Werttheorie. Smith erwähnt zunächst, daß die Größe Y immer in Beziehung sowohl zur Summe des in der Produktion verwandten Kapitals als auch zur Zeit steht, während der es sich (in der betreffenden Produktion) in Umlauf befindet. Wenn wir daher das Kapital mit Z und die Zeit mit T bezeichnen und annehmen, daß alle anderen Mengen, von denen die Höhe des Profits abhängen kann, konstant sind, dann erhalten wir:

(11) $\quad Y = F(Z,T)$.

Wenn wir die Profitsumme, die in der gegebenen Produktion A von einer Kapitaleinheit (ausgedrückt in derselben Werteinheit wie die Profitsumme) innerhalb einer Zeiteinheit erzielt worden ist[14], mit r_A (das wir »die Profitrate in der Produktion von A nennen wollen«) bezeichnen, dann wird die Profitsumme, die in derselben Produktion von Z Kapitaleinheiten innerhalb der Zeiteinheit erzielt wird, Zr_A sein. Dies gilt nur unter der Annahme – die wir oben (zum methodologischen Zweck des Ausschlusses des Phänomens der Rente aus unserer Analyse) eingeführt haben –, daß *alle Kapitalgüter*, die in der Produktion eingesetzt wurden, *gleich produktiv* sind. Wenn wir diesen Profit pro Zeiteinheit zu dem anfänglichen Kapital Z addieren, dann haben wir $Z + Zr_A = Z(1 + r_A)$; falls diese Summe in der Produktion belassen wird, erhalten wir nach einer weiteren Zeiteinheit (angenommen, die Produktionsbedingungen bleiben unverändert): $Z(1 + r_A)(1 + r_A) = Z(1 + r_A)^2$, und wenn wir dasselbe T-mal wiederholen,

---

ausreichend evident ein. Für einen ausführlichen Beweis siehe L. Walras, *Eléments d'économie politique pure*, Lausanne 1874, Lektion 11, S. 153-163 der englischen Übersetzung in der Ausgabe von 1926, hg. v. W. Jaffé, *Elements of pure economics*, London 1954. Walras zeigt durch seine mathematische Analyse, daß »*es kein perfektes oder allgemeines* Marktgleichgewicht gibt, wenn nicht der Preis einer von zwei Waren ausgedrückt in der anderen, gleich dem Verhältnis der Preise dieser beiden Waren, ausgedrückt in irgendeiner dritten Ware ist« (S. 157 der englischen Ausgabe); siehe auch Smith, *Wealth of Nations*, Buch 1, Kap. 6 und 10.

14 Die betreffende Produktionsperiode kann der Einfachheit halber als Einheit angesehen werden.

dann ergibt sich $Z(1 + r_A)^T$. Daher wird die Profitsumme von Z Kapitaleinheiten für T Zeiteinheiten lauten:

(12) $\quad Y_A = Z(1 + r_A)^T - Z = Z[(1 + r_A)^T - 1]$.

(Siehe Smith, Buch 1, Kap. 9, S. 160 f. der Ausgabe von 1814.) Wenn wir diesen Profitausdruck als eine Funktion der Kapitalsumme und der Zeit in unsere Formeln der Produktionskosten einsetzen, erhalten wir für den einfachsten Fall in der Verausgabung von N_A Arbeitstagen in der Produktion einer Produkteinheit ohne Beteiligung von technischem Kapital:

(13) $\quad Y_A = N_A a X_a [(1 + r_A)^{T_A} - 1]$,

wobei T_A die Zeit bezeichnet, die zwischen dem Kapitalaufwand $N_A a x_a$ und dem Verkauf des Produktes liegt (es wird der Einfachheit halber angenommen, die ganze Summe werde gleichzeitig ausgegeben).

Zusätzlich zur Arbeit, die unmittelbar für die Produktion von A verausgabt wird, sei auch etwas Kapital K_1 verwendet worden. Dieses Kapital sei ferner selbst in n_1 Arbeitstagen mit Hilfe des Kapitalgutes K_2 produziert worden und, der Einfachheit halber, sei dieses Kapitalgut K_2 selbst ohne die Beteiligung von neuem technischem Kapital in n_2 Arbeitstagen produziert worden. (Diese methodologische Vorgehensweise wird, wie allgemein bekannt, regelmäßig von Ricardo bei seinen Untersuchungen über den Wert benutzt, um die Formel zu vereinfachen und sie damit für die Analyse geeigneter zu machen.) Die Kapitalgüter K_1 und K_2, die an der Produktion von A und K_1 mitwirken, gingen vollständig (ohne Residuum) in die Produktion ein. (Eine solche Annahme wird ohne Zweifel die Formeln stärker vereinfachen als die gleichermaßen willkürliche Annahme Ricardos, die Kapitalgüter seien fortwährend ohne Verschleiß nutzbar.)

Die Produktion des Kapitals K_2 benötigte die Zeit T_{K2}. Wenn wir weiterhin zur Vereinfachung annehmen, die gesamte bei der Produktion von K_2 nötige Summe, welche gleich $n_2 a X_a$ ist, werde simultan verausgabt, erhalten wir in diesem Fall für den Preis des Kapitalgutes K_2 den Ausdruck

(14) $\quad X_{K2} = n_2 a X_a (1 + r_{K2})^{T_{K2}}$,

wobei r_{K2} die ›Profitrate‹ in der Produktion von K_2 ist. Ferner sei T_{K1} die Zeit, die für die Produktion des Kapitals K_1 gebraucht wird. Wenn wir in gleicher Weise wie vorher verfahren, werden wir für X_{K1} erhalten:

(15) $\quad X_{K1} = n_1 a X_\alpha (1 + r_{K1})^{T_{K1}} + n_2 a X_d (1 + r_{K2})^{T_{K2}} (1 + r_{K1})^{T_{K1}}.$

Wenn schließlich die Zeit, die bei der Herstellung des Produktes A verging, gleich T_A ist, haben wir

(16) $\quad X_A = n_A a X_a (1 + r_A)^{T_A} + n_1 a X_a (1 + r_{K1})^{T_{K1}} (1 + r_A)^{T_A}$
$\quad\quad\quad + n_2 a X_a (1 + r_{K2})^{T_{K2}} (1 + r_{K1})^{T_{K1}} (1 + r_A)^{T_A}.$

Wenn wir diesen Preisausdruck mit dem vorausgegangenen

(17) $\quad X_A = N_A a X_a + (y_A + y_1 + y_2 + \ldots + y_m)$

vergleichen, sehen wir, daß anstelle der Unbekannten $y_{A1}, y_1, \ldots$, die die Profit*summen* der direkt oder indirekt an der Produktion von A beteiligten verschiedenen Unternehmen angeben, eine neue Reihe von Unbekannten $r_A, r_{K1}, r_{K2}, \ldots$ erhalten, die die *Profitraten* in den verschiedenen Industriezweigen, die an der Produktion von A mitwirken, bezeichnen. Deswegen bleibt die Zahl der Unbekannten die gleiche. ($T_A, T_{K1}, \ldots$, die in dem neuen Preisausdruck enthalten sind, sind bekannte Größen, die von den technischen Produktionsbedingungen, von $A, K_1, K_2, \ldots$, abhängig sind.) Die Bedeutung der Transformationen, die von uns bezüglich der Produktionskostenformel vorgenommen wurden, offenbart sich nur in Zusammenhang mit einer anderen von A. Smith eingeführten Annahme von großem Gewicht: nämlich der Annahme, die ›Profitrate‹ tendiere in allen Industriezweigen dazu, sich auszugleichen. Aufgrund dieser Hypothese werden wir $r_A = r_{K1} = r_{K2} = \ldots = r$ erhalten, wobei r das *allgemeine* Niveau, zu dem die Profitraten der einzelnen Industriezweige tendieren, angibt.[15]

A. Smith deduziert diese Hypothese, indem er von der grundsätzlichen Prämisse ausgeht, daß jeder nach dem größten Vorteil strebt (Smith, Buch 1, Kap. 10, S. 162 der Ausgabe von 1814). Smith argumentiert wie folgt: Falls der Profit in einem Industriezweig A höher ist als in anderen, werden dadurch Unternehmer von anderen Industriezweigen gezwungen, auf die Produktion von A überzuwechseln. *Als Folge davon dehnt sich die Produktion aus, das Angebot des Produktes A steigt*, und der Preis des

15 Wir nehmen natürlich an, daß $r, r_{K1}, r_{K2}, \ldots$ alle auf eine gemeinsame Zeiteinheit und Werteinheit abgestimmt sind.

Produktes, der *ceteris paribus* umgekehrt proportional zum Angebot steht, fällt. Da jedoch die *Produktionskosten unverändert bleiben*, sinkt der Profit aus Kapital, der die Differenz zwischen dem Preis und den Produktionskosten darstellt. Wenn der Profit trotzdem noch über dem allgemeinen Niveau stünde, würde dies einen neuen Übertritt von Produzenten anderer Industriezweige und eine erneute Herabsetzung des Preises verursachen, bis endlich der Profit das allgemeine Niveau erreicht. Weitere Profitsenkungen können nicht stattfinden, denn dies würde das Motiv (außergewöhnliche Profite) für die Zuwanderung von Produzenten aus anderen Produktionszweigen zerstören.

An dieser Stelle werden wir keine kritische Analyse dieser Theorie, die von Ricardo vollkommen akzeptiert wurde, vornehmen: Wir werden jedoch im zweiten Essay, bei der Untersuchung der »Wettbewerbstheorie« aufzeigen, daß sie unrichtig und willkürlich ist.[15a] (Hier haben wir lediglich die willkürlichen Annahmen im Text hervorgehoben). Die ganze Smithsche Argumentation fußt in diesem Fall auf der unbegründeten Annahme, die Menge eines Gutes könne mittels des Einsatzes von Arbeit und Kapital unbegrenzt vermehrt werden, seine Produktion erfolge bei freier Konkurrenz und das Gesetz des sektoralen Profitratenausgleichs gelte somit nur für Güter, die diese *willkürliche* Annahme erfüllen.

Wenn wir die entsprechenden Transformationen für die Ausdrücke X_A, X_B, ... durchführen, dann erhalten wir

(18) $\quad X_A = n_A a X_a (1 + r)^{t_A} + n_1 a X_a (1 + r)^{t_A + t_{A1}}$
$\quad\quad\quad + n_2 a X_a (1 + r)^{t_A + t_{A1} + t_{A2}} \ldots$

für jedes Produkt A, wobei die Ausdrücke t_{A1}, t_{A2}, ... die Zeitperioden bezeichnen, die für die Produktion der Kapitalgüter erster, zweiter und höherer Ordnungen, die an der Herstellung des Produktes A beteiligt sind, aufgewandt werden mußten. Außerdem erhalten wir

(19) $\quad X_B = m_B a X_a (1 + r)^{t_B} + m_1 a X_a (1 + r)^{t_B + t_{B1}}$
$\quad\quad\quad + m_2 a X_a (1 + r)^{t_B + t_{B1} + t_{B2}} + \ldots$

15a [Vgl. V. Dmitriev, »Théorie de la Concurrence de A. Cournot«, in: *Essays économiques*, a.a.O., S. 95-203; oder: V. Dmitriev, »The Theory of Competition of A. Cournot«, in: Economic Essays, a.a.O., S. 97-178.]

für jedes Produkt B (wobei m_B, m_1 und m_2 Verausgabungen von Arbeit darstellen, die entsprechend den t_B, t_{B1}, t_{B2}, ... Zeitperioden früher vorgenommen wurden).
Wir setzen X_A zu X_B in Beziehung und erhalten:

(20) $$X_{AB} = \frac{n_A a X_a (1+r)^{t_A} + n_1 a X_a (1+r)^{t_A+t_{A1}} + n_2 a X_a (1+r)^{t_A+t_{A1}+t_{A2}} + \ldots}{m_B a X_a (1+r)^{t_B} + m_1 a X_a (1+r)^{t_B+t_{B1}} + m_2 a X_a (1+r)^{t_B+t_{B1}+t_{B2}} + \ldots}.$$

Wenn r gegeben ist, wird auch X_{AB} eine eindeutig bestimmte Größe sein. Folglich wird das Problem des Austauschverhältnisses gelöst sein (da alle anderen Austauschverhältnisse für ein gegebenes Produkt A: X_{AC}, X_{AD}, X_{AE}, ... in ähnlicher Weise bestimmt werden).

Adam Smith ging jedoch in seiner Analyse der Produktionskosten nicht über diesen Punkt hinaus. Die Ehre einer vollständigen Problemlösung gebührt seinem großen Nachfolger Ricardo. Smith bezog die Größe von r auf die Fülle des Kapitalangebots. Er führt aus: »Das Wachsen des Kapitals, das den Lohn erhöht, hat die Neigung, den Profit herabzudrücken. Wenn die Kapitale vieler reicher Kaufleute ein und demselben Handelszweig zugeführt werden, so führt ihre gegenseitige Konkurrenz selbstverständlich zu einer Senkung ihrer Profite; und wenn eine gleiche Kapitalzunahme in all den verschiedenen Gewerbezweigen, die in derselben Gesellschaft betrieben werden, stattfindet, so muß dieselbe Konkurrenz auch dieselbe Wirkung in allen zeigen« (Smith, Buch 1, Kap. 9, S. 143 der Ausgabe von 1814).

Wenn wir das Kapitalangebot mit D bezeichnen, dann ist $r = \varphi(D)$ und $d\varphi(D)/dD < 0$, das heißt, wenn das Kapitalangebot steigt, sinkt die Profitrate. Die tatsächliche Form der Funktion φ wurde von Smith als empirisch gegeben angenommen, obwohl das Verhältnis zwischen r und D zweifellos in den Bereich der *ökonomischen Analyse* gehört (wie aus Ricardos Schriften hervorgeht). Smith liefert uns keine solche Analyse, obwohl wir bei ihm eine ganz genaue Darstellung der Gründe für das Sinken der Profite bei Vermehrung der Kapitalgüter, *unabhängig vom Wettbewerb* finden (Smith, Buch 1, Kap. 9, S. 151 der Ausgabe von 1814).

2. Ricardos Werttheorie

Der wichtigste Punkt im Werk Ricardos ist ohne Zweifel seine Theorie der Bedingungen, die die »durchschnittliche« Profitrate bestimmen, zu der – nach Smiths Theorie – die Profitraten in den einzelnen Industriezweigen tendieren. Wie wir schon gesehen haben, blieb diese Frage in Smiths Schriften, abgesehen von seinen Hinweisen auf das Verhältnis von Nachfrage und Zufuhr von Kapital, unbeantwortet. Wir müssen uns nun fragen, ob sie tatsächlich von Ricardo gelöst wurde. Wie seltsam es auch im Hinblick auf die bemerkenswerte Klarheit von Ricardos Texten scheinen mag, es finden sich in der ökonomischen Literatur immer noch negative Antworten auf diese Frage. Es wird ausreichen, die kritischen Schriften über das Profitproblem von E. v. Böhm-Bawerk (*Kapital und Kapitalzins*, Bd. I, Geschichte und Kritik der Kapitalzins-Theorien, S. 101-111) und Zalesskij (*Die Theorie des Ursprungs von Profit auf Kapital* [in russ. Sprache], Kazan 1898, Bd. II, S. 52) zu erwähnen. Solche Ansichten sind besonders überraschend, wenn sie von Ökonomen vertreten werden, die die exakte mathematische Methode für ihre Analyse benutzt haben.[16]

So erklärt Ju. Žukovskij in seiner sehr interessanten Untersuchung von Ricardos Werttheorie[17] (die eine Modellanalyse der Rententheorie einschließt), nach einer ausführlichen Erörterung von der Profittheorie Ricardos:

»Aber dies alles definiert nur die relative Höhe des Profits auf Kapital oder den Grad seines Sinkens. Ricardo liefert aber keine Antwort auf die Frage, wie man die anfängliche Größe des Profits, von dem anschließend die Löhne abgezogen werden, und die anfängliche Höhe des Kapitalzinses bestimmt. Wir können also folgern, daß von diesem Aspekt her die Frage immer noch unbeantwortet bleibt« (S. 345).

»... Ricardo gab überhaupt keine Antwort, wie man diese absolute anfängliche Höhe des Zinssatzes bestimmen kann, *und ob diese ursprüngliche Höhe des Zinssatzes*, von der die Löhne abgezogen werden müssen, *konstant bleibt*, wenn das Produkt teurer wird; unter diesem Aspekt bleibt diese Größe völlig undefiniert« (S. 356 f.).

---

16 Wir sollten hier teilweise auch die allgemeine Kritik einschließen, die Thünen an der Theorie der Produktionskosten übt. Vgl. Anm. 22.

17 Ju. Žukovskij, *Eine Geschichte der politischen Theorien des 19. Jahrhunderts* (in russ. Sprache), Bd. I.

»Die einzige Theorie, von der wir behaupten können, daß sie das anfängliche Niveau des Profits, der von den Kapitalisten erzielt werden kann, definiert, *verweist auf das Niveau oder den Überschuß an Kapitalgütern. Dieses Niveau soll von dem Verhältnis von Angebot und Nachfrage nach Kapital,* oder *r/s,* abhängig sein« (S. 357).

»Ricardo setzt voraus, daß Kapitalgüter frei wie eine Flüssigkeit unter dem Einfluß der Schwerkraft von einem Ort zu einem anderen fließen können, und daß diese Bedingungen zum Profitausgleich und zu einem allgemeinen Profitniveau führt, *dessen Höhe von nichts anderem als von größerer oder geringerer Fülle der Kapitalgüter bestimmt wird* ...«

»Wenn wir die Masse der Kapitalgüter mit (a), den Raum, über die sie verteilt sind, mit (b) und die Höhe mit (h) bezeichnen, haben wir die Bedingung: $hb = a$, woraus folgt: $h = a/b$« (S. 342).

Wir wären mit all diesen Bemerkungen Žukovskijs völlig einverstanden, bezögen sie sich auf Smiths Theorie. Wenn aber behauptet wird, im Werk Ricardos sei keine andere Definition für das allgemeine Profitniveau außer der Formel $x = r/s$ zu finden, heißt das, beim Verständnis der Grundlage der Theorie Ricardos versagt zu haben.

Walras drückt dieselbe Kritik noch klarer aus:

»P sei der aggregierte Preis, der für die Produkte einer Unternehmung erzielt wurde. S, I und F seien jeweils die Löhne, die Zinsen und die Renten, die von den Unternehmern während der Produktion für die Bezahlung von persönlichen Leistungen, Kapital und Land aufgewandt wurden. Rufen wir uns jetzt ins Gedächtnis zurück, daß gemäß der ›Englischen Schule‹ der Verkaufspreis der Produkte von ihren Produktionskosten bestimmt ist, d. h., er ist den Kosten der eingesetzten produktiven Leistungen gleich. Wir haben also die Gleichung

$P = S + I + F$.

Damit haben wir P bestimmt. Man muß nur noch S, I und F bestimmen. Für den Fall, daß nicht der Produktpreis den Preis der produktiven Leistungen, sondern der Preis der produktiven Leistungen den Produktpreis bestimmt, muß natürlich bekannt sein, [worauf der Preis der produktiven Leistungen zurückgeht].[18] Die englischen Ökonomen versuchen nun, genau diese Frage zu beantworten. Zu diesem Zweck konstruieren sie eine Rententheorie, nach der die Rente nicht in den Produktionskosten eingeschlossen ist:

$P = S + I$.

---

18 [Bei Dmitriev fehlt der eingeklammerte Satzteil.]

Danach bestimmen sie S unmittelbar aus der Lohntheorie. Dann endlich teilen sie uns mit, daß »die Zins- oder Profithöhe der Überschuß aus den Gesamterlösen der Produkte über die Löhne, die für ihre Produktion ausgegeben wurden, ist«. Mit anderen Worten, die Höhe des Profits ist durch die Gleichung

$$I = P - S$$

bestimmt.

Es ist jetzt klar, daß die englischen Ökonomen von dem Problem der Preisbestimmung völlig verwirrt sind: Denn es ist unmöglich, daß P durch I definiert wird, während gleichzeitig I mit Hilfe von P bestimmt wird. In der Sprache der Mathematik kann eine Gleichung nicht benutzt werden, um zwei Unbekannte zu bestimmen. Dieser Einwand hat nichts mit unserer Meinung bezüglich der Vorgehensweise zu tun, wie die Englische Schule die Rente eliminiert, bevor sie an die Lohnbestimmung geht« (Walras, *Elements*, 1874, Lektion 40, § 368, S. 424 f. der englischen Ausgabe).

Die folgende Untersuchung wird uns zeigen, ob diese Vorwürfe berechtigt sind.

Die letzte von uns abgeleitete Formel (20), die den fortgeschrittensten Punkt in A. Smiths Analyse der Beziehung zwischen dem Preis eines Produktes und seinen Produktionskosten ausdrückt, bezieht sich – wie schon bemerkt – nur auf solche Waren, (1) deren Menge grenzenlos durch Einsatz von Kapital und Arbeit vermehrt werden kann, (2) von denen einzelne Mengen mit identischen Produktionskosten produziert werden (um die Rente auszuschließen) und (3) deren Produktion und Verkauf unter »unbegrenztem Wettbewerb« stattfinden. Dies sind genau die Bedingungen, die auch für die Analyse Ricardos den Ausgangspunkt bilden:

»Wenn wir also von Waren, ihrem Tauschwert und den Gesetzen, die ihre relativen Preise regeln, sprechen, meinen wir immer nur solche Waren, deren Menge durch menschlichen Fleiß vergrößert werden kann, und bei deren Produktion die Konkurrenz ohne Einschränkung wirkt.«[19]

19 D. Ricardo, *On the Principles of Political Economy and Taxation*, London 1817, Kap. 1, »On Value«; in diesem Text nimmt er durchweg an, daß individuelle Einheiten desselben Produktes mit denselben Kosten erzielt werden, aber *er spricht diese Annahme nicht explizit aus;* die Bedingungen, unter denen Rente auftaucht, werden bis zum 2. Kapitel nicht eingeführt.

Bevor er die Untersuchung über die Bestimmungsfaktoren der »allgemeinen Profitrate« r beginnt, analysiert Ricardo zuerst die Fälle, in denen die oben diskutierten Relationen X_{AB}, X_{AC}, X_{AD} usw. (das heißt der Wert irgendeines Produktes A gemessen im Wert des Produktes B, C, D usw.) *unabhängig* von der Höhe von r bestimmt werden können. Die Produkte A, B usw. seien nur durch »gegenwärtige Arbeit«, ohne Benutzung von Kapitalgütern (d. h. von Werkzeugen und Materialien, die selbst Ergebnis des Einsatzes von Arbeit sind) produziert worden. N_A Arbeitstage seien für die Produktion einer Einheit des Produktes A, N_B Arbeitstage für die Produktion des Produktes B usw. verwendet worden. Ferner betrage die Zeit, die für die Herstellung und den Absatz auf dem Markt in Anspruch genommen wird, für das Produkt A t_A, für das Produkt B t_B usw. (Ricardo nimmt durchgängig an, daß ein Produkt unmittelbar beim Abliefern auf dem Markt auch verkauft wird.) Wenn innerhalb einer Periode ein Arbeiter a Einheiten Weizen konsumiert (der, nach Ricardo, das einzige Konsumgut des Arbeiters ist), ist der Preis von N_A Arbeitstagen gleich $N_A a X_a$, der von N_B Arbeitstagen gleich $N_B a X_a$. Wenn wir jetzt annehmen, daß die »Profitrate« in den Industriezweigen A, B usw. gleich r ist, und – der Einfachheit halber – weiterhin annehmen, daß das zur Einstellung von Arbeitern benutzte Kapital gleichzeitig am Anfang der Produktion verausgabt wurde, dann erhalten wir den folgenden Ausdruck für X_{AB}:

$$(21.) \quad X_{AB} = \frac{N_A a X_a (1 + r)^{t_A}}{N_B a X_a (1 + r)^{t_B}}.$$

Falls in dieser Gleichung $t_A = t_B$ ist, erhalten wir für X_{AB} nach den entsprechenden Vereinfachungen:

$$(22) \quad X_{AB} = \frac{X_A}{X_B} = \frac{N_A}{N_B};$$

das heißt, die relativen Werte von A und B verhalten sich wie die Arbeitsmenge, die in der Produktion einer Einheit des Produktes A eingesetzt worden ist, zur Menge der Arbeit, die in die Produktion des Gutes B eingegangen ist. Die Kosten einer Einheit des Produktes A beziehen sich auf die Kosten einer Einheit des Produktes B wie die Arbeitsmenge, die in der Produktion einer

Einheit des Produktes A verwendet wurde, auf die, die in der Produktion einer Einheit des Produktes B verausgabt wurde.

Angenommen, in der Produktion von A und B seien jeweils vom Anfang bis Ende die gleiche Anzahl von Arbeitern beschäftigt; diese Anzahl wird N_A/t_A für A und N_B/t_B für B sein; die Bezahlung dieser Arbeiter werde nicht für die ganze Zeit bis zur Vollendung der Produktion vorgeschossen, sondern nur für eine Zeiteinheit (zum Beispiel für einen Tag). In diesem Fall werden die Ausgaben am Anfang jeder Zeitperiode durch $N_A a X_a/t_A$ für Produkt A und $N_B a X_a/t_B$ für Produkt B betragen. Wenn der Profit einer Kapitaleinheit in einer Zeitperiode gleich r bleibt, dann gilt für X_{AB}:

$$(23) \quad X_{AB} = \frac{N_A a X_a (1+r)^{t_A}/t_A + N_A a X_a (1+r)^{t_A-1}/t_A + \ldots + N_A a X_a (1+r)/t_A}{N_B a X_a (1+r)^{t_B}/t_B + N_B a X_a (1+r)^{t_B-1}/t_B + \ldots + N_B a X_a (1+r)/t_B} =$$

$$= \frac{N_A t_B [(1+r)^{t_A} + (1+r)^{t_A-1} + \ldots + (1+r)]}{N_B t_A [(1+r)^{t_B} + (1+r)^{t_B-1} + \ldots + (1+r)]}.$$

Wenn wir in diesem Ausdruck $t_A = t_B$ setzen, erhalten wir $X_{AB} = N_A/N_B$.

Zusätzlich zur unmittelbar verwendeten oder »gegenwärtigen« Arbeit werde jetzt in der Produktion von A auch eine bestimmte Menge Kapital eingesetzt. Das Kapitalgut ist dann seinerseits das Produkt einer bestimmten Menge gegenwärtiger Arbeit und einer bestimmten Menge eines neuen Kapitalgutes. Immer höher aufsteigend bis zu den »Produktionsgütern höherer Ordnung« (die *Productivgüter höherer Ordnung* der Theoretiker des Grenznutzens) gelangen wir schließlich zu einem Kapitalgut (oder Kapitalgütern), das nur mit gegenwärtiger Arbeit produziert wird. In diesem Fall werden – wie wir bei der Beschreibung der Smithschen Theorie gezeigt haben – die gesamten Produktionskosten einer Einheit des Produktes A (im Sinne Ricardos, das heißt einschließlich Profit) durch

$$(24) \quad X_A = n_A a X_a (1+r)^{t_A} + n_1 a X_A (1+r)^{t_A+t_1} + n_2 a X_A (1+r)^{t_A+t_1+t_2} + \ldots + n_m a X_a (1+r)^{t_A+t_1+t_2+\ldots+t_m}$$

beschrieben. n_A, n_1, n_2 usw. sind die Mengen von gegenwärtiger Arbeit, die in der Produktion von A und in der der Kapitalgüter

(K_1, K_2, K_3, ...), die für die Produktion von A eingesetzt werden, verwendet wurden. t_A, t_1, t_2 usw. bezeichnen die »Produktionsperioden« des Produktes A und der Kapitalgüter K_1, K_2, K_3, ... Wenn wir, der Kürze halber, die Bezeichnung $t_A + t_1 = t_{A1}$, $t_A + t_1 + t_2 = t_{A2}$ usw. benutzen, dann erhalten wir

(25) $\quad X_A = n_A a X_a (1 + r)^{t_A} + n_1 a X_a (1 + r)^{t_{A1}} + n_2 a X_a (1 + r)^{t_{A2}} +$
$\quad\quad\quad + \ldots + n_m a X_a (1 + r)^{t_{Am}}$

mit

$$t_{Am} > t_{A(m-1)} > t_{A(m-2)} > \ldots > t_{A2} > t_{A1} > t_A,$$

wobei entsprechend immer längere Zeitperioden zwischen dem Zeitpunkt, an dem die Arbeitsmengen n_m, n_{m-1}, ..., n_1, n_A verausgabt wurden, und dem Zeitpunkt liegen, an dem das fertige Produkt auf den Markt gebracht wird.

Angenommen, in unserer Formel seien Ausdrücke, die die gleichen Potenzen aufweisen, schon addiert worden (so daß z. B. $n_1 a X_a (1+r)^t = m_1 a X_a (1+r)^t + m_2 a X_a (1+r)^t + \ldots + m_m a X_a (1+r)^t$), dann können wir sie auch für die Fälle anwenden, in denen eine beliebige Anzahl verschiedener Kapitalgüter *unmittelbar* an der Produktion des Produkts A beteiligt ist.

Diese Formel dient ebenso dazu, den Fall auszudrücken, daß die schon vorher für Maschinen, Werkzeuge und ›Hilfsmaterialien‹ verausgabte Arbeit n_1, n_2 usw. an der Produktion von A beteiligt ist. Sie kann also auch den Fall erfassen, daß das Produkt A selbst verschiedene aufeinanderfolgende Bearbeitungsphasen durchläuft. (Hier würden t_A, t_1, t_2, ... die Perioden der verschiedenen Bearbeitungsphasen bezeichnen; n_A, n_1, n_2, ... würden die in jeder Periode eingesetzten Arbeitsmengen repräsentieren.)

Die *Struktur* der Formel wird sich nicht ändern, wenn die Annahme, daß die Mengen $n_A a X_a$, $n_1 a X_a$ usw. gleichzeitig am Anfang des entsprechenden Produktionsprozesses A, K_1, K_2 usw. vorgeschossen werden, dahingehend modifiziert wird, daß sie teilweise im Laufe der Produktionsperiode vorgeschossen werden. Der einzige Unterschied zur Gleichung (25) besteht darin, daß der Ausdruck $n_A a X_a (1+r)^{t_A}$ durch die Summe

(26) $\quad m_A (1 + r)^{t_A} + m_{A1}(1 + r)^{t_{A1}} + m_{A2}(1 + r)^{t_{A2}}$
$\quad\quad + \ldots + m_{AV}(1 + r)^{t_{AV}}$

ersetzt wird, wobei $m_A + m_{A1} + m_{A2} + \ldots + m_{AV} = n_A$ und $t_A >$

$_1 > t_{A2} > \ldots t_{AV} > 0$; der Ausdruck $n_1 a X_a (1+r)^{t_{AI}}$ wird durch die Summe

(27) $m_1 a X_a (1+r)^{t_{A1}} + m_2 a X_a (1+r)^{t_{A11}} + m_3 a X_a (1+r)^{t_{A12}}$
$\quad + \ldots + m_w a X_a (1+r)^{t_{A1w}}$

ersetzt, wobei $m_1 + m_2 + \ldots + m_w = n_1$ und $t_{A1} > t_{A11} > t_{A12} > t_A$, usw. (Vgl. den oben betrachteten Fall). Folglich wird auch eine Formel der Art

(25) $X_A = n_A a X_a (1+r)^{t_A} + n_1 a X_a (1+r)^{t_{A1}}$
$\quad + \ldots + n_m a X_a (1+r)^{t_{Am}},$

wobei n_A, n_1, n_2, …, t_A, t_{A1}, t_{A2}, … für irgendwelche Größen stehen können und auch in diesem Fall die Beziehung zwischen dem Preis des Produkts und seinen Produktionskosten ausdrücken.

Nachdem wir eine Formel für die Produktionskosten eines beliebigen Produktes B ausgewählt haben, erhalten wir entsprechend

(28) $X_{AB} = \dfrac{n_A (1+r)^{t_A} + n_1 (1+r)^{t_{A1}} + \ldots + n_m (1+r)^{t_{Am}}}{m_B (1+r)^{t_B} + m_1 (1+r)^{t_{B1}} + \ldots + n_p (1+r)^{t_{Bp}}}$

als einen Ausdruck für das Austauschverhältnis X_{AB}, d. h. des Wertes von A, ausgedrückt in B.

Die Zahl der Ausdrücke mit verschiedenen Indizes sei sowohl im Zähler als auch im Nenner die gleiche, so daß $m = p$, und es gelte

(29) $t_A = t_B;\ t_{A1} = t_{B1};\ \ldots;\ t_{Am} = t_{Bp}.$

In diesem Fall ergibt sich

(30) $X_{AB} = \dfrac{n_A (1+r)^{t_A} + n_1 (1+r)^{t_{A1}} + \ldots + n_m (1+r)^{t_{Am}}}{m_B (1+r)^{t_A} + m_1 (1+r)^{t_{A1}} + \ldots + m_m (1+r)^{t_{Am}}}.$

Nehmen wir weiter an, daß

(31) $\dfrac{n_A}{m_B} = \dfrac{n_1}{m_1} = \dfrac{n_2}{m_2} = \ldots = \dfrac{n_m}{m_m} = R.$

Wir erhalten dann $n_A = m_B R, \ldots, n_k = m_k R$ und

(32) $X_{AB} = \dfrac{R[m_B (1+r)^{t_A} + m_1 (1+r)^{t_{A1}} + \ldots + m_m (1+r)^{t_{Am}}]}{m_B (1+r)^{t_A} + m_1 (1+r)^{t_{A1}} + \ldots + m_m (1+r)^{t_{Am}}} =$
$\quad = R = \dfrac{n_A + n_1 + n_2 + \ldots + n_m}{m_B + m_1 + m_2 + \ldots + m_m}.$

In diesem Fall wird der in Form von B ausgedrückte Wert des Produktes A wiederum nicht vom Niveau von r abhängig, sondern von der Arbeitsmenge, die in der Produktion der Produkte A und B verwendet worden ist.

Die häufig vertretene Interpretation der zugrundeliegenden Annahmen (29) und (31) lautet: »Die in den Industriezweigen A und B verwendeten Kapitalgüter seien von *gleicher organischer Zusammensetzung*«. Wir sollten diesen vagen Ausdruck in dem Sinne verwenden, daß (1) die Umschlagsperioden der verschiedenen Kapitalgüter in der Produktion von B und von A gleich sind. Das heißt, daß es unmöglich ist, in der Produktion von A eine Umschlagsperiode zu finden, die nicht in der Produktion von B vorkommt; *und umgekehrt,* daß (2) die Verhältnisse der Kapitalmengen mit gleichen Umschlagsperioden in beiden Industriezweigen identisch sind. Jeder Versuch, eine kürzere Definition der Bedingungen zu geben, unter denen der Wert einfach gleich dem Verhältnis der Arbeitsmengen ist, die je in der Produktion einer Einheit von beiden Produkten verwendet wurden, läßt die Definition weniger *allgemein* als nötig werden. Denn ein solcher Versuch erfordert die Ergänzung der Definition durch eine Anzahl von Eigenschaften und speziellen Regeln. Dies ist auch Ricardos Vorgehensweise.[20] In der einfachsten Formel (21), die den Tauschwert der mit gleicher gegenwärtiger Arbeit produzierten Waren A und B als Funktion ihrer Produktionskosten ausdrückt, sei nun t_A ungleich t_B. Zum Beispiel sei $t_A > t_B$. Hieraus folgt: $(1 + r)^{t_A} > (1 + r)^{t_B}$ und damit auch

20 Indem er sich auf die Bedingungen bezieht, durch die Produkte auf dem Markt *nicht in Proportion* zu den bei ihrer Produktion verausgabten Mengen Arbeit getauscht werden, betrachtet Ricardo zuerst die Aufteilung des Kapitals in *verschiedenen* Proportionen und fügt dann jene Fälle hinzu, in denen beide Waren durch »gegenwärtige Arbeit« produziert werden, aber mehr Zeit für die Produktion des einen als für die des anderen gebraucht wird. »Dieser Fall«, sagt Ricardo, »scheint sich vom letzten zu unterscheiden, aber es ist in der Tat derselbe«; schließlich wird alles dies durch folgende Aussage näher bestimmt: »Es ist kaum nötig zu sagen, daß Waren, für die bei ihrer Produktion die gleiche Arbeitsmenge verwendet wurde, im Tauschwert differieren werden, wenn sie nicht zum gleichen Zeitpunkt zum Markt gebracht werden können« (Ricardo, *Principles,* Kap. 1, Abschn. IV, S. 37 der Sraffa-Ausgabe).

(33) $\dfrac{N_A a X_a (1+r)^{t_A}}{N_B a X_a (1+r)^{t_B}} > \dfrac{N_A}{N_B}$ und $X_{AB} > \dfrac{N_A}{N_B}$.

Das heißt, der Wert von A, ausgedrückt in B wird größer sein als das Verhältnis ihrer »Arbeitswerte« (der Mengen Arbeit, die in ihrer Produktion verwendet wurden).

Es kann ohne weiteres aus der Formel abgelesen werden, daß, wenn t_A und t_B unveränderlich sind, diese Differenz desto größer sein wird, je höher r ist. So ist in diesem Fall die Größe X_{AB} eine Funktion nicht nur von N_A und N_B, sondern auch des Niveaus von r, und folglich kann sie nicht unabhängig davon bestimmt werden. Das gleiche wird für jedes X_{MN} gelten:

(34) $X_{MN} = \dfrac{n_M(1+r)^{t_M} + n_1(1+r)^{t_{M1}} + \ldots + n_k(1+r)^{t_{Mk}}}{m_N(1+r)^{t_N} + m_1(1+r)^{t_{N1}} + \ldots + m_p(1+r)^{t_{Np}}}$,

da (wie oben ausgeführt) der rechte Teil der Gleichung nicht zu

(35) $R \cdot \dfrac{m_M(1+r)^{t_M} + m_1(1+r)^{t_{M1}} + \ldots + m_k(1+r)^{t_{Mk}}}{m_M(1+r)^{t_M} + m_1(1+r)^{t_{M1}} + \ldots + m_k(1+r)^{t_{Mk}}}$

erweitert werden kann. R ist hier eine von r unabhängige Größe. Ricardo untersucht verschiedene spezielle Fälle, die dabei relevant sind (siehe *Principles*, Kap. 1). Man beachte, daß wir, um von unseren Formeln zu den ricardianischen Beispielen zu gelangen, zunächst die Bedingung der ›Dauerhaftigkeit‹ der Kapitalgüter $K_1, K_2, \ldots$ einführen müssen. Wir erhalten Gleichung (25) (eine Vereinfachung von (24)):

(25) $X_A = n_A a X_a (1+r)^{t_A} + n_1 a X_a (1+r)^{t_{A1}} + \ldots$
$\quad + n_m a X_a (1+r)^{t_{Am}}$.

So kann immer dann, wenn die organische Zusammensetzung der Kapitalgüter in der Produktion von A und B nicht die gleiche ist, das Austauschverhältnis X_{AB} der Produkte A und B nicht unabhängig vom Niveau von r bestimmt werden. In diesem Fall gilt:

(37) $X_{AB} = f(n_A, n_1, n_2, \ldots; m_B, m_1, m_2, \ldots; t_A, t_{A1}, t_{A2}, \ldots;$
$\quad t_B, t_{B1}, t_{B2}, \ldots; r)$.

Daraus folgt, daß, wenn $n_A, n_1, \ldots, m_B, m_1, \ldots, t_A, t_{A1}, \ldots, t_B$ und t_{B1} als Größen angesehen werden, die von den technischen Produktionsbedingungen der Produkte A und B abhängig sind, wir

$X_{AB} = f(r)$ erhalten. X_{AB} ist dann eine bestimmte Größe, wenn r gegeben ist.

Wie kann die gesuchte Größe r bestimmt werden? Ist es möglich, dafür unsere »Produktionskostengleichungen« zu verwenden? Schreiben wir sie in der Form:

$$(38) \quad \left. \begin{array}{l} X_A = aX_a[n_A(1+r)^{t_A} + n_1(1+r)^{t_{A1}} + \ldots + n_m(1+r)^{t_{Am}}] \\ X_B = aX_a[m_B(1+r)^{t_B} + m_1(1+r)^{t_{B1}} + \ldots + m_p(1+r)^{t_{Bp}}] \end{array} \right\}.$$

Falls wir wie vorher annehmen, daß die Mengen $n_A, n_1, \ldots, m_B$, $m_1, \ldots, t_A, t_{A1}, \ldots, t_B, t_{B1}, \ldots, t$ konstant sind, dann ist es möglich, den Ausdruck in eckigen Klammern in der Form $f_A(r)$, $f_B(r), \ldots$ zu schreiben, wobei $f'_A(r) > 0, f'_B(r) > 0, \ldots$ (das heißt, wenn r steigt, dann steigen $f_A(r)$ und $f_B(r)$ auch und *umgekehrt*). Aus den Gleichungen für A und B erhalten wir dann:

$$(39) \quad \frac{X_A}{aX_a} = f_A(r); \; \frac{X_B}{aX_a} = f_B(r) \text{ usw.}$$

Hieraus wird offensichtlich, daß wegen $df_A(r)/dr > 0$, $df_B(r)/dr > 0$ auch r steigen wird, wenn $X_A/aX_a, X_B/aX_a, \ldots$ steigen. Folglich wird, wenn $X_A, X_B, \ldots$ unverändert bleiben, r desto größer sein, je niedriger aX_a ist und *umgekehrt*, das heißt, es *existiert eine reziproke Beziehung zwischen der Profitrate und dem Lohnniveau.*[21]

Diese Analyse liefert uns aber dennoch nicht die Höhe von r. In den Gleichungen

$$(40) \quad \left. \begin{array}{l} X_A = aX_a \cdot f_A(r) \\ X_B = aX_a \cdot f_B(r) \end{array} \right\}$$
...

und in den von diesen abgeleiteten Gleichungen

$$(41) \quad X_{AB} = \frac{f_A(r)}{f_B(r)}; \; X_{AC} = \frac{f_A(r)}{f_B(r)}; \ldots$$

wird r bestimmt sein, wenn die Größen X_{AB}, X_{AC} gegeben sind. *Ohne von den Produktionsbedingungen auszugehen, haben wir jedoch außer (41) keine anderen Gleichungen* für die Bestimmung

---

21 Dieser Hypothese Ricardos wird oft zuviel Bedeutung beigemessen. Der Hauptbeitrag Ricardos zur Theorie des Profits liegt nicht hier, sondern in der Festsetzung der Gesetze, die das *absolute* Niveau des Profits regeln.

von X_{AB} und X_{AC}, und dieselbe Gleichung kann nicht zur Bestimmung von zwei Unbekannten dienen. So sind wir offenbar in einem logischen Zirkel gefangen: Der Profit muß gegeben sein, um den Wert zu bestimmen, aber der Profit selbst ist vom Wert abhängig. Es scheint, als ob es keinen Ausweg aus diesem Zirkel gäbe, außer dem, daß Wert oder Profit zu Bedingungen, die *außerhalb der Produktionssphäre* liegen, in Beziehung gebracht werden. Wie wir schon gesehen haben, ging Adam Smith diesen Weg, als er die Profitrate aus Nachfrage und Angebot des Kapitals ableitete. So vorzugehen bedeutet aber, die Unhaltbarkeit der Produktionskostentheorie selbst anzuerkennen.[22]

Ricardos unsterblicher Beitrag war seine brillante Lösung dieses scheinbar unlösbaren Problems. Nehmen wir eine Reihe von »Produktionskostengleichungen«, die die Verbindung von Preis und Produktionskosten für die Waren $A, B, C, \ldots$ ausdrücken:

$$
\begin{aligned}
(42) \quad X_A &= aX_a[n_A(1+r)^{tA} + n_1(1+r)^{tA1} + n_2(1+r)^{tA2} \\
&\quad + \ldots + n_m(1+r)^{tAm}] \\
X_B &= aX_a[m_B(1+r)^{tB} + m_1(1+r)^{tB1} + m_2(1+r)^{tB2} \\
&\quad + \ldots + m_p(1+r)^{tBp}] \\
&\ldots
\end{aligned}
$$

Jede neue Gleichung verbindet wie vorher die Unbekannten X_a und r und dazu eine weitere neue Unbekannte X mit dem entsprechenden Index. Deshalb ist, wenn die Zahl der Gleichungen n ist, die Zahl der Unbekannten $(n+2)$. Es können jedoch nicht mehr als n Unbekannte mit n Gleichungen eliminiert werden. Wenn wir zum Produkt N, das von uns als Werteinheit (zum Beispiel Silber) eingeführt wurde, kommen, erhalten wir:

$$(43) \quad 1 = aX_a[P_N(1+r)^{tN} + P_1(1+r)^{tN1} + P_2(1+r)^{tN2} \ldots + P_s(1+r)^{tNs}].$$

Diese Gleichung enthält keine neue Unbekannte. Wenn wir zu ihr die n vorangegangenen addieren, werden wir $(n+1)$ Gleichungen mit $(n+2)$ Unbekannten haben. Die Zahl der Gleichungen wird immer noch ungenügend sein, und die Frage nach dem Niveau der Profitrate wird offenbar ungelöst bleiben.

Es ist das Verdienst Ricardos, als erster bemerkt zu haben, daß es

---

22 Vgl. Thünens Kritik an Smith (J. H. von Thünen, *Le salaire naturel et son rapport au taux l'intérêt*, Paris 1857).

eine Produktionsgleichung gibt, mit der wir die Höhe von r *unmittelbar* (das heißt, ohne andere Gleichungen zu Hilfe nehmen zu müssen) bestimmen können. Diese Gleichung gibt uns die Produktionsbedingungen des Produktes a an, worauf in letzter Instanz die Ausgaben für alle Produkte A, B, C, ... reduziert werden. Die »Produktionskostengleichung« für dieses Produkt a, die wir in der gleichen Weise wie die Gleichungen für die anderen Produkte erstellt haben, lautet:

(44) $\quad X_a = aX_a[N_a(1 + r)^{t_a} + N_1(1 + r)^{t_{a1}} + \ldots + N_q(1 + r)^{t_{aq}}].$

Daraus folgt:

(45) $\quad a[N_a(1 + r)^{t_a} + N_1(1 + r)^{t_{a1}} + \ldots + N_q(1 + r)^{t_{aq}}] - 1 = 0.$

Wenn wir r mit Hilfe dieser Gleichung bestimmen, erhalten wir:

(46) $\quad r = F(N_a, N_1, N_2, \ldots, N_q; t_a, t_{a1}, t_{a2}, \ldots, t_{aq}; a).$

Da aber $N_a, N_1, \ldots; t_a, t_{a1}, \ldots$ gegebene Größen sind, die von den technischen Produktionsbedingungen des Produktes a abhängig sind (das heißt des Produktes, das das wichtigste Subsistenzmittel des Arbeiters bildet), ist auch r eine gegebene Größe, das heißt, r ist unabhängig von den ökonomischen Gegebenheiten.

Wenn wir jetzt die so ermittelte Größe von r in die Produktionskostengleichungen (42) usw. einfügen (auf der Grundlage des Gesetzes der Gleichheit der Profitraten in verschiedenen Industriezweigen), dann erhalten wir $X_A, X_B, \ldots$ und entsprechend $X_{AB}, X_{AC}, \ldots$ als Funktionen der gleichen *gegebenen* Größen N, n, m, ... (mit den entsprechenden Indizes), ts (mit den dazugehörigen Indizes) und der Größe a. Bevor wir zu einer allgemeineren Analyse des von uns für die Größe r gefundenen Ausdrucks übergehen, sollten wir überlegen, ob die Lösung des Problems dieselbe bleibt, falls wir, statt ein Produkt anzunehmen, das von den Arbeitern konsumiert wird (zum Beispiel Weizen, wie Ricardo es tat), verschiedene solcher Produkte einführen, wie es der Wirklichkeit entspricht.[23]

23 Ricardo selbst argumentiert in dieser Richtung (nachdem er sein Gesetz des Profits formuliert hat.) Er bemerkt: »Die Wirkungen auf Profite wären dieselben gewesen, oder fast dieselben, wenn es eine Preissteigerung bei jenen notwendigen Gütern (außer Lebensmitteln) gegeben hätte, für die die Löhne ausgegeben werden« (Ricardo, *Principles*, Kap. 6, S. 118 der Sraffa-Ausgabe).

α, β, γ ... seien Produkte, die von den Arbeitern konsumiert werden. Der tägliche Konsum eines Arbeiters sei a für das Produkt α, b für das Produkt β und c für das Produkt γ; wenn wir jetzt die Produktionskostengleichung für (α) nehmen, dann erhalten wir:

(47) $X_\alpha = N_\alpha(aX_\alpha + bX_\beta + cX_\gamma \ldots)$
$(1 + r)^{t_\alpha} + N_{\alpha 1}(aX_\alpha + bX_\beta + cX_\gamma..)(1 + r)^{t_{\alpha 1}} + \ldots$.

Offensichtlich ermöglicht es diese Gleichung nicht wie vorher, r unmittelbar zu bestimmen. Wenn wir aber zu dieser Gleichung die Produktionskostengleichung für β, γ, , ... addieren, erhalten wir das Gleichungssystem

(48) $X_\beta = N_\beta(aX_a + bX_\beta + cX_\gamma \ldots)(1 + r)^{t_\beta}$
$+ N_{\beta 1}(aX_\beta + bX_\beta + bX_\beta + cX_\gamma \ldots)(1 + r)^{t_{\beta 1}} + \ldots$

$X_\gamma = N_\gamma(aX_a + bX_\beta + cX_\gamma \ldots)(1 + r)^{t_r}$
$+ N_{\gamma 1}(aX_\beta + bX_\beta + cX_\gamma \ldots)(1 + r)^{t_{\gamma 1}} + \ldots$

Multiplizieren wir beide Teile der Gleichung (47) mit a, beide Teile der folgenden mit b, die der nächsten mit c usw. und addieren wir dann alle unsere Gleichungen Ausdruck für Ausdruck, dann erhalten wir:

(49) $(aX_a + bX_\beta + cX_\gamma \ldots) =$
$aN_\alpha(aX_a + bX_\beta + cX_\gamma \ldots)(1 + r)^{t_\alpha}$
$+ aN_{\alpha 1}(aX_a + bX_\beta + cX_\gamma \ldots)(1 + r)^{t_{\alpha 1}} + \ldots +$
$+ bN_\beta(aX_a + bX_\beta + cX_\gamma \ldots)(1 + r)^{t_\beta}$
$+ bN_{\beta 1}(aX_a + bX_\beta + cX_\gamma \ldots)(1 + r)^{t_{\beta 1}} + \ldots +$
$+ cN_\gamma(aX_a + bX_\beta + cX_\gamma \ldots)(1 + r)^{t_\gamma}$
$+ cN_{\gamma 1}(aX_a + bX_\beta + cX_\gamma \ldots)(1 + r)^{t_{\gamma 1}} + \ldots$.

Wenn wir beide Seiten der Gleichung durch $(aX_\alpha + bX_\beta + cX_\gamma + \ldots)$ dividieren, resultiert:

(50) $1 = aN_\alpha(1 + r)^{t_\alpha} + aN_{\alpha 1}(1 + r)^{t_{\alpha 1}} + \ldots + bN_\beta(1 + r)^{t_\beta}$
$+ bN_\beta(1 + r)^{t_{\beta 1}} + \ldots + cN_\gamma(1 + r)^{t_\gamma} + cN_{\gamma 1}(1 + r)^{t_{\gamma 1}} + \ldots$

und folglich

(51) $r = F(N_\alpha, N_{\alpha 1}, \ldots; N_\beta, N_{\beta 1}, \ldots; N_\gamma, N_{\gamma 1}, \ldots;$
$a, b, c, \ldots; t_\alpha, t_{\alpha 1}, \ldots; t_\beta, t_{\beta 1}, \ldots;$
$t_\gamma, t_{\gamma 1}, \ldots; \ldots)$.

Daher ergibt unser Gleichungssystem (47), (48) der »Produktionskosten« der Produkte, die von Arbeitern konsumiert werden, r noch immer als Funktion gegebener Größen.[24] Folglich können wir festhalten, daß das *Niveau der Profitrate durch die Produktionskosten der von den Arbeitern konsumierten Produkte bestimmt wird.* (Es ist nicht nötig, hier die von Ricardo getroffene Einschränkung »auf dem Land oder mit dem Kapital, das keine Rente abwirft«[25] zu wiederholen, da schon früher vorgeschlagen wurde, die Rente von unserer Untersuchung auszuschließen.) Unter Produktionskosten sollen in diesem Fall nur *»Kosten im ›objektiven Sinn‹«* verstanden werden (ähnlich dem, was Rodbertus mit »Kosten des Gutes« im Gegensatz zu »Auslagen des Unternehmers« oder »Kosten des Betriebs« bezeichnet hat[26]), nämlich als *die Menge von Gütern, die in der Produktion im Verlauf einer Reproduktionsperiode* (das heißt, die Zeit zwischen dem Moment oder den Momenten der Verausgabung von »Produktionsgütern« und dem Zeitpunkt, zu dem das fertige Produkt auf dem Markt erscheint) eingesetzt wurde.

Wenn wir annehmen, daß $a, b, c, \ldots$ konstant sind (was, falls das »eherne Lohngesetz« gilt, auf die Annahme hinausläuft, daß das Minimum der Subsistenzmittel des Arbeiters unverändert bleibt), dann erhalten wir r ausschließlich als eine Funktion der *Arbeitsmengen und der Zeit*: $N_\alpha, N_{\alpha 1}, \ldots; N_\beta, N_{\beta 1}, \ldots; N_\gamma, N_{\gamma 1}, \ldots; t_\alpha, t_{\alpha 1}, \ldots; t_\beta, t_{\beta 1}, \ldots, t_\gamma, t_{\gamma 1}, \ldots;$ in den Industriezweigen $\alpha, \beta, \gamma, \ldots$, welche die von Arbeitern konsumierten Produkte herstellen. Wenn diese Mengen gegeben sind, dann ist die Höhe von r, d. h. die Profitrate, eine vollständig definierte Größe.

Folglich gelang es Ricardo, eine Lösung für das Problem zu finden. Unsere Formeln der ›Produktionskosten‹ haben jetzt die allgemeine Form:

$$(52) \quad \begin{aligned} X_A &= F(n_A, n_1, n_2, \ldots, t_A, t_{A1}, \ldots; N_\alpha, N_{\alpha 1}, \ldots, \\ & \quad t_\alpha, t_{\alpha 1}, \ldots; N_\beta, N_{\beta 1}, \ldots, t_\beta, t_{\beta 1}, \ldots; \ldots) \\ X_B &= F(m_B, m_1, m_2 \ldots, t_B, t_{B1}, \ldots; N_\alpha, N_{\alpha 1}, \ldots, \\ & \quad t_\alpha, t_{\alpha 1} \ldots; N_\beta, N_{\beta 1}, \ldots, t_\beta, t_{\beta 1}, \ldots; \ldots) \end{aligned} \Biggr\},$$

---

24 Wenn die Zahl der von den Arbeitern konsumierten Produkte n ist, werden wir n Gleichungen haben, in denen es $(n + 1)$ Unbekannte gibt; $(X_\alpha, X_\beta, X_\gamma, \ldots)$ liefern n Unbekannte, zu denen die Unbekannte r hinzugefügt wird.

25 Ricardo, *Principles*, Kap. 6, S. 126 der Sraffa-Ausgabe.

26 S. C. Rodbertus, *Zur Erkenntniss unserer staatswirthschaftlichen Zustände*, 1842, S. 25 f.

wobei das »Preis«element im rechten Teil der Gleichung überhaupt nicht auftaucht. Den abgedroschenen Vorwurf gegen die Theorie Ricardos zu richten, daß »sie Preise aus Preisen« definiert, offenbart einen vollkommenen Mangel an Verständnis für die Schriften dieses großen theoretischen Ökonomen.

Den *Ausgangspunkt* für die Analyse Ricardos bildet das heutige *kapitalistische System*, das sich auf die Nutzung *menschlicher Lohnarbeit* gründet. Es wäre allerdings völlig falsch zu denken, daß die *Folgerungen*, die er zog, nur heutzutage Bedeutung haben. Žukovskij hat den Stellenwert seiner theoretischen Folgerungen richtig verstanden und in seinem Buch erklärt.[27] Die Rententheorie Ricardos kann als Beispiel dienen: Der Übergang von fruchtbaren zu weniger fruchtbaren Landstücken wird als Anfangspunkt genommen. Die Theorie aber behält ihre Bedeutung, auch wenn gegenteilige Annahmen getroffen werden. Ricardo erklärt dann die Rentengesetze nur im Fall der Boden- und Bergwerksrente. Dies heißt aber nicht, daß die von ihm eingeführten Gesetze nicht in allen den Fällen von allgemeinerer Bedeutung wären, in denen die von ihm angenommenen Entstehungsbedingungen der Rente gelten (Siehe dazu: Žukovskij, *Geschichte ...*, S. 318). Ersetzen wir in unseren ›Produktionskostengleichungen‹ (25) die Größen an_A, an_1, an_2, ..., am_B, am_1, am_2, ... durch die Größen A_A, A_{A1}, A_{A2}, ..., A_B, A_{B1}, A_{B2}, ...: Nun werden A_A, A_{A1}, ..., A_B, A_{B1}, ... die Menge eines Gutes a bezeichnen, auf dessen Verausgabung wir schließlich die Produktionskosten der Produkte $A, B, \ldots$ reduzieren. Nachdem wir eine

---

27 *Geschichte der politischen Ökonomie des 19. Jahrhunderts*, Bd. 1, S. 388 f.). Žukovsky sagt, daß »Ricardo die Frage der Verteilung nur im Sinne der Aufteilung eines Produkts auf die drei Elemente Preis, Rente, vergangene und gegenwärtige Arbeit *im Sinne von Preiselementen* behandelt« (S. 388).
Es ist für die Theorie Ricardos unerheblich, ob diese Elemente in einer gegebenen Gesellschaft mit individuellen Klassen oder Personen korrespondieren oder nicht, da er »unter Arbeiter, Rentier und Kapitalist immer mehr oder weniger abstrakte, fiktive Personen versteht«. Jedoch beeinträchtigt dies nicht die Formulierung der Verteilungsprobleme Ricardos, sondern ist im Gegenteil ein Anzeichen des theoretischen und philosophischen Charakters seiner Formulierung. Dies stellt sicher, daß die Folgerungen Ricardos, sollten sie korrekt sein, den Charakter allgemeiner Gesetze haben« (S. 389).

solche Transformation in der »Produktionskostengleichung« des Produkts α ausgeführt haben, erhalten wir:

(53) $\quad X_\alpha = A_\alpha X_\alpha (1 + r)^{t_\alpha} + A_{\alpha 1} X_\alpha (1 + r)^{t_{\alpha 1}} + \ldots$

Nach Kürzen und Auflösen der Gleichung nach r, ergibt sich:

(54) $\quad r = F(A_\alpha, A_{\alpha 1}, \ldots, t_\alpha, t_{\alpha 1}, \ldots).$

Da die Produktionsperioden $t_\alpha, t_{\alpha 1}, \ldots$ immer endlich sind, folgt, daß r größer Null ist, wenn gilt:

(55) $\quad A_\alpha + A_{\alpha 1} + A_{\alpha 2} + \ldots < 1.$

Gleichung (54) enthält nicht die Arbeitsmengen $n_\alpha, n_{\alpha 1}, \ldots$, die in der Produktion des Gutes α verwendet wurden. Sie gibt vielmehr r als eine Funktion der *Produktionsperiode* und der *Menge des Gutes* α an, die in der Produktion verausgabt wurde.

Gleichung (54) zeigt, daß, wann immer eine bekannte Menge irgendeines Produkts α in der Produktion von α eingesetzt wurde und wir eine *größere* Menge des *gleichen* Produkts innerhalb einer endlichen Zeitperiode erhalten können, die Profitrate in dem gegebenen Industriezweig eine vollständig bestimmte *positive* Größe ist, *ungeachtet des Produktpreises* α. Wenn man die Produktionskosten der anderen Güter A, B, C, ... *letztendlich* auf das gleiche Produkt α reduziert, dann wird unter der Bedingung freier Mobilität zwischen den Industriezweigen die gleiche Profitrate auch in diesen Branchen durchgesetzt (ohne Rücksicht auf die Größen $X_{A\alpha}, X_{B\alpha}, \ldots$). Das Wesen des Produktionsprozesses, durch den ein »Produktionsgut« α als Ergebnis die Produkte A, B, C, ... und neue Mengen des gleichen Gutes α hervorbringt, ist für die Bestimmung der Profitrate vollkommen gleichgültig. Ob die potentielle Energie, die in dem Produktionsgut α verkörpert ist, in Form *menschlicher Arbeit* in der Produktion verausgabt und genutzt wurde, wie es heute geschieht, oder durch irgendeinen anderen Prozeß *(der nicht die Beteiligung menschlicher Arbeit einschließt)*, ist bedeutungslos. Immer, wenn gilt:

(56) $\quad 1 = A_\alpha (1 + r)^{t_\alpha} + A_{\alpha 1} (1 + r)^{t_{\alpha 1}} + \ldots$

unter der Bedingung, daß

(55) $\quad A_\alpha + A_{\alpha 1} + \ldots < 1,$

ist die Profitrate r eine vollständig bestimmte Größe und ist größer als Null. Nehmen wir z. B. an, irgendein Produktionsgut β, auf das die Produktionskosten von allen wirtschaftlichen Gütern A, B, C, ... letztlich reduziert werden können, werde in der Produktion unter Umwandlung seiner potentiellen Energie durch Arbeit irgendeines lebendigen Wesens *mit Ausnahme des Menschen* angewandt. Auf der Grundlage der Produktionsbedingungen können und werden alle Voraussetzungen vorliegen, die für die Existenz eines Profits erforderlich sind. Trotz der Tatsache, daß keine einzige Einheit *menschlicher* Arbeit eingesetzt wurde[28], wird in diesem Fall die Profitrate eine vollständig bestimmte positive Größe sein.

Schließlich ist es theoretisch möglich, sich einen Fall vorzustellen, in dem alle Produkte ausschließlich durch die Arbeit von Maschinen produziert werden, so daß keine Einheit *lebendiger Arbeit* (ob menschlicher oder sonstiger) an der Produktion beteiligt ist. Trotzdem kann in diesem Fall ein industrieller Profit unter bestimmten Bedingungen vorkommen, das heißt ein Profit, der nicht wesentlich von dem abweichen würde, der von heutigen Kapitalisten, die in der Produktion lohnabhängige Arbeiter einsetzen, erzielt wird.

Nehmen wir an, eine Maschine M sei in der Lage, ohne Beteiligung menschlicher Arbeit und unter Verwendung von natürlichen Kräften als Motor Maschinen M_1, M_2, M_3, ..., zu produzieren. Diese Maschinen seien ihrerseits dazu fähig, allein, oder in Kombination miteinander, automatisch Maschinen auf einer höheren Produktionsstufe M'_1, M'_2, M'_3, ... zu produzieren, bis wir zuletzt bei den Maschinen M_A, M_B, M_C, ... ankommen, die unmittelbar die Konsumgüter A, B, C, ... herstellen.

In diesem Falle können die Produktionskosten dieser Produkte A, B, C, ... letztlich immer auf die Zahl oder die Anteile der Maschinen M, die in der Produktion der Produkte A, B, C, ... verbraucht wurden, zurückgeführt werden.

Wir nehmen weiter an, daß sich unter den direkt oder indirekt von der Maschine M produzierten Maschinen die Maschine M

---

28 Die Mengen A_β, A_γ, ... werden auf sehr ähnliche Art wie die Produktionskosten, wenn menschliche Arbeit eingesetzt wird, bestimmt: $A_\beta = N_\beta b$, $A_{\beta 1} = N_1 b$, $A_{\beta 2} = N_2 b$, ..., wobei N_β, N_1, N_2, ... die Mengen lebendiger Arbeit sind (in irgendeiner Einheit) und b die Menge des Gutes β ist, die für die Produktion einer Einheit Arbeit ausgegeben werden muß.

selbst befindet, das heißt mit anderen Worten, die Maschine sei (aus sich selbst heraus) *reproduktionsfähig*. In diesem Fall gilt:

$$(57) \quad \left.\begin{aligned} X_A &= n'_M X_M (1+r)^{t_A} + n''_M X_M (1+r)^{t_{A1}} \dots \\ &\vdots \\ X_M &= N'_M X_M (1+r)^{t_M} + N''_M X_M (1+r)^{t_{M1}} \dots \end{aligned}\right\},$$

wobei $n'_M, n''_M, \dots, N'_M, N''_M, \dots$ die Zahl (oder Teile) der Maschinen M (falls $n'_M, n''_M, \dots$ kleiner als 1 sind) bezeichnen, die in der Produktion von Einheiten der Produkte $A, B, C, \dots$ verbraucht wurden. Wenn in der Gleichung für M gilt, daß $N'_M + N''_M + \dots < 1$, *dann wird r größer als Null und eine vollständig bestimmte Größe sein, vorausgesetzt, daß die Größen* $n'_M, N''_M, \dots, t_M, t_{M1}, \dots$ *gegeben sind.*

Wir haben daher, ausgehend von der Analyse Ricardos, gesehen, daß der Ursprung des industriellen Profits nicht in irgendeiner besonderen Beziehung zu der in der Produktion verwendeten menschlichen Arbeit steht. Profit kann ebensogut in anderen Produktionsprozessen entstehen, vorausgesetzt, sie erfüllen die oben erwähnten eindeutigen Bedingungen. Ob solche Produktionsweisen bei dem heutigen Stand des technischen Wissens existieren können oder nicht, ist nicht Gegenstand der Politischen Ökonomie.

Angenommen, wir könnten die Produktionskosten der wirtschaftlichen Güter $A, B, C, \dots$ letztendlich auf die Ausgaben für das Produktionsgut α reduzieren, dessen Produktionskosten durch die Formel

$$(58) \quad X_\alpha = A_\alpha X_\alpha (1+r)^{t_\alpha} + A_{\alpha 1} X_\alpha (1+r)^{t_{\alpha 1}} \dots$$

bestimmt sind.

Weiterhin sei unterstellt, wir könnten, indem wir einen anderen Produktionsprozeß (zum Beispiel einen mit der Arbeit von *Tieren* anstatt *menschlicher* Arbeit) verwenden, die Produktionskosten der Güter $A, B, C, \dots$ auf die Ausgaben für ein Produktionsgut β reduzieren, dessen Produktionskosten selbst durch die Formel

$$(59) \quad X_\beta = A_\beta X_\beta (1+r)^{t_\beta} + A_{\beta 1} X_\beta (1+r)^{t_{\beta 1}} \dots$$

bestimmt sind.

Nehmen wir zudem an, wir erhielten durch die Verwendung eines weiteren Produktionsprozesses (in dem z. B. ausschließlich

Maschinen eingesetzt werden, die von Naturkräften angetrieben werden) entsprechend

(60) $\quad X_M = A_M X_M (1 + r)^{t_M} + A_{M1} X_M (1 + r)^{t_{M1}} + \ldots$

Die durch Gleichung (58) bestimmte Profitrate sei r_α, und die durch Gleichung (59) bestimmte sei r_β usw. Welcher von den möglichen Produktionsprozessen wird tatsächlich realisiert? Offensichtlich derjenige, der den größten Wert von r ermöglicht (das rührt unmittelbar von der Annahme her, daß ein Wirtschaftssubjekt nach dem größten Vorteil strebt). Daher ist es, um für irgendeinen gegebenen Produktionsprozeß die Profitrate *tatsächlich* zu bestimmen, immer noch ungenügend, daß er *allgemein* als eine Profitquelle dienen könnte. Denn es ist weiterhin nötig, daß er eine *höhere* Profitrate als alle anderen möglichen Prozesse erzielt. Falls zum Beispiel der gegenwärtige Stand der Technologie die oben getroffene Annahme einer Warenproduktion ausschließlich durch sich selbst reproduzierende Maschinen erlaubte, würde folglich die Bedingung $A_M + A_{M1} + \ldots < 1$ für die Profitratenbestimmung durch die Gleichung

(61) $\quad 1 = A_M (1 + r)^{t_M} + A_{M1} (1 + r)^{t_{M1}} \ldots$

immer noch unzureichend sein. Aus (61) folgt lediglich

(62) $\quad r_M = f(A_M, A_{M1}, \ldots, t_M, t_{M1}, \ldots).$

Es wäre weiter erforderlich, daß die Profitrate r_M größer als r_α ist, die realisiert würde, wenn menschliche Arbeit in der Produktion eingesetzt wird. Wir haben vorher der Einfachheit halber angenommen, daß es nur eine Reihe von Produktionskostengleichungen korrespondierend zu jedem Produktionsgut $\alpha, \beta, \gamma, \ldots$ gibt, auf deren Einsatz die Produktionskosten jedes Produkts $A, B, C, \ldots$ (einschließlich der Produkte $\alpha, \beta, \gamma, \ldots$ selbst) zurückgeführt werden können:

(63) $\left. \begin{array}{l} X_A = A_A X_\alpha (1 + r)^{t_A} + A_{A1} X_\alpha (1 + r)^{t_{A1}} + \ldots \\ X_B = A_B X_\alpha (1 + r)^{t_B} + A_{B1} X_\alpha (1 + r)^{t_{B1}} + \ldots \\ \vdots \\ X_\alpha = A_\alpha X_\alpha (1 + r)^{t_\alpha} + A_{\alpha 1} X_\alpha (1 + r)^{t_{\alpha 1}} + \ldots \end{array} \right\}.$

In Wirklichkeit jedoch kann es zweifellos zu jedem Produktionsgut mehrere Gleichungssysteme geben. Zusätzlich zu dem System (63) ist also irgendein System (64) für das gleiche Produktionsgut α möglich:

(64) $\left.\begin{aligned} X_A &= A'_A X_\alpha (1+r)^{t_{A'}} + A'_{A'} X_\alpha (1+r)^{t'_{A'}} + \ldots \\ X_B &= A'_B X_\alpha (1+r)^{t_{B}} + A'_{B'} X_\alpha (1+r)^{t'_{A'}} + \ldots \\ &\vdots \\ X_\alpha &= A'_\alpha X_\alpha (1+r)^{t_{\alpha}} + A'_{\alpha'} X_\alpha (1+r)^{t'_{\alpha'}} + \ldots \end{aligned}\right\}.$

So sei zum Beispiel α ein Produkt, das von Arbeitern konsumiert wird, und gleichzeitig ein Produkt, das irgendwelche lebendigen Wesen verbrauchen, auf deren Arbeit die Produktionskosten jedes der Produkte $A, B, C, \ldots$ reduziert werden können, so daß $A_A = n_1 a$, $A_{A1} = n_2 a$, ..., $A_B = m_1 a$, $A_{B1} = m_2 a$, ..., $A'_A = n'_1 a$, $A'_{A1} = n'_2 a'$, ..., $A'_B = m'_B = m'_1 a'$, $A'_{B1} = m'_2 a'$. Dabei sind n_1, n_2, ..., m_1, m_2, ... die *Mengen menschlicher Arbeit*, die in der Produktion verwendet wurden, und n'_1, n'_2, ..., m'_1, m'_2, ... *die Arbeitsmengen von Tieren*, die anstelle von Menschen in der Produktion von $A, B, C, \ldots$ verwendet werden können. a ist die Menge des Produkts α pro Arbeitseinheit, die von einem *Menschen* konsumiert wird; a' ist die von einem *Tier* konsumierte Produktmenge pro geleisteter Arbeitseinheit.

Die Systeme (63), (64) usw. werden *verschiedenen Produktionsprozessen* entsprechen, mit deren Hilfe die potentielle Energie eines Produktionsguts α in der Produktion $A, B, C, \ldots$ benutzt wird. Es kann angenommen werden, es gäbe eine beliebige Anzahl von solchen Prozessen, die jedem der Produktionsgüter α, β, γ, ... entsprechen.

In Wirklichkeit aber wird nur eines dieser Gleichungssysteme gelten, nämlich dasjenige, das den größten Wert für r (bestimmt durch die Gleichung für α) zu erzielen erlaubt. Dies ist deswegen so, weil niemand Produktionsweisen mit einer niedrigeren Profitrate anwenden wird, wenn es möglich ist, eine Produktionsweise mit einer höheren Profitrate zur Anwendung zu bringen.

Nehmen wir jetzt an, daß die Produktionskosten der Produkte $A, B, C, \ldots, L$ auf die Ausgaben für das Produkt D zurückgeführt werden können; das Produktionsgut D sei das *einzige Gut*, auf das die Produktionskosten aller Produkte $A, \ldots, L$ (einschließlich D) reduziert werden können. Die ›Produktionskostengleichung‹ für D liefert uns nach dem oben Gesagten eine eindeutig bestimmte Größe für r. Aus der Gleichung

(65) $\quad X_D = A_D X_D (1 + r)^{t_D} + A_{D1} X_D (1 + r)^{t_{D1}} + \ldots$

erhalten wir

(66) $\quad r_D = f_D(A_D, A_{D1}, \ldots; t_D, t_{D1}, \ldots).$

Die gleiche Profitrate ist auch in den Produktionszweigen von A, B, C, ..., L gültig. Nehmen wir nun an, die Produktionskosten der übrigen Produkte M, N, ..., P könnten nicht auf das Produkt D reduziert werden.[29] Das einzige Produkt, auf das sie sich reduzieren ließen, sei N.[30] In diesem Fall ergibt sich als Produktionskostengleichung des Produkts N.

(67) $\quad X_N = A_N X_N (1 + r)^{t_N} + A_{N1} X_N (1 + r)^{t_{N1}} + \ldots,$

die immer noch eine eindeutig bestimmte Menge für r ergibt:

(68) $\quad r_N = f_N(A_N, A_{N1}, \ldots; t_N, t_{N1}, \ldots).$

Dieses Profitniveau wird auch in den Produktionszweigen M, N, ..., P durchgesetzt. Deshalb werden wir eine Profitrate r_D für einen Teil der Produktion A, B, ..., L und eine andere Rate r_N für den anderen Teil M, N, ..., P erhalten.
Es gelte $r_D > r_N$; in diesem Fall beginnen die Produzenten, die Produktionszweige M, N, ..., P zu verlassen und zu A, B, ..., L überzuwechseln. Die Preise der Produkte A, B, C, ..., L beginnen zu sinken (wegen des Überschusses des Angebots über die Nachfrage). Da aber die durch die Gleichungen

(69) $\quad \left.\begin{array}{l} r_D = f_D(A_D, A_{D1}, \ldots, t_D, t_{D1}, \ldots) \\ r_N = f_N(A_N, A_{N1}, \ldots, t_N, t_{N1}, \ldots) \end{array}\right\}$

bestimmte Profitrate nicht von X_D und X_N und folglich auch nicht von $X_{DN} = X_D/X_N$ abhängig ist, wird die Profitrate r_D über r_N bleiben, gleichgültig, wieviel Kapital von den Produktions-

---

29 Es sei zum Beispiel D ein von Tieren konsumiertes Gut; in diesem Fall können nur die Produktionskosten von Waren, die mit der Arbeit von Tieren herstellbar sind, auf das Gut D zurückgeführt werden, da, wenn die Güter M, N, ..., P nur mit menschlicher Arbeit produziert werden, ihre Produktionskosten nicht mehr in D ausgedrückt werden können.
30 Wenn die Güter M, N, ..., P Produkte menschlicher Arbeit sind, sollte N als das Gut, das die Arbeiter konsumieren, verstanden werden.

zweigen $M, N, \ldots, P$ in die Produktionszweige $A, B, \ldots, L$ »fließt«. Wieviel Wert auch immer das Produkt D wegen des Angebotsüberschusses verlieren mag, es wird nichtsdestoweniger für die Unternehmer günstiger sein, Kapital in der Produktion von D als in der sehr teuren Produktion von N (oder irgendeines Produkts aus $M, N, \ldots, P$) anzulegen. Denn der Unternehmer wird eine größere Summe *pro Werteinheit*, die innerhalb einer Periode ausgegeben wurde, in der Produktion von D als *pro Werteinheit* in der Produktion von N erzielen. Der Grund dafür liegt darin, daß ein Sinken des Preises des Fertigproduktes D durch ein proportionales Sinken seiner Produktionskosten immer ausgeglichen wird, da diese Kosten auf das Produkt D selbst zurückgehen.

Welche Mengen wir auch immer für X_D in Gleichung D einsetzen, wir erhalten die gleiche Größe für die Profitrate r_D (die Menge des Profits pro Werteinheit, ausgeben in einer Zeiteinheit). Es gibt also keine natürliche Grenze für die Bewegung der Kapitalisten von den Zweigen $M, N, \ldots, P$ zu den Zweigen $A, B, \ldots, L$, abgesehen vom vollkommenen Stillstand der Produktion von $M, N, \ldots, P$. Eine solche Schlußfolgerung wäre zutreffend, wenn im Fall $r_D > r_N$ die ökonomischen Erwartungen die Unternehmer immer dazu veranlaßten, von N nach D zu wechseln. Tatsächlich gilt die Hypothese, daß Produzenten dazu neigen, von Zweigen mit einer niedrigen Profitrate zu solchen mit einer höheren überzugehen, nur für solche Fälle, in denen alle in die Kalkulation des Unternehmers eingehenden Größen einen *endlichen* Wert haben. Da diese letzte Bedingung in der Tat meistens erfüllt ist, erwies sich die vorausgegangene Hypothese im allgemeinen in der Praxis als korrekt. Aber wenn sie als Grundlage für eine abstrakte Analyse benutzt wird, kann sie zu falschen Schlußfolgerungen führen. Nehmen wir an, ein Unternehmer gab zunächst N Werteinheiten (in einer beliebigen Einheit) für die Produktion von A aus, so daß er innerhalb einer Zeiteinheit $N(1 + r_A) - N$ Profiteinheiten und in T Zeiteinheiten $N(1 + r_A)^T - N$ Profiteinheiten erhielte. Hätte er diesen Betrag in der Produktion von B angelegt, hätte er $N(1 + r_B)^T - N$ erzielt. Im Fall $r_B > r_A$ gilt im allgemeinen

(70) $\quad N(1 + r_B)^T - N > N(1 + r_A)^T - N,$

woraus folgt:

(71) $\quad N[(1 + r_B)^T - (1 + r_A)^T] > 0.$

Die Situation ist jedoch anders, falls im ersten Teil der Ungleichung einer der Faktoren verschwindet. Der Preis des Produktes B sei zum Beispiel wegen eines Angebotsüberschusses auf Null gefallen (wenn wir als Wertmaßstab den Wert irgendeines der Produkte, die durch die Verausgabung des Produktes A produziert wurden, annehmen). In diesem Fall wird, gleichgültig wieviel von dem Produkt B hergestellt wird, auch N und folglich der gesamte Ausdruck Null sein:

(72) $\quad N[(1 + r_B)^T - (1 + r_A)^T] = 0.$

Das heißt, alle Motivation für eine Produktionsverlagerung von A nach B ist verschwunden. Deswegen wird trotz der Tatsache, daß die Profitrate in B höher als in A bleibt (da die Rate nicht vom Preis abhängig ist), der Anreiz zum Übergehen von A nach B entfallen, wenn der in A (oder in Form irgendeiner anderen Ware, die mit seiner Hilfe produziert wurde) ausgedrückte Wert des Produkts B (und der anderen, die mit ihm produziert werden) auf Null sinkt. Folglich wird, wenn verschiedene konstante Profitraten in verschiedenen Produktionszweigen existieren, ein Gleichgewicht durchgesetzt. In diesem Fall gehören entweder die Produkte, die eine hohe Profitrate erzielen, zur Kategorie der *freien* Güter, oder die Produktion der Güter, die eine niedrige Profitrate abwerfen, wird abgebrochen. Was tatsächlich in einem solchen spezifischen Fall produziert wird, ist eine empirische Frage und hängt von der Form der $f_A(D_A), f_B(D_B), \ldots, f_M(D_M), f_N(D_N), \ldots$ ab, die den Preis der Produkte A, B, C, ... als Funktion ihrer Absatzmenge $D_A, D_B, \ldots$ ausdrücken. Je kleiner die von den Gütern A, B, ..., L repräsentierte Gruppe (im Vergleich zu der Gruppe M, N, ..., P) und je niedriger die Nachfrage für diese Güter ist (das heißt, je kleiner die Menge dieser Güter ist, die *vollkommen* für die Befriedigung der Nachfrage ausreicht), desto größer ist die Wahrscheinlichkeit, daß sie »freie« Güter werden, bevor das gesamte Kapital die Zweige M, N, ..., P verläßt (und *umgekehrt*). Nehmen wir an, es gäbe heute wirklich einen außergewöhnlichen Produktionsprozeß, der es ermöglichte, ohne Beteiligung menschlicher Arbeit seine realen Produktionskosten *in natura* selbst (und nicht in Form von Wertäquivalenten) zu reproduzieren. Dieser Prozeß könnte dann ein *unabhängiges* Profitniveau ohne Bezug zu den Produktionskosten der Subsistenzmittel der Arbeiter bestimmen. Angesichts der Begrenztheit der Nachfragemengen, die diese Prozesse befriedigen könnten, wäre nach dem oben Bemerkten das einzige Ergebnis einer solchen Situation, daß diese Produkte vollkommen entwertet und in die Kategorie der freien (nicht-wirtschaftlichen) Güter eingeordnet würden. Es gibt daher keine Grundlage für irgendeinen der Hinweise auf verschiedene »natürliche« Prozesse (wie etwa die Aufzucht von Tieren und Erträge, für die keine menschliche Pflege von Pflanzungen benötigt wird) als unabhängige Quellen von »Profit aus Kapital«.[31]

Stellen wir jetzt unsere »Produktionskosten«formeln in einer allgemeineren Form dar (allgemeiner als die Formel $X_A = A_A X_a (1 + r)^t + A_{A1} X_a (1 + r)^t + \ldots$), nämlich als

(73) $A_A X_a = P_A; \; A_{A1} X_a = P_{A1}; \; \ldots,$

woraus wir erhalten:

(74) $X_A = P_A (1 + r)^{t_A} + P_{A1} (1 + r)^{t_{A1}} + \ldots,$

wobei $P_A, P_{A1}, \ldots$ unmittelbar die Zahl der in der Produktion verausgabten Werteinheiten bezeichnen oder, mit anderen Worten, die wirklichen Produktionskosten, ausgedrückt in einer Werteinheit, die der des Endprodukts entspricht, angeben.[32]

Gleichung (74) ist der allgemeine Ausdruck der Beziehung zwischen dem Produktpreis und den Produktionskosten, und deshalb ermöglicht sie es uns, unsere Analyse über die *gegenwärtigen* Produktionsformen hinaus auszudehnen.

Nehmen wir eine Situation an[33], in der die Arbeitskraft der

---

31 Siehe S. 111-113 für die Merkmale, die ›Profit aus Kapital‹ als eine besondere Art von Einkommen von anderen Formen des ›Einkommens aus Eigentum‹ unterscheiden.

32 Diese Formel kann direkt aus der Definition des Begriffs ›Profit‹ als die Differenz zwischen dem in der Produktion ausgegebenen Wert und dem als Ergebnis der Produktion erhaltenen Wert abgeleitet werden:
$A_A = P_A + Z + P_{A1} + Z_1 + \ldots,$
wobei die Summe der Profite durch entsprechende Ausdrücke der Profitrate ersetzt werden.

33 [In diesem Abschnitt argumentiert Dmitriev, daß, wenn Arbeit auf-

Marktzirkulation entzogen würde (aus welchem Grund auch immer, sei es mit oder ohne gesetzliche Maßnahmen), so daß es unmöglich ist, menschliche Arbeitskraft *auf dem Markt* zu kaufen oder zu verkaufen. In diesem Fall wird es offensichtlich nicht länger möglich sein, die realen *Produktionskosten* der Produkte auf die *Ausgaben für Güter* (die Subsistenzmittel der Arbeiter) zurückzuführen: Denn menschliche Arbeit wird die letzte Größe sein, worauf sie alle zurückgeführt werden können. K sei der Wert einer Arbeitseinheit, ausgedrückt in derselben Maßeinheit wie die Werte der Endprodukte X_A, X_B, ... In diesem Fall werden wir, wenn die Menge in der Produktion einer Einheit der Produkte $A, B, ...$ (direkt und indirekt) verwendeten Arbeit mit $M_A, M_{A1}, ..., M_B, M_{B1} ...$ bezeichnet wird, folgendes Gleichungssystem erhalten:

(75) $$\left.\begin{array}{l} X_A = M_A K(1 + r)^{t_A} + M_{A1} K(1 + r)^{t_{A1}} + \ldots \\ X_B = M_B K(1 + r)^{t_B} + M_{B1} K(1 + r)^{t_{B1}} + \ldots \\ \ldots \end{array}\right\}.$$

Die Unbekannten in den Gleichungen für X_A, X_B, ... sind r und K. Mit Rücksicht auf die Tatsache, daß wir im Gleichungssystem (75) eine Gleichung haben werden (für die Ware, die als Wertmaßstab benutzt wurde, das heißt eine Ware, deren Wert als Eins angenommen wird):

(76) $\quad 1 = M_p K(1 + r)^{t_p} + M_{p1} K(1 + r)^{t_{p1}} + \ldots,$

hörte, eine Ware zu sein (das heißt, wenn sie der Zirkulation am Markt entzogen würde), alle anderen Waren zu Preisen ausgetauscht würden, die ihren direkten und indirekten Arbeitsinputs entsprechen *(Arbeitswerte)*. Offensichtlich braucht Dmitriev eine zusätzliche Annahme, daß Arbeiter als freie (nicht angestellte) Produzenten nicht fähig sein sollen, Kapitalgüter von Kapitalisten (oder voneinander) zu leihen und Kapitalgüter an Kapitalisten (oder aneinander) zu verkaufen; denn sonst gäbe es keinen Grund, warum die relativen Preise verschieden sein sollten, je nach dem, ob Arbeiter von Kapitalisten oder Maschinen von Arbeitern angestellt werden. Wenn wir diese Annahme hinzufügen, dann müssen wir entweder in einer Welt ohne Kapitalgüter oder in einer Welt ohne Kapitalisten sein (wenn wir den Staat unter die Kapitalisten zählen). In beiden Fällen gäbe es keinen Profit, daher könnten die relativen Preise begreiflicherweise gleich den relativen Werten sein. Doch unter dieser zusätzlich notwendigen Annahme scheint Dmitrievs Aussage etwas trivial zu sein. – Anm. von D. M. Nuti.]

die keine neue Unbekannte hinzufügt, erhalten wir demgemäß n Gleichungen mit $(n + 1)$ Unbekannten. In unserer vorangegangenen Analyse eliminierten wir die überflüssige $(n + 1)$te Unbekannte mittels der Gleichung

(53) $\quad X_\alpha = A_\alpha X_\alpha(1 + r)^{t_\alpha} + A_{\alpha 1} X_\alpha (1 + r)^{t_{\alpha 1}} + \ldots$

Dies lieferte uns r als eine Funktion bekannter Größen. Es liegt nahe, zu überlegen, ob es auch möglich wäre, eine ähnliche Gleichung im System (75) zu finden. Offensichtlich ist das nicht möglich; denn andernfalls müßte man als Ergebnis der Produktion ein gleiches »Produktionsgut« erhalten, auf das alle realen Produktionskosten reduziert werden könnten. Dies ist aber unmöglich, weil *Produktionskosten immer aus Arbeit bestehen werden* (da Arbeit nicht mit dem Preis ihrer Subsistenzmittel gekauft werden kann) *und weil das Ergebnis der Produktion immer ein Produkt* und nicht Arbeit sein wird. Daher wird die Produktionskostengleichung für das Produkt α

(77) $\quad X_\alpha = M_\alpha K(1 + r)^{t_\alpha} + M_{\alpha 1} K(1 + r)^{t_{\alpha 1}} + \ldots$

sein, wobei X_α, K und r Unbekannte sind. Wenn wir annehmen, daß der Wert des Produktes α die Werteinheit bildet (das heißt, falls wir die Ware α als die Ware annehmen, die als Wertmaßstab benutzt wird), dann wird die Gleichung zu

(78) $\quad 1 = M_\alpha K(1 + r)^{t_\alpha} + M_{\alpha 1} K(1 + r)^{t_{\alpha 1}} + \ldots$

Um daraus r zu bestimmen, müßte K eine bekannte Größe sein. Um K zu erhalten, hätte jedoch r bekannt sein müssen. Deshalb bleibt die Frage *scheinbar* ungelöst, wenigstens im Datenrahmen der *Produktions*bedingungen (ausgedrückt durch die Gleichung der Produktionskosten). Dies ist jedoch nur scheinbar so. In Wirklichkeit kann die Größe K, die das äquivalente Verhältnis des Produkts α und der Arbeit ausdrückt, aufgrund der Annahme, die wir am Anfang der vorliegenden Analyse getroffen haben (da Arbeit aus dem Tauschprozeß herausgenommen wurde) *nicht auf dem Markt bestimmt werden.* Es folgt daher, daß der *einzige* Prozeß, durch den zwei verschiedene Güter (das Produkt α und die Arbeit) einander in äquivalenten Mengen ersetzen können, *der Produktionsprozeß* des Produktes α ist. Jeder, in dessen Besitz sich eine bestimmte Menge von Arbeitseinheiten befindet, *kann sie nicht durch das Produkt α ersetzen,* es sei denn, er *verausgabt seine Arbeit in der Produktion dieses Gutes.* (Er kann seine Arbeit nicht am Markt verkaufen.) Der Koeffizient K kann deshalb *unbestimmt* bleiben, aber er wird einen durch die Produktionsbedingungen des Produkts α bestimmten sehr präzisen und eindeutigen Wert haben. Wenn N Arbeitseinheiten fähig sind, S Einheiten des Produktes α zu erstellen, dann folgt $K = S/N$.[34] Folglich erhalten wir in unserer Gleichung (78) $M_\alpha K + M_{\alpha 1} K + \ldots = 1$, wobei der einzige Wert für r, der diese Gleichung erfüllt, $r = 0$ ist. Deswegen erhalten wir trotz der scheinbaren Unzulänglichkeit des Gleichungssystems (75) eine *vollkommen bestimmte Größe für r*, die durch das Gesetz des Ausgleichs der Profitraten in allen Industriezweigen, auch in den Industriezweigen $A, B, \ldots$, durchgesetzt wird.

Wenn wir $r = 0$ setzen, erhalten wir im System (75):

(79) $$\left.\begin{aligned} X_A &= M_A K + M_{A1} K + \ldots \\ X_B &= M_B K + M_{B1} K + \ldots \end{aligned}\right\}.$$

Daraus folgt:

(80) $$X_{AB} = \frac{X_A}{X_B} = \frac{M_A + M_{A1} + \ldots}{M_B + M_{B1} + \ldots}, \text{ usw.,}$$

das heißt, *das Tauschverhältnis der Waren wird ausschließlich durch die Arbeitsmenge bestimmt, die in ihrer Produktion eingesetzt worden ist, ungeachtet der Zeitspanne, die zwischen dem Zeitpunkt, zu dem Arbeit angewandt wurde, und dem Zeitpunkt, zu dem das Endprodukt fertiggestellt war, verflossen ist.*[35] Demgemäß würde die »Arbeitswertlehre« *immer* gelten, wenn menschliche Arbeit aus der Zirkulation am Markt herausfiele (während sie unter den gegebenen Umständen nur für Produkte, die durch Kapitalgüter gleicher organischer Zusammensetzung

---

34 $N \cdot K = S \cdot X_\alpha$, *woraus folgt* $K/X_\alpha = S/N$ *und, da* $X_\alpha = 1$ *(weil wir das Gut* α *als Maßeinheit genommen haben) erhalten wir* $K = S/N$.

35 Bei Abwesenheit von Lohnarbeit wird daher die Einführung von Kapitalgütern *(capitale tecnico)* nicht dazu dienen, die ›Arbeitswerttheorie‹ zu verletzen (Vgl. in diesem Zusammenhang die Bemerkungen A. Lorias, *Analisi della proprietà capitalista*, 1889). Loria nimmt nicht direkt das Fehlen von Lohnarbeit an, aber es geht indirekt aus den anderen üblichen Annahmen, die er macht, hervor, zum Beispiel die Annahme freien Bodens *(terra libera)*.

hergestellt werden, gilt, wie von Ricardo bemerkt und *hervorgehoben* wurde).

Zur gleichen Schlußfolgerung kann man auch auf anderem Wege gelangen. Damit ein Gleichgewicht im Produktionsbereich herrscht, ist es wesentlich, daß Unternehmer in allen Industriezweigen gleich entlohnt werden. Diese Bedingung ist dann erfüllt, wenn gleiche Mengen von *innerhalb gleicher Perioden verwendetem Wert gleiche Wertbeträge in allen Industriezweigen* erzeugen. Nehmen wir an, daß es zwei Industriezweige A und B gibt. Die für seine Herstellung vom Produkt A in Anspruch genommenen Zeiteinheiten seien t, und die im Produktionsprozeß B verwendeten Zeiteinheiten seien nt. Nehmen wir weiter an, daß, wenn N Arbeitseinheiten verausgabt wurden, wir M_A Einheiten des Produkts A oder M_B Einheiten des Produktes B erhalten.

K_N, X_A und X_B bezeichnen jeweils den Wert einer Arbeitseinheit und den Wert von Einheiten der Produkte A und B, ausgedrückt in einer beliebigen, aber ihnen *gemeinsamen* Einheit. In diesem Fall ist die Menge des in der Produktion von A und B *verausgabten* Werts gleich $K_N N$. Der in der Produktion von B nach der Vollendung des Produktionsprozesses (das heißt nt Zeiteinheiten nach der Verausgabung der Arbeit) *erhaltene* Wertbetrag wird gleich $X_B M_B$ sein. Damit Gleichgewicht zwischen den Sektoren A und B herrscht, ist es notwendig, daß der Wert der gesamten Menge des Produkts, das im Sektor A *während derselben Zeitperiode* erzielt wurde, auch gleich $X_B M_B$ ist (da sonst eine Verletzung der Bedingung vorläge, daß gleiche Mengen Wert in allen Zweigen innerhalb gleicher Zeitperioden gleiche Wertmengen erzeugen).[36] Um den Wert einer Einheit des Produkts A zu bestimmen, muß man $X_B M_B$ durch y dividieren, wobei y die Anzahl der Einheiten des Produkts A ist, die im Sektor A durch N Arbeitseinheiten innerhalb nt Zeiteinheiten produziert wurde. Man fragt sich nun, wie groß y in Ermangelung lohnabhängiger Arbeit sein wird. Wie man unschwer erkennt, können in diesem Fall (im Gegensatz zu dem, was unter gegenwärtigen Bedingungen zu beobachten ist), $X_A M_A$ Werteinheiten, die am Ende von t Zeiteinheiten in der Produktion von A erzielt wurden, auf dem

---

[36] Wegen des Gesetzes vom »Ausgleich der Profitraten«, das schon Adam Smith einführte.

Markt nicht gegen eine gleichwertige Arbeitsmenge ausgetauscht werden (eine Arbeitsmenge, die bei $r > 0$ immer größer als N ist, das heißt, sie ist größer als die Arbeitsmenge, die in der Produktion von M_A Einheiten des Produkts A verwendet worden ist). Deshalb werden N Arbeitseinheiten innerhalb von nt Zeiteinheiten in der Produktion von A so viele Einheiten des Produktes herstellen wie innerhalb von t Zeiteinheiten (das heißt M_A Einheiten), da ohne die Verwendung von N *weiteren neuen* Arbeitseinheiten der Produktionsprozeß von A nicht wiederholt werden kann.

Damit sich also die Sektoren A und B im Gleichgewicht befinden, müßte der Wert einer Einheit des Produktes A gleich

(81) $$\frac{X_B M_B}{M_A} = X_A, \text{ woraus folgt: } \frac{X_A}{X_B} = \frac{M_B}{M_A},$$

sein. Da die Arbeitsmengen, die jeweils für eine Einheit des Produkts A und des Produkts B benötigt werden,

(82) $$N_A = \frac{N}{M_A} \text{ und } N_B = \frac{N}{M_B}$$

betragen, ergibt sich

(83) $$\frac{N_A}{N_B} = \frac{N \cdot M_B}{M_A \cdot N} = \frac{M_B}{M_A}, \text{ woraus folgt: } \frac{X_A}{X_B} = \frac{N_A}{N_B};$$

das heißt, die Beziehung zwischen den Werten von Einheiten der Produkte A und B, ausgedrückt in einer beliebigen gemeinsamen Maßeinheit, sollte ungeachtet der Länge des Produktionsprozesses von A und B gleich der Relation zwischen den Arbeitsmengen sein, die in ihrer Produktion verwendet wurden.

Gehen wir jetzt von dieser allgemeinen Analyse der Bedingungen, die das Auftreten und die Rate des Profits beeinflussen, zu einer Beurteilung der gegenwärtigen Situation über. Kaum jemand wird bestreiten[37], daß der *einzige* Prozeß, der das Profitniveau *heute* bestimmt, der Produktionsprozeß der Subsistenzmittel der Arbeiter ist (*capitale alimento*[38]). Betrachten wir diesen

---

37 Obwohl die Diskussion dieser Frage nicht in die Kompetenz der politischen Ökonomie fällt.

38 In der Terminologie Lorias; vgl. seine *Analisi della proprietà capitalista*, 1889.

Spezialfall der Existenz des Profits auf Kapital etwas genauer. Die Produktionskostengleichung für die Subsistenzmittel a der Arbeiter lautet:

(84) $\quad X_a = n_a a X_a (1 + r)^{t_a} + n_{a1} a X_a (1 + r)^{t_{a1}} + \ldots,$

was gekürzt ergibt:

(85) $\quad 1 = n_a a (1 + r)^{t_a} + n_{a1} a (1 + r)^{t_{a1}} + \ldots,$

und daher

(86) $\quad r = F_a(t_a, t_{a1}, \ldots; n_a, n_{a1}, \ldots; a).$

Aus Gleichung (85) ist ersichtlich, daß alle Ableitungen von F_a nach den Variablen $t_a, t_{a1}, \ldots, n_a, n_{a1}, \ldots, a$ negativ sind. Dies bedeutet, daß r desto kleiner sein wird, (1) je größer die in der Produktion einer Einheit eines Subsistenzprodukts der Arbeiter verwendete Arbeitsmenge ist, (2) je länger die Zeitspanne zwischen dem Moment der Verausgabung der Arbeit und dem Zeitpunkt ist, zu dem das Endprodukt vorliegt, und (3) je größer die Menge des Konsumguts der Arbeiter ist, das pro Arbeitseinheit konsumiert wird.

Nach Ricardo ist die Notwendigkeit, bei Bevölkerungswachstum zur Kultivierung weniger fruchtbaren Landes überzugehen, der wichtigste Faktor, der eine Steigerung der Arbeitsmenge verursacht, die in der Produktion einer Einheit des von den Arbeitern konsumierten Produktes eingesetzt wird. Dieses Phänomen kann in hohem Grade durch Verbesserungen der Technik der Landbebauung und insbesondere durch die Beschleunigung des Produktionsprozesses ausgeglichen werden.

Die Menge, die den Betrag des pro Arbeitseinheit konsumierten Produkts bezeichnet, wird, wenn das eherne Lohngesetz gilt[39], von den Bedürfnissen des Arbeiters abhängig sein und wird gleichlaufend mit diesen wachsen. Wenn wir uns eine Situation vorstellen, in der das eherne Lohngesetz nicht gültig ist, dann

---

39 Das Wirken dieses Gesetzes zeigt sich nur über lange Zeitperioden; für kurze Perioden, für *die die Zahl der Arbeiter eine Konstante ist*, wird die Beziehung zwischen dem Lohnniveau und dem Angebot von *Arbeit* manchmal genau entgegengesetzt sein; wenn die Löhne steigen, kann das Arbeitsangebot nicht nur nicht steigen, es kann sogar fallen. In der Tat, wenn wir die Zahl der Arbeiter als *unveränderlich* anneh-

wird im allgemeinen die Menge a durch den Kampf zwischen den entgegengesetzten Interessen der Kapitalisten, die die Durchsetzung eines möglichst großen Werts für r erstreben und deswegen die Menge für a auf ein Minimum reduzieren, und der Arbeiter bestimmt, die umgekehrt den größtmöglichen Wert für a erzielen wollen. Das Niveau von a, bei dem Gleichgewicht herrscht, ist eine Frage der jeweils aktuellen Situation und hängt von der Stärke der kämpfenden Parteien ab. Unter diesen Umständen fällt eine Untersuchung der Bedingungen, die das Niveau von a beeinflussen, aus dem Bereich der Politischen Ökonomie heraus und gehört in den anderer Wissenschaften. In diesem Fall sollte die Politische Ökonomie, ebenso wie bei Geltung des ehernen Lohngesetzes, bei dem a durch die physiologischen Bedürfnisse der Arbeiter bestimmt wird, die Menge von a in der Analyse als gegeben annehmen. Anders vorzugehen hieße, gegen die Erfordernisse einer korrekten Methodologie, derzufolge jede Wissenschaft ihren spezifischen Gegenstand und entsprechend streng definierte Grenzen haben sollte, zu verstoßen.

In jedem Fall haben wir stets zwei Grenzen für a: eine untere, die der Menge von a entspricht, wenn das eherne Lohngesetz (bestimmt durch die physiologischen Bedürfnisse der Arbeiter) gilt, und eine obere, die gleich der gesamten pro Arbeitseinheit hergestellten Produktmenge ist.

men, erhalten wir die folgende Kurve für die Variation des Arbeitsangebots als eine Funktion des Lohnsatzes:

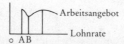

OA = Subsistenzlohn; OB = ausreichender Lohn

Wenn der Lohnsatz von OA auf OB steigt, wird natürlich das Arbeitsangebot nicht steigen, sondern im Gegenteil fallen. Eine ausführliche und gründliche Analyse der »Arbeitsangebotskurve« (und auch der Prototyp-Kurven, von denen sie abgeleitet ist), findet sich bei W. Launhardt, *Mathematische Begründung der Volkswirthschaftslehre*, Leipzig, 1885, S. 94 f. und auch S. 90 (die Abbildung stammt von Launhardt, S. 95).

Es stellt sich nun die Frage, ob es möglich ist, einen Wert für a zwischen diesen beiden Grenzen zu finden, der – und sei es nur in einem hypothetischen Idealsystem – *gleichzeitig der günstigste für die kapitalistischen Arbeitgeber und für die Arbeiter* wäre und folglich durch einen *ökonomischen* Faktor bestimmt würde.

Wir wissen, daß dies ein Problem ist, das sich der berühmte Ökonom J. H. von Thünen – einer der ersten Ökonomen, die sich entschlossen, höhere mathematische Analyse auf ökonomische Probleme anzuwenden – als Aufgabe gestellt hatte. Thünen bezeichnet die Löhne, die solche Bedingungen erfüllen, als »natürliche« Löhne (im Gegensatz zu den Löhnen, die durch den Kampf der entgegengesetzten Interessen von Kapitalisten und Arbeitern durchgesetzt werden). Thünen zieht in seiner Untersuchung den Schluß, daß es möglich ist, unter gewissen idealen Umständen vollkommene Harmonie bezüglich der Interessen der Kapitalisten und der Arbeiter zustandezubringen. Thünen definiert das Niveau der Löhne, das für beide, Kapitalisten und Arbeiter, am vorteilhaftesten ist, durch die Formel $\sqrt{(ap)}$, wobei a die Subsistenzmittel sind, die der Arbeiter pro Zeiteinheit benötigt, und p die gesamte Produktion des Arbeiters innerhalb der gleichen Zeiteinheit darstellt.

Leider weist Thünens Untersuchung trotz ihrer offenbaren Strenge viele Mängel auf, von denen jeder für sich hinreichend ist, seine Folgerungen (aufgrund der Eigenart der Untersuchung) unglaubwürdig erscheinen zu lassen. Wir werden hier keine detaillierte Analyse von v. Thünens Arbeit durchführen (s. die Kritik der Theorie Thünens in Launhardt[40]), sondern uns darauf

40 Vgl. Launhardt 1885, S. 140. »Das Irrthümliche der Auffassung liegt in dem Umstande, dass das Maas der Entbehrung, welche die bei der Anlage beschäftigten Arbeiter dadurch auf sich nehmen, dass sie sich mit dem Notlohn a begnügen, nicht nach der Anzahl der Tage bemessen werden darf, während welcher sie sich die Entbehrung auferlegen, sondern nach der Grösse dieser Entbehrung, welche für jeden Tag $= y$ beträgt, bemessen werden muss. Die Grösse der Entbehrung ist also $nq(a + y)$; dividirt man mit dieser den Betriebsüberschuss, so erhält man $(1/(a + y) - 1)/q$, welcher Ausdruck am grössten für $y = 0$ wird. Dies kann ja auch nicht anders sein, wenn man die Frage des Lohnsatzes vom Standpunkte des Unternehmers auffasst, da der Unternehmergewinn um so grösser sein muss, je kleiner der Arbeitslohn ist.«

Launhardts Korrektur wäre richtig, wenn die Menschen unter dem beschränken, seinen schwerwiegendsten Irrtum (aufgrund dessen er allein eine definitive Antwort auf das Problem, das er sich gestellt hatte, geben konnte) aufzuzeigen, der von allgemeiner grundsätzlicher (methodologischer) Bedeutung ist. Wir beziehen uns auf Thünens falschen Gebrauch der »Maximierungsgleichungen«. Es liegt außer Zweifel, daß die durch die höhere Mathematik verfügbaren Techniken zur Bestimmung des Wertes einer Variablen, zu dem die Funktion ein Maximum annimmt, in der Politischen Ökonomie, die das Verhalten der Individuen unter dem Einfluß ihres Strebens nach *dem größten Vorteil* untersucht, besonders wichtige Anwendungen finden sollten. Dennoch sollte große Mühe darauf verwendet werden, sicherzustellen, daß die Formeln, die dazu dienen, den Wert einer Variablen zu bestimmen, der dem Maximum einer Funktion entspricht, nicht einfach mechanisch auf ökonomische Probleme angewandt werden. Unter dem Einfluß des Strebens nach größtem Nutzen kämpft in der Tat jedes Wirtschaftssubjekt (insoweit es von seinem Willen abhängt) darum, allen Variablen, von denen sein Nettoeinkommen abhängig ist, solche Werte zu verleihen, daß die *Gesamtsumme* dieses Nettoeinkommens am größten wird. Daraus folgt aber keineswegs, daß das gleiche für ein beliebiges *partielles* Einkommen des Wirtschaftssubjekts angenommen werden kann. Ein Wert der Variablen, der den maximalen Wert für irgendein partielles Einkommen des Subjekts angibt, muß durchaus nicht dem maximalen Wert des *gesamten* Einkommens entsprechen, und folglich kann er dem grundsätzlichen Streben des Wirtschaftssubjekts nach dem größten Vorteil widersprechen. Die einzige Ausnahme ist der Fall, in dem ein gegebenes partielles Einkommen in keiner funktionalen Beziehung zu den anderen Teilen des Gesamteinkommens steht.

Die Differentialgleichung $d\{[(p - a - y)y]/[q(y + a)]\} = 0$,

> Einfluß ökonomischer Kalkulation nach dem *höchsten Einkommen aus ihrem Kapital* strebten; in der Tat geschieht das *nur*, wenn Kapital *eine Konstante oder vom Zinssatz unabhängige Variable ist*. Auf der Basis der Hauptannahmen Thünens gibt es für keinen der beiden Fälle eine Rechtfertigung. Und darum kann das Streben der Menschen nach dem größten Wohlergehen nur als befriedigt (und folglich ein Interessenausgleich als gegeben) angesehen werden, *wenn die Gesamtsumme des Einkommens aus Kapital am größten ist*. Die Maximierungsformel Launhardts erfüllt diese Anforderung nicht.

durch die Thünen das günstigste Lohneinkommen $(a + y)$ für einen Lohnarbeiter bestimmt, widerspricht offenbar dieser grundsätzlichen methodologischen Regel: Unter den üblichen Annahmen, die Thünen einführt, damit er den Arbeiter vollkommen frei von der Wirkung des ehernen Lohngesetzes darzustellen vermag, drückt die Formel $[(p - a - y)y]/[q(y + a)]$ tatsächlich nur einen Teil des *gesamten Einkommens*[41] des Arbeiters aus und überdies einen Teil, der nicht als eine unabhängige Variable bezüglich des übrigen Einkommens angesehen werden kann (da das Einkommen aus zuvor akkumuliertem Kapital auch eine Funktion der Variablen y ist).

Thünen war nur dank dieses methodologischen Fehlers imstande, eine *definitive* Antwort auf das Problem, das er sich gestellt hatte, zu erhalten. Hätte er seine Analyse auf einem Ausdruck für das Gesamteinkommen des Arbeiters aufgebaut, und nicht auf einem willkürlich ausgewählten Teil davon, hätte er herausgefunden, daß die von ihm formulierte Frage keine definitive Lösung hat und auch keine haben konnte. Denn unter den von ihm getroffenen Annahmen ist die Summe des Gesamteinkommens eine von y und damit auch von $(a + y)$ unabhängige Größe (und dies, obwohl *für sich genommen* jeder Teil des Gesamteinkommens eine Funktion der Variablen y ist), so daß in einem solchen Fall sowohl die Arbeiter als auch die Arbeitgeber der Lohnhöhe völlig gleichgültig gegenüberstehen.

Kehren wir jetzt zu unserer Gleichung (85) zurück, die die Größe r unter heutigen Bedingungen definiert:

(85) $1 = n_a a(1 + r)^{t_a} + n_{a1} a(1 + r)^{t_{a1}} + \ldots$

Wenn wir $n_a a + n_{a1} \ldots = 1$ setzen, erhalten wir $r = 0$. Unter diesen Umständen würde jede Erzielung von Profit aus Kapital unmöglich und infolgedessen jede kapitalistische Produktion (das heißt mit lohnabhängigen Arbeitern) zum Stillstand kommen. (Tatsächlich würde sie eingestellt, bevor r Null erreicht hätte.) So jedenfalls wäre es, wenn die von uns am Anfang unserer Analyse des Phänomens des Profits aus Kapital getroffenen üblichen Annahmen Gültigkeit besäßen. Da aber in Wirklichkeit diese

---

41 Diese Formel würde die Gesamtsumme der Einkommen der Arbeiter nur dann ausdrücken, wenn die Arbeiter *vorher überhaupt keine Ersparnisse angehäuft hätten;* aber unter solchen Bedingungen könnte man sich offensichtlich nicht auf »natürliche« Löhne beziehen.

üblichen Annahmen nur in außergewöhnlichen Fällen zutreffen, bliebe für einige Unternehmer immer noch ein Anreiz bestehen, Produktion und Austausch weiterzuführen, sogar bei $r = 0$. Entscheidend ist, daß *Profit* nicht die einzige Form von Einkommen ist, die aus Kapital erzielt wird. Mit Ricardo nehmen wir an, daß *Profit aus Kapital* nur für eine bestimmte Form von Einkommen steht, die durch eigene, präzise definierte Gesetze bestimmt ist. Das Charakteristikum, das diese Form von Einkommen von der Gruppe der übrigen (renten-ähnlichen) Einkommen, die wiederum durch ihre eigenen Gesetze geregelt werden, unterscheidet, ist, daß »Profit aus Kapital« aufgrund des bloßen Kapitalbesitzes erzielt wird, wohingegen alle anderen Einkommensformen aus Kapital aus den verschiedenen *Vorteilen* einiger Kapitalisten gegenüber anderen erwachsen. Diese Vorteile können sowohl mit der Produktions- als auch mit der Verkaufssphäre (Austausch) oder sogar mit der Konsumtionssphäre verbunden sein. Sie können entweder vorübergehend oder anhaltend sein (die ersteren entsprechen den Einkommen, die bekanntlich von den allgemeinen Marktverhältnissen abhängen und die letzteren den renten-ähnlichen Einkommen im strengen Sinne). Wie immer man sie auch benennt, die durch diese Vorteile verursachten Einkommen sind ihren jeweils eigenen Gesetzen unterworfen, *die nichts mit den Gesetzen, die die Herkunft und das Niveau des »Profits aus Kapital« regeln, gemeinsam haben.* Es wäre nicht nur unwissenschaftlich, sondern auch unmöglich, diese zwei Einkommensarten gemeinsam zu betrachten[42], da der zwischen ihnen bestehende Unterschied nicht nur vordergründiger, sondern *grundsätzlicher* Art ist. Die tatsächliche Klassifizierung der Einkommen (in Profit aus Kapital und renten-ähnliche Einkommen) wirft nicht die geringste Schwierigkeit auf: Um zu entscheiden, welcher Art ein gegebenes Einkommen in jedem spezifischen Fall ist, ist lediglich zu erwägen, ob dieses Einkommen möglich wäre, wenn alle kapitalistischen Unternehmer unter *vollkommen identischen Bedingungen* – sowohl in bezug auf die Produktion, als auch in bezug auf Verkauf und Konsumtion – stünden. Eine solche

---

42 Aus diesem Grund ist die Ausweitung des Begriffs der »Rente« (durch Rodbertus) auf »das gesamte Einkommen, das eine Person, ohne zu arbeiten, allein aufgrund von Besitzungen bezieht«, höchst irrational. (C. Rodbertus, *Zur Erkenntniss*, 1842, S. 64; *Zur Beleuchtung der socialen Frage*, Berlin, 1875, Bd. I, S. 32).

allgemein übliche Annahme schließt alle Möglichkeiten des Auftretens von renten-ähnlichen Profiten aus, und das einzig denkbare Einkommen im strengen wissenschaftlichen Sinne wird »Profit aus Kapital« sein (verstanden als eine bestimmte Form von Einkommen, die ihren eigenen Gesetzen folgt). Dies ist der Ansatz, den wir in unserer Analyse des »Profits aus Kapital« benutzt haben. Unter einer solchen Annahme gibt es keine Möglichkeit der Erzielung von Einkommen aus Kapital, wenn $r = 0$ (da alle Bedingungen für die Entstehung von renten-ähnlichen Einkommen von vornherein ausgeschlossen sind und »Profit aus Kapital« das einzig mögliche Einkommen aus Kapital ist).

Wir haben noch zu untersuchen, ob unsere Folgerung sich ändern würde (oder nicht), wenn wir Einkommen statt in Tauscheinheiten in *Gebrauchswerten*[43] (wie es tatsächlich jedes Wirtschaftssubjekt tut) berechnen. Zu diesem Zweck müssen wir die Summe des Gebrauchswerts (Nutzen) berechnen, die sich für ein bestimmtes Individuum als das von ihm in der Produktion verausgabte Produkt darstellt, und diese Summe von der Summe des Gebrauchswertes abziehen, die sich dem gleichen Individuum als Endprodukt der Produktion darstellt. Wenn wir der Einfachheit halber die tatsächliche Produktionsperiode als eine Zeiteinheit

43 [Es ist schwer, sich vorzustellen, was Dmitriev in diesem Abschnitt (bis zum Ende des zweiten Teils des Ersten Aufsatzes) erreichen will, wenn er Einkommen (und Inputs) in ›Gebrauchswerten‹ berechnet, wenn er nicht eine Situation gleichen marginalen und durchschnittlichen (kardinalen) Nutzens von Waren im Kopf hat *und* die interpersonale Addition von Nutzenniveaus zuläßt. Der schwächste Punkt seiner Analyse ist seine Kritik an Böhm-Bawerk, die davon ausgeht, daß es ausreicht, ›zu fordern, daß alle Leute gegenwärtige Güter im Vergleich mit zukünftigen in gleichem Maße überbewerten, so daß diese Überschätzung aufhört, eine Einkommensquelle zu sein.‹ In moderner Terminologie verlangt eine solche ›Überschätzung‹ nicht eine Substitutionsrate zwischen gegenwärtigem und zukünftigem Konsum, die gleich $(1 + r)$ ist (wobei r der Zinssatz ist), was immer die Beziehung zwischen dem gegenwärtigen Konsum c_0 und dem Konsum zu einem zukünftigen Zeitpunkt c_1 sein mag; »Überschätzung« würde interpretiert werden als $(1 + r) > 1$ für $c_0 = c_1$. Sogar wenn die Wirtschaftssubjekte denselben Grad von ›Überschätzung‹ zeigten, oder allgemeiner, wenn sie identische Präferenzfunktionen hätten, gäbe es bei individuell verschiedenen Ausstattungen gegenseitigen Gewinn aus dem Austausch. – Anm. von D. M. Nuti.]

annehmen, erhalten wir die Profitrate r, indem wir die vorher erhaltene Differenz durch die Summe des verausgabten Gebrauchswertes dividieren.

K sei der Gebrauchswert einer Einheit des Produkts a. Unter den angenommenen Produktionsbedingungen erhalten wir in diesem Fall für die Bestimmung von r:

(87) $\quad K = n_a a K (1 + r)^{t_a} + n_{a1} a K (1 + r)^{t_{a1}} + \ldots$
$\quad \quad \text{oder} \quad 1 = n_a a (1 + r)^{t_a} + n_{a1} a (1 + r)^{t_{a1}} + \ldots$

und daher $r = 0$, wenn $n_a a + n_{a1} a + \ldots = 1$. Dies gilt aber nur, solange wir annehmen, daß *der Gebrauchswert einer Einheit eines gegebenen Produktes* – wenigstens innerhalb der vorhandenen Grenzen ökonomischer Kalkulation – *für das betreffende Individuum eine Konstante ist.* Dies entspricht jedoch nicht der Wirklichkeit: Der Gebrauchswert eines gegebenen Produkts ist für ein bestimmtes Individuum eine *Funktion der Zeit.* Auf dieser Basis versucht Böhm-Bawerk in seinem Werk *Kapital und Kapitalzins* eine unabhängige Theorie des Kapitalprofits (das heißt unabhängig von den Produktionsbedingungen) zu konstruieren. Er bemerkt dort: »Gegenwärtige Güter sind in aller Regel mehr wert als künftige Güter gleicher Art und Zahl. Dieser Satz ist der Kern- und Mittelpunkt der Zinstheorie, die ich vorzutragen habe.«[44]

---

44 E. v. Böhm-Bawerk, *Kapital und Kapitalzins*, Zweite Abteilung: Positive Theorie des Kapitals, 4. Auflage, Jena 1888; unveränderter Nachdruck, Meisenheim/Glan 1961, S. 318. Böhm-Bawerk nennt die drei wichtigsten »Überschätzungen« von heutigen Gütern. Nur der zweite dieser drei Fälle (die Differenz zwischen dem Gebrauchswert heutiger und zukünftiger Güter) ist ein wesentlich neuer Faktor, der eine Grundlage für die Konstruktion einer unabhängigen Theorie »des Ursprungs von Profit auf Kapital« liefern kann. Böhm-Bawerk formuliert den zweiten Grund folgendermaßen: »Wir unterschätzen systematisch unsere künftigen Bedürfnisse und die Mittel, die zu ihrer Befriedigung dienen« (S. 332). »Die Tatsache also besteht ohne Zweifel. Warum sie besteht, ist schwer zu sagen« (S. 333). Böhm-Bawerk nennt anschließend drei Gründe für diese Tatsache. »Ein erster Grund scheint mir in der Lückenhaftigkeit der Vorstellungen zu liegen, die wir uns von unserem künftigen Bedürfnisstande bilden. ... Während dieser Grund auf einen eigentlichen Schätzungsfehler hinausläuft, scheint mir ein zweiter Grund auf einem Willensfehler zu beruhen. Wie ich glaube, kommt es nämlich häufig vor, daß jemand, vor die

Es läßt sich unschwer zeigen, daß, obwohl Böhm-Bawerk die Quelle des »Profits aus Kapital« aufzeigen wollte, er in Wirklichkeit nur eine neue Quelle eines renten-ähnlichen Differentialeinkommens angab. Tatsächlich brauchen wir nur anzunehmen, daß alle Leute heutige Güter gegenüber künftigen Gütern *in gleichem Maße* »überschätzen«. Diese Überschätzung ist dann keine Einkommensquelle.

Nehmen wir also an, ein Individuum A gebe einem Individuum B einen Betrag von 100 Rubel, der ein Jahr später mit Zins zurückgezahlt werden muß. Das Verhältnis der Nützlichkeit eines Rubels heute zu der eines Rubels nach einem Jahr sei 2:1; bezeichnen wir diese Nützlichkeiten mit K_p und K_f, dann haben wir $K_p:K_f = 2:1$, und daher $K_f = \frac{1}{2} K_p$. Falls B damit einverstanden ist, am Ende des Jahres 200 Rubel zu geben, dann beträgt sein Einkommen aus dieser Transaktion, ausgedrückt in Gebrauchswerten:

(88) $\quad 100K_p - 200K_f = 100K_p - 200 \cdot \frac{1}{2} K_p = 100K_p - 100K_p = 0.$

Hätte er am Ende des Jahres mehr als 200 Rubel zurückzahlen müssen, würde sein Einkommen negativ. Deshalb ist 200 Rubel der höchste Betrag, den B im allgemeinen dem Gläubiger A zurückzahlt. Überlegen wir, wie hoch das Einkommen von A bei diesem höchsten Betrag von 200 Rubeln, die B ihm zurückzahlen würde, ist. Da wir annehmen, daß keine der vertragschließenden Parteien A und B in der Konsumtionssphäre einen Vorteil gegenüber der anderen hat, sind die Koeffizienten K_p und K_f für beide dieselben. Folglich wird auch der von der vertragschließenden Partei A erhaltene Profit $100K_p - 200K_f = 100K_p - 100K_p = 0$ sein.

Eine Transaktion zwischen A und B unter Bedingungen, die die Möglichkeit der Entwicklung einer Rente ausschließen, eröffnet deshalb keiner der vertragschließenden Parteien einen Vorteil; es läßt sich weiterhin unschwer beweisen, daß *unter solchen Bedin-*

Wahl zwischen einem gegenwärtigen und einem künftigen Genuß oder Leid gestellt, sich für die geringere gegenwärtige Freude entscheidet, obwohl er genau weiß und im Moment der Wahl sogar ausdrücklich daran denkt, daß die Einbuße für die Zukunft die größere, und daher seine Wahl für die Wohlfahrt im Ganzen unvorteilhaft ist« (S. 333). »Endlich scheint mir noch als dritter Grund mitzuwirken die Rücksicht auf die Kürze und Unsicherheit unseres Lebens« (S. 334).

gungen ein Vorteil vollkommen unmöglich ist, angenommen natürlich, die vertragschließenden Parteien werden in ihrem Verhalten von einem korrekten wirtschaftlichen Kalkül geleitet.
Auch wenn eine gegebene Handlung kein Risiko einschließt, ist in der Tat korrekte wirtschaftliche Kalkulation unvereinbar mit irgendeiner ökonomisch zwecklosen Aktion (das heißt einer Aktion, als deren Ergebnis die Gewinne nicht das eingegangene Opfer übersteigen, da jede Handlung beständig irgendeine Verausgabung von Energie bedeutet, die man sonst für etwas anderes mit größerem Gewinn oder größerer Befriedigung verwenden könnte). Aber jede Wertübertragung zwischen verschiedenen Parteien schließt *immer* ein Risiko ein. Es gibt keinen Grund, sich diesem Risiko auszusetzen, wenn die Transaktion nicht *lohnend* ist. Deshalb verstößt diese Wertübertragung unter solchen Bedingungen gegen die ökonomische Kalkulation einer vertragschließenden Partei, die in gutem Glauben handelt. Folglich kann unter Bedingungen, die die Möglichkeit des Auftretens von Rente ausschließen, eine Überbewertung von heute verfügbaren Gütern keine unabhängige Quelle von Profit auf Kapital sein. Deswegen kann, wenn die Produktionsbedingungen den Annahmen am Anfang dieses Abschnittes entsprechen, Profit auf Kapital nicht vorkommen, in welchen Einheiten auch immer das Gleichgewicht des wirtschaftlichen Vorgangs berechnet wird (Gebrauchswert- oder Tauschwerteinheiten).
Alles bisher Gesagte ist vollständig in die Theorie Launhardts eingegangen, in der er, einige Jahre vor dem Erscheinen des zweiten Bandes von *Kapital und Kapitalzins* (in dem Böhm-Bawerks eigene Auffassungen dargelegt sind), eine Theorie des Profits aus Kapital auf der gleichen Grundlage wie Böhm-Bawerk zu konstruieren versuchte.[45]
Obwohl die von Böhm-Bawerk behauptete »Überschätzung« der

---

45 Vgl. Launhardt, *Mathematische Begründung der Volkswirthschaftslehre* (1885): »... dass ein Genuß um so weniger hochgeschätzt wird ..., je entfernter der Zeitpunkt liegt, in welchem er geerntet werden kann« (S. 5); »... dass ein für die Zukunft mit voller Sicherheit in Aussicht gestellter Genuß zu einem geringeren Werthe geschätzt wird als der gleiche in der Gegenwart ausnutzbare Genuß« (S. 6). Diese Hypothese wird anschließend auf den Zinssatz bezogen: »Der Zins ist die Entschädigung für das Warten auf einen Genuß oder für die zeitweise Verzichtleistung auf einen Genuß« (S. 7).

gegenwärtigen Güter im Vergleich mit künftigen Gütern nichts Neues zur Theorie der Entstehung des Profits und seiner Höhe beiträgt, ist sie unter den *gegebenen* Produktionsbedingungen trotzdem ein bedeutender Faktor für die Kapitalakkumulation. (Für eine detaillierte Analyse dieser Frage siehe Launhardt 1885, S. 67-69).

3. Die Theorie der Monopolpreise

Ricardo schenkt den Gesetzen, die die Preise der knappen Produkte bestimmen, kaum Beachtung. Ebensowenig findet man in seinen Schriften eine klare Unterscheidung zwischen knappen Produkten im eigentlichen Sinne und Monopolprodukten (deren Menge von der Person, in deren Händen die Produktion dieses Produktes ausschließlich konzentriert ist, willkürlich beschränkt wird).

Wir werden den ersten Fall *en passant* erörtern, wenn wir die Gesetze analysieren, die den Preis der unter vollkommenem Wettbewerb produzierten Güter bestimmen. Den zweiten Fall, der für sich selbst genommen interessant ist, werden wir sofort betrachten. Wir werden im folgenden sehen, daß man nicht zu einer wissenschaftlichen Kritik der Wettbewerbstheorie gelangt, ohne daß dieses Problem zufriedenstellend gelöst ist.

Wie sollte ein Monopolist, der nach dem größten Vorteil strebt, über die Höhe seiner Produktion entscheiden?

A. Smith behauptete, daß ein Monopolist das Angebot so weit einschränkt, bis er den höchsten Preis für seine Güter erhält, den der Verbraucher zu zahlen bereit ist. Man erkennt leicht, daß ein solches Vorgehen nicht in Übereinstimmung mit dem Streben nach dem größten Vorteil steht. Ein hoher Preis sichert nämlich nicht etwa einen höheren Gewinn. Dies würde nur dann der Fall sein, wenn Preis und verkaufte Menge voneinander unabhängige Variablen wären. Dies trifft jedoch in der Praxis nicht zu, und der Preis ist dort in jedem Fall eine Funktion der verkauften Menge.

Wenn wir die innerhalb einer Zeiteinheit verkaufte Menge mit D und den Preis mit p bezeichnen, dann gilt $p = f(D)$. Die Produktionskosten pro *Einheit* seien nun u. Abgesehen von der Sorte von Produkten, die wir im nächsten Abschnitt betrachten werden, ist dieser Betrag von der produzierten Menge unabhängig und kann als konstant angenommen werden. In diesem Fall ist der gesamte Profit des Monopolisten pro Zeiteinheit durch

(89) $D \cdot f(D) - D \cdot u$

gegeben.

Falls die Menge D von einem einzelnen Individuum (dem Monopolisten) aufgrund einer korrekten wirtschaftlichen Kalkulation bestimmt wird, dann wird er sie so festlegen, daß der Wert des Ausdrucks $[D \cdot f(D) - D \cdot u]$ so groß wie möglich ist. D ist durch folgende Gleichung bestimmt:

(90) $d(D \cdot f(D) - D \cdot u) = 0.$

Bevor wir die Analyse fortsetzen, wollen wir zuvor die Beziehung zwischen Preis und verkaufter Menge (ausgedrückt durch die Funktion f) genauer betrachten. Eine ausgezeichnete Analyse dieser Frage findet sich bei Cournot.[46]

Dennoch sind wir in der Lage, anschaulichere mathematische Techniken anzuwenden. Statt wie Cournot die verschiedenen Werte von D auf der Abszisse, können wir das Produkt pD auf der Ordinate abtragen; in diesem Fall lautet die Kurvengleichung:

(91) $Y = D \cdot f(D) = F(D).$

Wenn wir D gleich Null setzen, dann erhalten wir $Y = 0$. Durch sukzessive Vermehrung von D gelangen wir schließlich zu einem Wert von D, bei dem Y wiederum Null wird; dies erfolgt für $f(D) = 0$. Da die Nachfrage nach jedem Produkt beschränkt ist und da niemand Geld für ein Produkt ausgeben würde, das er überhaupt nicht braucht (und es nicht mehrere Preise für ein Produkt auf dem Markt geben kann), wird der Preis des Produkts bei einem *endlichen* Wert von D[47] gegen Null gehen. Die durch

---

46 A. Cournot, *Recherches sur les principes mathématiques de la théorie des richesses,* Paris, 1838, Kap. 4; englische Übersetzung von N. T. Bacon, *Researches into the Mathematical Principles of the Theory of Wealth,* New York 1897.

47 Für den Moment wird dies als empirische Tatsache betrachtet. Für die *Erklärung* dieser Tatsache wird der Leser auf den dritten Aufsatz verwiesen, wo es eine ausführliche Analyse von $f(D)$ gibt. [Dieser dritte Aufsatz wurde nicht ins Deutsche übersetzt. Vgl. V. K. Dmitriev, *Economic Essays on Value, Competition and Utility,* a.a.O., S. 179-211, bzw. V. Dmitriev, *Essays économiques,* a.a.O., S. 205-243.]

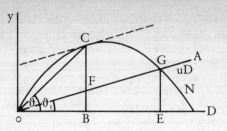

Abb. 1

die Gleichung $Y = F(D)$ definierte Kurve wird daher wie in Abbildung 1 verlaufen. Falls die Verkäufe D als Abszisse und die Kosten Du als Ordinate angenommen werden, erhalten wir eine Gerade OA, die mit der Abszissenachse einen Winkel bildet. Der senkrechte Abstand zwischen der Kurve ON und der Geraden OA wird den Nettoprofit für jedes Produktionsniveau angeben. Dieser Abstand wird in dem Punkt auf der Kurve ON am größten sein, in dem die Parallele zur Geraden AO Tangente an ON wird. Falls dieser Punkt C ist, dann entspricht die Menge, die das größte Nettoeinkommen abwirft, dem Abszissenabschnitt OB; der entsprechende Preis wird dem Tangens des Winkels ϑ gleich sein (das heißt gleich BC/OB).

Wenn der Monopolist seinen Vorteil richtig einzuschätzen weiß, wird er daher diesen Preis setzen. Würde dasselbe Gut bei freiem Wettbewerb produziert, dann würde die Produktion so weit ausgedehnt, bis der Marktpreis des Produktes genau den notwendigen Produktionskosten entspräche (dies wenigstens behauptet die Theorie Ricardos, und wir werden später sehen, ob es zutrifft). Diese Gleichheit träte ein, wenn die produzierte Menge gleich OE ist; in diesem Fall wäre der Preis einer Einheit gleich dem Tangens des Winkels ϑ_1, und immer kleiner als der Tangens des Winkels ϑ, wie aus Abbildung 1 deutlich wird.

4. Ricardos Rententheorie

Wir werden an dieser Stelle nicht die Rententheorie im allgemeinen analysieren, sondern uns mit der Rententheorie Ricardos nur in dem Maße beschäftigen, wie sie ein Element seiner allgemeinen Werttheorie bildet (aus diesem Grund werden wir uns beispielsweise weder mit der Frage der Bedeutung der Landrente und der historischen Reihenfolge der Urbarmachung von Landstücken verschiedener Qualität für seine Theorie beschäftigen noch damit, ob die Rente notwendigerweise einen stetig wachsenden Produktanteil beansprucht, wenn die Bevölkerung wächst; zum Verständnis der Theorie Ricardos ist es nicht einmal nötig, sich vorzustellen, die Rente sei mit einer bestimmten Reihenfolge der Urbarmachung von Landstücken verbunden).[48] Obwohl Ricardo selbst nicht einmal die die Rente bestimmenden Gesetze für einen Spezialfall des Erscheinens dieser Einkommensart (nämlich für den Fall der Boden- und der Bergwerksrente, siehe Ricardos *Principles*, Kap. 2 und 3) erhellt, ist seine Theorie dennoch für alle möglichen Fälle des Vorkommens renten-ähnlicher Einkommen von allgemeiner Bedeutung.[49] Ju. Žukovskij schreibt:

»Nach der Theorie Ricardos ist die grundsätzliche Bedingung für das Entstehen von Rente keinesfalls der folgerichtige Übergang der Bebauung von irgendwelchen Landstücken auf andere, sondern das allgemeine Gesetz des *Ausgleichs der Profite*. Nach diesem Gesetz können nicht das gleiche Kapital und die gleiche Arbeitsmenge in der gleichen Produktion unterschiedliche Profite abwerfen, da der Wettbewerb dazu führen wird, diese Profite, falls sie vorkommen können, auszugleichen. Wenn dieses Gesetz nicht nur für verschiedene Produktionszweige, sondern auch für den gleichen Produktionszweig gültig ist, dann folgt zwingend, daß sich alle Profitdifferenzen zugunsten des Monopolisten mit der billigsten Methode und, im besonderen Falle, des Landbesitzers verringern. Dies ist der Prozeß, durch den die Rente bestimmt wird.«[50]

48 Vgl. K. McKean, *Manual of Social Science*, Philadelphia, 1864, das eine Verdichtung der *Principles of Social Science* von H. C. Carey, Philadelphia und London 1837/1838, 2 Bde. ist. Carey bemerkt, daß Ricardos gesamte Theorie auf der Voraussetzung beruht, daß anfangs nur fruchtbarer Boden bebaut wurde, als die Bevölkerung klein war, und es folglich überschüssiges Land gab.

49 Die Behauptung A. Miklaševskijs, daß ›das *Gesetz* der Rente auf in der verarbeitenden Industrie eingesetztes Kapital sich *grundsätzlich* von dem *Rentengesetz im allgemeinen* unterscheidet‹, beweist nur, daß der Autor den Begriff eines wissenschaftlichen ›Gesetzes‹ nicht ausreichend verstanden hat. (Er verwechselt das Gesetz selbst mit den Bedingungen, unter denen sich seine Wirkung offenbart.) Vgl. A. Miklaševskij, *Geld. Eine Untersuchung der Grundaussagen der klassischen Schule der ökonomischen Theorie* (in russ. Sprache), S. 246 f.

50 Ju. Žukovskij, *Eine Geschichte der politischen Theorien des 19. Jahrhunderts*, a.a.O., S. 318.

Ricardo selbst war sich dessen wohl bewußt, als er behauptete: Hätten Luft, Wasser, Dampfkraft und Atmosphärendruck verschiedene Qualitäten, könnten sie angeeignet werden, und existierte jede Qualität nur in begrenzter Menge, dann würden sie mit der Inanspruchnahme aufeinanderfolgender Qualitäten, genauso wie der Boden, eine Rente abwerfen. Diese würden dann den gleichen Gesetzen wie die Bodenrente unterliegen.[51]

Wir werden hier nicht die allgemein bekannte Rententheorie Ricardos wiederholen, sondern uns sofort einer sorgfältigen Analyse zuwenden (eine ausgezeichnete Untersuchung findet sich in Žukovskijs Buch, auf das bereits hingewiesen wurde). In unserer Untersuchung werden wir das Theoriegebäude von Auspitz und Lieben[52] mit einbeziehen. Obwohl Auspitz und Lieben nicht besonders an der Rententheorie interessiert waren, liefern ihre Beweisführungen dennoch ausgezeichnetes Material für eine Analyse dieses Phänomens, weil sie in einer *allgemeinen* Analyse des Wertphänomens der Produktionskostenkurve in willkürlicher und vollkommen falscher Weise gerade die Gestalt geben, die für Produktionszweige, *die Rente abwerfen*, angemessen ist. Diese willkürliche Annahme, die ihren Folgerungen hinsichtlich der Frage des Wertes jegliche Allgemeinheit entzieht, versetzt uns in die Lage, ihre Konstruktionen für eine Analyse des Rentenphänomens zu benutzen.

»Konstruiren wir nun ein Koordinatensystem (Abbildung 2), dessen Abszissen Mengen des Artikels A und dessen Ordinaten Geldbeträge bedeuten. Tragen wir dann die verschiedenen, möglichen Jahresproduktmengen horizontal und die entsprechenden Herstellungskosten vertikal auf, so erhalten wir eine Reihe von Punkten, die verbunden, die Kurve OA darstellen, welche wir die Kurve der gesamten Herstellungskosten oder die Gesamtkostenkurve nennen« (ebd., S. 6).

---

51 Ricardo, *Principles*, Kap. 2, s. 75 der Sraffa-Ausgabe. Buchanan bemerkt ganz richtig, als er A. Smith kommentiert, daß das Zusatzeinkommen, das derjenige erhält, der Besitzer irgendeines Industriegeheimnisses ist, im Kern eine Rente ist, die von denselben Gesetzen bestimmt wird wie die Grundrente oder irgendeine andere Rente. Vgl. Buchanan, *Observations on the Subjects Treated of in Dr. Smith's Inquiry into the Nature and Causes of the Wealth of Nations*, Edinburgh 1814, S. 39-41.
52 Auspitz und Lieben, *Untersuchungen über die Theorie des Preises*, 1889.

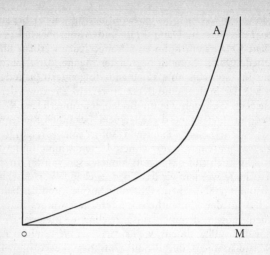

Abb. 2

Die Kurve *OA* hat folgende Eigenschaften: (1) Ihr Ausgangspunkt ist der Koordinatenursprung, (2) sie ist steigend, (3) sie hat eine Asymptote, die parallel zur Ordinate verläuft (die letzte Annahme ist gleichbedeutend damit, daß es für jede Produktion eine Grenze gibt, über die hinaus die Produktion sich nicht steigern läßt, gleichgültig, wie groß die Ausgaben sind), und (4) die Kurve ist durchgängig konvex, das heißt, jede aufeinanderfolgende Tangente ist weniger zur Ordinate geneigt als alle vorangegangenen. Folglich verursacht eine Steigerung der Produktion desto größere Steigerungen der Kosten, je höher die jährliche Produktion ist, zu der die Steigerung addiert wird.

In Abbildung 3 sei *OA* die Kostenkurve und *OQ* bezeichne

»die in einem Jahr tatsächlich erzeugte und umgesetzte Menge des betrachteten Artikels *A*. So können wir uns dieselbe in eine Anzahl kleiner gleicher Theile zerlegt denken. Jedes dieser kleinen Theilchen wird, da die ganze Menge zu einem und demselben Preis verkauft wird, auch den gleichen Erlös bringen. Die Herstellungskosten sind aber verschieden; denn jedes weitere Theilchen verursacht grössere Herstellungskosten als das vorhergehende. Wenn die Produzenten sich veranlasst sehen sollen, die ganze Menge *OQ* zu erzeugen, so muss der Erlös des letzten Theilchens, das wir mit *ST* bezeichnen, mindestens so gross sein als die Mehrkosten, welche durch die Erzeugung dieses Theilchens verursacht werden; sonst unterbliebe notwendigerweise dessen Herstellung. Wäre

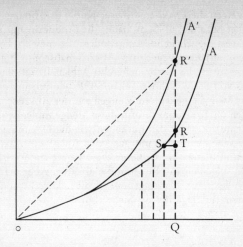

Abb. 3

dagegen der Erlös dieses Theilchens grösser als die Kosten, die es verursacht, so würden die Produzenten durch die zwischen ihnen herrschende freie Konkurrenz dahin geführt werden, ihre Erzeugung noch weiter zu vermehren. Da wir nun angenommen haben, dass der Zustand ein stabiler sei und OQ die angemessene Jahresmenge darstelle, so müssen die Kosten TR die zur Herstellung des letzten, wirklich produzierten Theilchens ST erforderlich sind, dem Erlöse genau gleich sein. Die Länge TR stellt somit den Erlös des letzten Produkttheilchens ST dar. Da aber nur *ein* Preis besteht, der für die ganze Jahresmenge OQ, ebenso wie für deren letztes Theilchen ST gilt, so muss sich die Jahresproduktmenge zu ihrem Gesamterlöse verhalten wie ST zu TR. Ziehen wir nun durch den Nullpunkt eine Parallele zu dem Kurvenstück SR, welches wir als geradlinig betrachten können, wenn wir die Theilchen, in welche die Jahresmenge zerfällt, klein genug gewählt haben, und das uns dann die Tangentialrichtung der Kostenkurve im Punkte R angibt. Diese Parallele schneidet die verlängerte Ordinate des Punktes R in R', und die Länge QR' gibt uns den Gesamterlös, der obiger Proportion entspricht und den die Produzenten erreichen müssen, damit sie sich veranlasst sehen, die Menge OQ zu erzeugen. Führen wir dann dieselbe Konstruktion für jede andere Jahresmenge, von der kleinsten bis zur grössten, durch, so erhalten wir eine Reihe von Punkten, die eine neue Kurve OA' darstellen ...«
»... die Ordinaten dieser Kurve bezeichnen die Geldbeträge, gegen welche die durch die Abszissen angegebenen Jahresproduktmengen wirklich angeboten werden. Wir nennen daher diese Kurve die Gesamtangebotskurve« (ebd., S. 12-14).

Folglich zeigen die Ordinaten dieser Kurve den Betrag, den die Verbraucher bezahlen müßten, damit die Produktmenge auf dem Markt (das ist die jährliche Menge, oder, allgemeiner, die Menge pro Zeiteinheit) dem gegebenen Abszissenabschnitt entspricht. Der Betrag, den die Verbraucher zu zahlen bereit sind, wird seinerseits von der von ihnen gekauften Produktmenge abhängig sein. Wenn wir die gekauften Mengen auf der Abszisse und den Betrag, den die Konsumenten für diese Menge zahlen wollen, auf der Ordinate abtragen, dann erhalten wir die Gesamtnachfragekurve, die schon in der vorangegangenen Analyse benutzt wurde. (Auspitz und Lieben konstruieren diese Kurve anders, indem sie sie aus der allgemeinen Nutzenkurve ableiten. Aber die Gestalt, die sie der letzteren Kurve geben, ist nicht korrekt und es gibt keine Datengrundlage für sie. Siehe ebd., S. 14-16.)

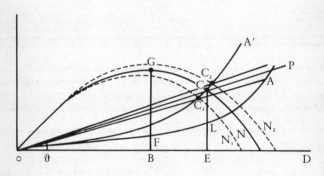

Abb. 4

Wenn freier Wettbewerb vorherrscht, sollte nach der Theorie Ricardos die Produktion auf dem Niveau OE (siehe Abbildung 4) festgesetzt werden, bei dem – wie die Abbildung zeigt – der für eine Produkteinheit bezahlte Marktpreis (gleich dem Tangens des Winkels ϑ) gleich den Produktionskosten der letzten produzierten Produkteinheit (das heißt die mit den höchsten Kosten produzierte Einheit) ist (es ist aus der Konstruktion ersichtlich, daß diese Kosten auch gleich dem Tangens des Winkels ϑ sind).

Die Richtung der Preislinie OP wird durch den Schnittpunkt der

Kurven OA' und ON bestimmt. Infolgedessen wird auch der Produktpreis (der gleich dem Tangens des von der Linie OP und der Abszisse gebildeten Winkels ist) von der Form *beider* Kurven abhängen und deshalb *können* – wie von Ricardo behauptet wurde – *Produktionsbedingungen allein zu seiner Bestimmung nicht ausreichen.*

Folglich liefert uns Ricardo eine einwandfreie Analyse des Gesetzes, das den Wert der Produkte bestimmt, wenn einzelne Mengen dieser Produkte mit verschiedenen Produktionskosten produziert werden (insbesondere mit verschiedenem Arbeitsaufwand, wenn Produktionskosten allein auf Arbeit reduziert werden können). Diese Analyse beweist aber sicherlich nicht – wie Ricardo annimmt –, daß der Wert solcher Produkte nicht letztlich doch von den Angebots- und Nachfragebedingungen abhängig ist, und daß der Wert sich auf einem ausschließlich von Produktionsbedingungen bestimmten Niveau einpendelt. Wir haben im Gegenteil gesehen, daß jede Veränderung in den Angebots- und Nachfragebedingungen (die zuletzt zu einer Veränderung im Konsumtionsbereich führt; dies wird ersichtlich werden, wenn wir die Nachfrage im dritten Essay[53] analysieren werden) unvermeidbar zu einer Variation im Produktpreis (= Wert, ausgedrückt in Form irgendeines Produktes, dessen eigener Wert als konstant angenommen wird) führt. Dies ist selbst dann der Fall, wenn alle Produktionsbedingungen (die nicht von ökonomischer Kalkulation, sondern nur von dem Stand der Technik und von der Verfügbarkeit der verschiedenen natürlichen Produktionsfaktoren abhängen), unverändert geblieben sind.

Alles, was wir vorher in bezug auf das von Ricardo eingeführte Wertgesetz für Produkte, deren einzelne Mengen mit *verschiedenen* Produktionskosten hergestellt werden, ausgeführt haben, ist auch auf die Theorie vollständig anwendbar, die den Wert der Produkte durch die Menge der für ihre Produktion gesellschaftlich notwendigen Arbeit bestimmt. Indem wir den Wert zur Menge *gesellschaftlich notwendiger* Arbeit in Beziehung setzen, macht diese Theorie in der Tat den Wert *von den Angebots- und Nachfragebedingungen* (letztlich von den Konsumtionsbedin-

---

53 [Vgl. V. Dmitriev, »Théorie de l'utilité marginale«, in: *Essays économiques*, a.a.O., S. 205-243, bzw. V. Dmitriev, »The Theory of Marginal Utility«, in: *Economic Essays*, a.a.O., S. 179-211.]

gungen) abhängig⁵⁴ (wie wir bei der Analyse der Rententheorie Ricardos gesehen haben).

Um die Menge »gesellschaftlich notwendiger« Arbeit von den Nachfrage- und Angebotsbedingungen zu befreien, versuchen einige Verteidiger dieser »entwickelten« Form der Arbeitswerttheorie, *die Menge der gesellschaftlich notwendigen Arbeit mit der durchschnittlichen Menge,* die in der Produktion verwendet wurde, gleichzusetzen. Ein solcher Versuch bedeutet jedoch eine Negierung all dessen, was Ricardo geleistet hat, um die Gesetze zu klären, die den Wert jener Produkte bestimmen, deren einzelne Mengen mit unterschiedlichen Produktionskosten hergestellt werden. Denn die Analyse Ricardos läßt keinen Zweifel darüber aufkommen, daß der Warenwert durch die Arbeitsmenge bestimmt wird, die in ihre Produktion *nicht unter durchschnittlichen, sondern unter den ungünstigsten Produktionsbedingungen* einging.

Nur in dem *außerordentlichen Spezialfall,* in dem in einem gegebenen Sektor die Summe der positiven Rente gleich der Summe der negativen Rente wäre, könnte die Menge der gesellschaftlich notwendigen Arbeit der durchschnittlichen Arbeitsmenge gleichgesetzt werden (eine negative Rente kann nur in außergewöhnlichen Fällen vorkommen und zwar nur dann, wenn sich das Produktionsniveau über die Grenze hinaus ausdehnt, an der die am ungünstigsten gestellten Unternehmer sämtliche Produktionskosten durch den Produktpreis decken. Denn in diesem Fall werden die Unternehmer daran gehindert werden, von weniger profitablen zu profitableren Industriezweigen zu wechseln: Ricardo analysiert diesen Fall nicht, da er unverändert (*de jure* und *de facto*) vollkommene Mobilität der Unternehmer von einem Industriezweig zum anderen voraussetzt). Unsere Konstruktion und die entsprechende Analyse liefern alle Elemente, die zur Erklärung des Phänomens der negativen Rente nötig sind.

Nehmen wir an, alle *Produktions*bedingungen und folglich die Form der Kurven *OA* und der abgeleiteten Kurve *OA'* bliebe unverändert und unterstellen wir zudem der *ON*-Kurve, die

---

54 Da es nur die Bedingungen von Angebot und Nachfrage sind, die bestimmen, wieviel Arbeit in jedem besonderen Fall »gesellschaftlich notwendig« ist.

nicht von Produktionsbedingungen abhängt, verschiedene Verläufe, die mit einer gestrichelten Linie gekennzeichnet werden. Der Schnittpunkt der beiden Kurven wird dann verschiedene Werte C_1, C_2, C_3, ... annehmen und durch die Verbindung dieser Punkte mit O erhalten wir eine Reihe von Geraden OC_1, OC_2, OC_3, ...

Der Tangens des Winkels zwischen diesen Geraden und der Abszisse wird den Preis bezeichnen, der auf dem Markt bei freiem Wettbewerb für gegebene *Nachfrage*bedingungen durchgesetzt wird. Offensichtlich wird bei willkürlicher Veränderung der Form der Kurve ON auch der Produktpreis willkürlich variieren können. Deshalb gründet sich die Behauptung, der Preis werde durch die Produktionsbedingungen bestimmt, einfach auf einem Mißverständnis. Der Produktpreis unterliegt dem Einfluß aller Bedingungen, die auf die Form der Gesamtnachfragekurve einwirken. Daher wird jede Veränderung im Angebotsbereich, die den von Verbrauchern einem bestimmten Gut beigelegten Wert und folglich auch die Summe, die sie für den Gutserwerb zu zahlen bereit sind, beeinflußt, auch schließlich den auf dem Markt durchgesetzten Preis beeinflussen. Dieser Preis ist nur dann bestimmt, wenn die Gleichung der Kurve ON: $Y = F(D) = Df(D)$ gegeben ist, in der die Funktion f, die die Beziehung zwischen Preis und verlangter Menge ausdrückt, bekannt sein muß. Wie bei der Preisbestimmung läßt sich in diesem Fall folglich der Preis nicht unabhängig vom Verlauf der Funktion bestimmen, die den Preis als Funktion der verkauften Menge, $p = f(D)$, ausdrückt.

Wir haben gesehen, daß unter der Annahme der Stetigkeit beider Kurven sich die Produktion so einstellt, daß der Preis einer Produkteinheit auf dem Markt gleich den Produktionskosten der letzten produzierten Einheit ist. Die Situation sieht anders aus, falls (wie in der Realität) die Linie OA, die die Steigerung der Produktionskosten bei Anstieg der gesamten produzierten Menge bezeichnet, (wenigstens in einigen Punkten) unstetig ist, das heißt, falls die Tangenten an zwei Punkten, die unendlich nah beieinander liegen, einen Winkel mit endlicher Größe bilden. In diesem Fall ist durch die Bedingungen ihrer Konstruktion die Kurve OA' notwendig *unstetig*, und die Sprungstellen der Kurve OA' entsprechen den Sprungstellen der ursprünglichen Kurve OA (Abbildung 5).

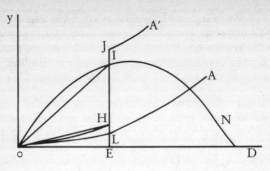

Abb. 5

Zum Beispiel: Wenn der Preis gleich dem Tangens des Winkels EOH ist, sei die produzierte Menge OE. Nehmen wir nun an, daß der Preis sofort um einen endlichen Betrag steigen muß, um die Zufuhr einer um einen unendlich kleinen Betrag größeren Menge auf dem Markt zu bewirken. Da die Kurve OA' die Form $OHJA'$ annimmt, wird in diesem Fall die Ordinate, die zu dem Abszissenabschnitt gehört, der um einen unendlich kleinen Betrag den Abschnitt OE übersteigt, um einen endlichen Betrag länger sein als die Ordinate EH. Offensichtlich kann unter solchen Bedingungen die Produktion die Menge OE nicht übersteigen, da sonst die Kosten der letzten produzierten Einheit (über OE hinaus) größer als der auf dem Markt für eine Einheit bezahlte Preis würden. Aus Abbildung 5 ist ersichtlich, daß der auf dem Markt erzielte Preis höher ist als die Kosten der letzten produzierten Einheit, wenn die Produktion OE beträgt; er wird um so viel größer sein wie EI größer als EH ist (da der Marktpreis einer Produkteinheit gleich dem Tangens des Winkels EOI ist, und die Produktionskosten der letzten produzierten Einheit gleich dem Tangens des Winkels EOH sind). Folglich ist das Gesetz, nach dem der Preis eines Produkts, dessen jeweilige Einheiten mit verschiedenen Produktionskosten hergestellt werden, gleich den Produktionskosten des unter den ungünstigsten Bedingungen produzierten Produktanteils ist, nur dann gültig, wenn $\Phi(Q)$, welches die Produktionskosten der letzten Einheit des produzierten Gutes als eine Funktion der gesamten produzierten Menge ausdrückt, eine *stetige* Funktion ist (das heißt, wenn jede unendlich kleine Vermehrung der Menge von einer unendlich kleinen Steigerung der Kosten der letzten produzierten Einheit begleitet wird).

In Wirklichkeit finden wir sowohl in der Landwirtschaft als auch in der verarbeitenden Industrie oft Beispiele von Unstetigkeit der Funktion Φ (Q). Besonders in letzterer wird nur in seltenen Fällen eine allmähliche Veränderung in Richtung einer zunehmend weniger effizienten Produktionsweise beobachtet. Nur wenn Rente *allein* auf unterschiedliche Entfernungen zwischen den Produktionsorten und dem Markt beruht (der Fall, der in allen Einzelheiten von Thünen untersucht wurde), kann die Kurve OA' tatsächlich als stetig angenommen werden und ist folglich das ricardianische Gesetz der Preise der Produkte, die Rente abwerfen, vollständig anwendbar.

Kehren wir nun zu unserer ursprünglichen Konstruktion (Abbildung 4) zurück. Das Segment CL drückt die Gesamtsumme der Rente aus, die von OE Produkteinheiten erbracht wird. Die Verteilung dieser Summe auf die einzelnen Produzenten hat überhaupt keine Bedeutung für die Höhe der Rente.

Die einzig wichtige Frage ist, ob ein gegebenes Gut unter der Bedingung freien Wettbewerbs oder des Monopols produziert wird. Im letzteren Fall wird in Übereinstimmung mit den Prinzipien des vorangegangenen Paragraphen das Produktionsniveau durch die Abszisse OB bestimmt. Wir erhielten dort die parallelen Tangenten an den Kurven ON und OA in den Punkten G und F, wo folglich der Abstand zwischen diesen Kurven (die den Bruttoerlös und die *tatsächlichen* Gesamtkosten der Produktion von OB Einheiten repräsentieren) am größten ist. Offensichtlich wird OB immer kleiner als OE sein; ebenso ist FG stets größer als CL, d. h., die vom Konsumenten über die tatsächlichen Kosten hinaus bezahlte Summe wird im Monopolfall größer als unter dem Einfluß freien Wettbewerbs sein.

Wie durch Abbildung 4 gezeigt wird, ist CL desto kleiner, je geringer die Krümmung der Kurve OA ist. Wenn die Kurve OA schließlich in eine Gerade übergeht, dann wird aufgrund der Bedingungen ihrer Konstruktion aus der Kurve OA *auch die Kurve OA' zu einer Geraden* und fällt mit OA zusammen. Dies geschieht, wenn die gesamten Produktionskosten der hergestellten Menge proportional werden, das heißt, *wenn alle Produkteinheiten mit den gleichen Kosten produziert werden*. In diesem Fall wird die Rente verschwinden (da der senkrechte Abstand zwischen den Kurven OA und OA' Null sein wird). Das nächste Kapitel wird einer Untersuchung dieses Falles gewidmet sein.[55] Wir haben gerade gezeigt, daß, wenn der Preis die Rente einschließt, die Produktionskosten nicht als alleiniger Regulator des Wertes eines Produkts angesehen werden können und daß jede Veränderung auf der Nachfrageseite (unabhängig von Produktionsbedingungen) auch den Preis eines solchen Produktes verändert, selbst wenn keine Veränderungen in den Produktionsbedingungen eingetreten sind. Dieser Einwand gegen die Produktionskostentheorie gilt nicht, wenn die Produktionskostenkurve zu einer Geraden wird. Die Gerade *OA* sei die Produktionskostenlinie und die Kurve *ON* sei weiterhin die Nachfragekurve. Wie Ricardo behauptet, wird unter der Annahme freien Wettbewerbs in diesem Fall die *Produktion so lange ausgedehnt, bis der auf dem Markt gezahlte Preis nicht mehr ausreicht, um die wesentlichen Produktionskosten zu decken.* Folglich wird die produzierte Menge *OE* sein (Abbildung 6). Der Preis einer Produkteinheit wird *EC/OE*, das heißt, er wird gleich dem Tangens des Winkels ϑ sein.

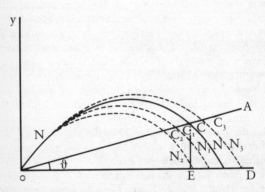

Abb. 6

Unterstellen wir jetzt der Kurve *ON* verschiedene Verläufe, die wir mit gestrichelten Kurven darstellen. Es ist klar, daß der Preis immer gleich dem Tangens des Winkels ϑ sein wird. Veränderun-

55 [Vgl. Anm. 15a.]

gen in den Nachfragebedingungen beeinflussen den Preis so lange nicht, bis Veränderungen in den Produktionsbedingungen auftreten, das heißt, bis der Verlauf der Geraden *OA* sich ändert. Folglich ist der Preis *offensichtlich* in diesem Fall *ausschließlich* durch die Produktionskosten bestimmt.[56]

Dies wäre der Fall, falls die von Ricardo aufgestellte und von uns oben durch Hervorhebung kenntlich gemachte Annahme tatsächlich zutreffend wäre.

---

[56] Hier und an anderer Stelle unserer Betrachtung der Werttheorie Ricardos sprechen wir unverändert von *Produktions-* statt von *Reproduktions*kosten, weil wir der Einfachheit der Analyse halber nach wie vor annehmen, daß in der Zeit zwischen der Produktherstellung und seinem Verkauf keine Veränderungen in den technischen Bedingungen eines gegebenen Industriezweiges stattfinden. Dies bedeutet jedoch nicht, daß Ricardo in seiner Theorie die Wirkung technischen Fortschritts auf den Wert bereits *produzierter, aber noch nicht verkaufter Vorräte* nicht mitberechnete und in Betracht zog. Im Gegenteil, nur jemand, der das Werk Ricardos gar nicht kennt, könnte vermuten, daß Carey in diesem Punkt eine bedeutende Korrektur der Werttheorie Ricardos vorgenommen hat. (Vgl. den Kommentar Zalesskijs, 1893, S. 244: »Es ist Careys Verdienst und von allen anerkannt, daß er die Aufmerksamkeit auf die Bedeutung der Produktionskosten lenkte.«) Es möge genügen, auf Kapitel 20 des Werks von Ricardo zu verweisen, wo er direkt sagt, daß jede technische Verbesserung, die die Arbeitsproduktivität in einer gegebenen Industrie erhöht, notwendigerweise auch eine »Wirkung auf den Teil der Güter, der noch nicht konsumiert und vor der Verbesserung produziert wurde, haben wird. *Der Wert dieser Produkte wird vermindert werden, Stück für Stück so lange, bis er auf dem Niveau der Güter liegt, die mit allen Vorteilen der Verbesserung produziert werden;* und die Gesellschaft wird ungeachtet der vermehrten Warenmenge, ungeachtet des vergrößerten Reichtums und ihrer größeren Mittel für Genüsse eine geringere Wertmenge besitzen. Indem die *Produktionsmethoden ständig verbessert werden, senken wir ständig den Wert einiger vorher produzierter Waren* ...« (Ricardo, *Principles*, Kap. 20, S. 274 der Sraffa-Ausgabe (Hervorhebungen hinzugefügt); vgl. auch Kap. 6, »On Profits«.

5. Ricardos Werttheorie begrenzt reproduzierbarer Güter (unter Anwendung von Arbeit und Kapital und ohne Berücksichtigung der Rente)

Wir haben gesehen, daß der Wert knapper Güter, das heißt, solcher Güter, deren Menge durch natürliche Bedingungen (knapp im eigentlichen Sinne) oder künstlich als Ergebnis monopolistischer Produktion begrenzt wird, nicht unabhängig von $F(D)$ bestimmt werden kann. Unter Konstanz aller anderen Faktoren wird jede Veränderung von $F(D)$, das heißt der Nachfragebedingungen, auch eine Veränderung im Wert des Guts zur Folge haben.

Wir haben weiter gezeigt, daß in der Theorie Ricardos die Eliminierung von $F(D)$ aus den Gütergleichungen (als wesentliche Produktionskosten bezogen auf die produzierte Menge unter Verwendung der Funktion $\Phi(Q)$) nur eine scheinbare und verbale ist. In Wirklichkeit kann der Wert dieser Güter nicht unabhängig vom Verlauf von $F(D)$ bestimmt werden, und somit hat, angenommen alle anderen Faktoren blieben gleich wie im vorhergehenden Fall der knappen Güter, jede Veränderung von $F(D)$ notwendigerweise eine entsprechende Variation im Wert dieser Güter zur Folge. Wir wollen jetzt abschließend den Ausdruck für den Wert der Güter erörtern, die mit Hilfe von Arbeit und unter Bedingungen, die die Möglichkeit des Auftretens einer Rente ausschließen, unbegrenzt reproduzierbar sind. Der Marktpreis der Güter dieser Kategorie ist, wie der Marktpreis aller Güter im allgemeinen, durch die ›Angebots- und Nachfragebedingungen‹ bestimmt (siehe Ricardo über Marktpreise, in: *Principles*, Kap. 4). Daher erhalten wir, wenn wir den Preis eines Gutes mit X_A bezeichnen, *ceteris paribus* $X_A = F(D_A)$, wobei D_A das »tatsächliche Angebot« (im Sinne Smiths) des Produkts A ist. Durch die Definition der betrachteten Güter ist offensichtlich, daß D_A beliebig zwischen 0 und $+\infty$ variieren kann. Welcher Wert wird nun für D_A durchgesetzt? Nach Ricardo ergibt sich für D_A letztlich $F(D_A) = u$, wobei u für die wesentlichen Produktionskosten des Produktes A steht. Durch unmittelbares Einsetzen erhalten wir $X_A = F(D_A) = u$. Der neue Ausdruck $X_A = u$ schließt $F(D_A)$ nicht länger ein und folglich ist X_A nicht länger *unmittelbar* von den »Angebots- und Nachfragebedingungen«

abhängig. Damit aber X_A vollkommen unabhängig von Marktbedingungen ist, ist es notwendig, daß auch die Größe von u unabhängig von diesen Bedingungen ist.
Die Analyse von Ricardos Werttheorie führte insgesamt zu der Folgerung, daß Ricardo tatsächlich der Ausschluß des Preiselements von den Produktionskosten und infolgedessen auch die Formulierung der Menge u unabhängig von den Nachfragebedingungen gelang (dies ist der wichtigste Unterschied zwischen Ricardos Werttheorie und der Smiths, die noch eines der Elemente der Produktionskosten, nämlich den Profit, zu den »Angebots- und Nachfragebedingungen«, das heißt dem Angebot und der Nachfrage von Kapital, in Beziehung setzen mußte). Deshalb werden wir, angenommen die Behauptung $F(D_A) = u$ treffe zu, für die Art der Güter, die wir hier betrachten, einen Wertausdruck erhalten, der von Marktbedingungen unabhängig ist und *ausschließlich* durch »objektive« Produktionsbedingungen bestimmt wird. Auf welcher Grundlage hält Ricardo die Annahme $F(D_A) = u$ für plausibel, was bedeutet, daß das tatsächliche Angebot eines unter freiem Wettbewerb ohne natürliche Grenzen produzierten Gutes A sich bis zu dem Punkt ausdehnt, an dem der Marktpreis gerade die wesentlichen Kosten deckt? Warum ist es nicht möglich, statt D_A eine Menge D_{AO} durchzusetzen, für die $F(D_{AO}) > u$ gilt und die Produzenten somit noch einen Überschuß über die Produktionskosten hinaus erzielen? Bezüglich dieser Frage findet sich bei Ricardo nichts Neues; er erkennt die Theorie Smiths, die wir oben schon dargelegt haben, als wahr an. Smith und Ricardo argumentieren wie folgt: Wenn der Produktpreis in einer Industrie A die Produktionskosten überschreitet, dann erzielen die Produzenten dieser Industrie mehr Profit aus ihrem Kapital als die Produzenten anderer Industrien. Dieser Überschuß ist die Prämie, die die Produzenten anderer Industrien dazu zwingt, zur Produktion von A überzugehen; *als Folge davon wächst die Konkurrenz in der Industrie A und der Preis des Gutes A fällt.* Diese Preissenkung wird so lange andauern, bis die Zuwanderung der Produzenten aufhört. Der Zustrom neuer Produzenten dauert so lange an, bis der Anlaß für die Veränderung, d. h., der Vorteil, verschwindet. Was nicht der Fall sein wird, bevor $F(D_A) = u$; folglich wird das Sinken des Produktpreises von A andauern, bis $F(D_A) = u$, das heißt, bis der Produktpreis gleich den wesentlichen Produktionskosten ist.

Es gibt einen unbestreitbaren logischen Fehler in dieser Argumentation. Die Schlußfolgerung gilt nur, falls auch die stillschweigende Annahme erfüllt ist, daß »Wettbewerb die Preise senkt«.

Warum sollte eigentlich die Wanderung von neuen Produzenten zur Industrie A den Preis des Produkts A senken? Welcher Teil des in der gesamten Industrie A erzielten Nettoprofits von jedem Produzenten auch angeeignet wurde, es scheint, daß der günstigste Preis für jeden der ist, bei dem der gesamte Nettoprofit am höchsten ist.

Die Gesamtsumme des Profits einer gegebenen Industrie betrage bei dem Preis, der dem maximalen Nettoprofit entspricht (das heißt, bei einem monopolistischen Preis), 100 000 Rubel, und es gäbe 1000 isolierte Produzenten. Unter diesen Annahmen erhalten wir dann einen Profit von 100 Rubeln für jeden Produzenten. Bei jedem Preis, der *unter dem monopolistischen* liegt, wird die Gesamtsumme des Nettoprofits weniger als 100 000 Rubel sein und folglich wird jeder der 1000 konkurrierenden Produzenten einen Teil des Nettoprofits erhalten, der kleiner als 100 Rubel ist. Warum aber sollten die 1000 isolierten Produzenten sich zu einem Preis entschließen, der niedriger als der Monopolpreis ist, obwohl der niedrigere Preis *für jeden von ihnen weit weniger günstig als der Monopolpreis ist? Und welche Beziehung besteht überhaupt zwischen der Zahl der konkurrierenden Individuen und dem Preis?*

Auf diese Fragen haben wir sowohl in den Schriften Smiths und Ricardos als auch in den Schriften ihrer Nachfolger vergeblich eine klare Antwort gesucht. Der willkürliche Charakter der Annahme, daß die Zuwanderung neuer Unternehmer in eine Industrie A eine Preissenkung des Produkts A hervorruft, wird in den Schriften der klassischen Schule verdeckt. Dies geschieht zum einen mittels eines Wortspiels: So wird auf die Mobilität von »Kapitalien« statt auf die Mobilität von »kapitalistischen Unternehmern« abgestellt, was gleichbedeutend mit der *willkürlichen* Annahme ist, daß jede Vermehrung der Anzahl der Produzenten, die in einer Industrie beschäftigt sind, stets mit einer Vermehrung der Gesamtsumme von Kapital verbunden sei, die in der gegebenen Industrie investiert ist. Zum zweiten gibt es eine stillschweigende willkürliche Annahme, daß jede Ausdehnung der Produktion auch das Angebot des betrachteten Produktes in gleichem

Maße erhöht. Dank dieser beiden *willkürlichen* Annahmen bekommt der Gemeinplatz, daß »Wettbewerb die Preise senkt«, eine scheinbare Grundlage (siehe unsere Darstellung der Smithschen Argumentation); dies aber macht die Annahmen nicht weniger willkürlich. Der widersprüchliche Charakter der zwei Prinzipien, auf die sich alle Folgerungen der klassischen Schule gründen, nämlich auf das Prinzip, jedes Individuum strebe nach dem größten Vorteil, und der Annahme, Wettbewerb löse eine Tendenz aus, die die Preise auf ein Minimum senkt, sind offenbar sowohl von den Mitgliedern der klassischen Schule selbst als auch von ihren zahlreichen Interpreten übersehen worden (mit Ausnahme Thorntons, der als Theoretiker der Politischen Ökonomie keine Reputation genießt).[57] Die Tendenz des Wettbewerbs, Preise zu senken, ist als ein »spontanes Phänomen« vollkommen unabhängig von der wirtschaftlichen Kalkulation der konkurrierenden Individuen angenommen worden. Auf jeden Fall können wir in den Werken der Ökonomen der klassischen Schule nicht einmal die Andeutung eines Versuchs finden, die Wirkung des Wettbewerbs vom grundsätzlichen Prinzip der Verfolgung des größten Vorteils zu trennen (oder wenigstens eines Versuchs, ihn mit diesem Sachverhalt zu versöhnen, indem man die Auswirkung des Wettbewerbs auf Preise als empirisches Phänomen akzeptiert). Die bloße Möglichkeit, daß ein solcher wichtiger Fehler in der Argumentation dieser deduktiven Schule übersehen wurde, war ohne Zweifel ein Ergebnis der Unvollkommenheit der »dialektischen« Methode, die ihre Mitglieder verwendeten. Die Ehre, eine vollkommen wissenschaftliche *Wettbewerbstheorie* konstruiert zu haben, gebührt zur Gänze den Mitgliedern der mathematischen Schule der Politischen Ökonomie, und hauptsächlich dem begabtesten ihrer Mitglieder, dem großen »vergesse-

---

[57] Siehe W. T. Thornton, *On Labour, its wrongful claims and rightful dues, its actual present and its possible future*. Der Gedanke, der als roter Faden Thorntons Argumentation durchzieht, ist, daß »Händler sich nicht nur zu ihrem Vergnügen gegenseitig unterbieten. Jeder ist ganz zufrieden damit, daß alle anderen teuer verkaufen, solange er selbst genauso teuer verkaufen kann ...« (Buch III, Kap. 1, S. 61). Das einzige Ziel jedes Händlers ist es, die höchste Summe für all seine Güter zu erhalten, und daher wird er den Preis nur senken, wenn er damit rechnen kann, daß mit seiner Preissenkung seine Verkäufe steigen werden, so daß sein Gesamtverdienst größer wird.

nen« Ökonomen Augustin Cournot. Leider hatte jedoch Cournots unsterbliches Werk keinen Einfluß auf die Zeitgenossen und ist von den neuen Generationen von Ökonomen vergessen worden.[58]

Der nächste Aufsatz wird einer kritischen Darstellung von Cournots Wettbewerbstheorie gewidmet sein. Wir werden versuchen, mittels strenger Analyse zu beweisen, daß – obwohl allgemein anerkannt und als Gemeinplatz verbreitet – die Tendenz unbegrenzten Wettbewerbs, Preise auf die *wesentlichen Produktionskosten* zurückzuführen, nicht mehr als eine *willkürliche Annahme* ist. Diese Annahme widerspricht sowohl den Fakten der ökonomischen Wirklichkeit, als auch dem Prinzip der ökonomischen Theorie, daß jeder danach strebt, seinen größten Vorteil zu verfolgen. Wir werden im Gegenteil versuchen, zu veranschaulichen, *daß unbegrenzter freier Wettbewerb im allgemeinen stets dazu neigt, die tatsächlichen Produktionskosten über das notwendige Niveau hinaus zu erhöhen*, das heißt *über das bei einem gegebenen Stand der Produktionstechnik niedrigstmögliche Niveau*.

So kann der Wert der Produktion der dritten Güterart (die unbegrenzt mittels der Verwendung von Arbeit und Kapital, bei Nicht-Existenz von Rente, reproduzierbar ist) im allgemeinen nicht wie der Wert der Produkte der ersten beiden oben betrachteten Kategorien unabhängig von Angebots- und Nachfragebedingungen (das heißt letztlich unabhängig von Konsumtionsbedingungen) bestimmt werden.

Der dritte Essay, der unsere Untersuchung über die *allgemeinen* Elemente des Wertes beschließt, wird einer Analyse der Abhängigkeit des Preises von Angebots- und Nachfragebedingungen gewidmet sein.[59]

---

58 Vgl. L. Slonimskijs Artikel »Die vergessenen Ökonomen Cournot und Thünen« (in russ. Sprache), in: *Vostochnaya Evropa*, Oktober 1878.
59 [Vgl. Anm. 15a.]

Piero Sraffa
Über die Beziehungen zwischen Kosten und produzierter Menge

> Die statische Theorie des Gleichgewichts stellt lediglich eine Einführung in das ökonomische Denken dar. Für die Untersuchung von Fortschritt und Entwicklung in Industriezweigen, die eine Tendenz zu steigenden Skalenerträgen aufweisen, hat diese Theorie dagegen noch nicht einmal diesen Status.
> *Marshall, Principles* v, III 3

1. Problemstellung

Wahrscheinlich gibt es heute kein Lehrbuch der Ökonomie, das nicht einen Satz folgender Art enthielte: »Wir können für einen gegebenen Zeitpunkt und in bezug auf einen gegebenen Markt alle Produkte in verschiedene Klassen einteilen: Eine erste Klasse wird von den Gütern gebildet, von denen eine Menge, die größer als die zur gegebenen Zeit am gegebenen Ort verfügbare ist, mit einer *einfach proportionalen Erhöhung* der Kosten erstellt werden kann; in eine zweite Klasse werden wir die Erzeugnisse einordnen, die mit *unterproportionalen Kosten* vermehrt werden können; und schließlich wird eine dritte Klasse die Güter enthalten, deren Produktionsmenge nicht *hic et nunc* ohne eine *mehr als proportionale Kostenerhöhung* anwachsen kann.«[1]

Wer untersuchen wollte, welches die Industrien sind, die der einen oder der anderen dieser Kategorien zuzuordnen sind, fände bei vielen Autoren die Antwort, die »Landwirtschaft« gehöre zur dritten, die »Manufakturen« zur zweiten und diejenigen Industrien, die fast nur direkte Arbeit anwenden, gehören zur ersten. Für andere, modernere Autoren ist die Lösung komplizierter: Wenn auch die »Landwirtschaft« gewöhnlich in der dritten Kategorie belassen wird, meint man, die anderen Industrien könnten

---

[1] Pantaleoni, *Principi di economia pura*, Florenz 1899, S. 225 f.

sich – je nach ihren Produktionsbedingungen – in irgendeiner Gruppe befinden. Welches diese Produktionsbedingungen (unter dem Gesichtspunkt der Veränderungen der Kosten in bezug auf Veränderungen der Produktionsmenge) sind, wurde nicht bestimmt, so daß die Neugier dessen, der die »leeren Schachteln« mit konstanten, steigenden und fallenden Kosten von konkreten Industrien angefüllt sehen will, nach wie vor unbefriedigt bleibt.[2] Aber die Hoffnung, zu einer Klassifikation zu kommen, bleibt bestehen, wenn diese auch zurückgestellt wird, bis »besseres statistisches Material als das gegenwärtige verfügbar sei« und bis sich Menschen fänden, »die die notwendigen Fähigkeiten besäßen, um eine tiefgreifende und detaillierte Untersuchung der einzelnen Industrien vorzunehmen«, und gleichzeitig »in den verzwicktesten Bereichen der ökonomischen Analyse und der modernen statistischen Technik versiert seien«.[3] Die Hoffnung, eine Klassifikation zu finden, scheint dennoch begründet, wenn man die Tatsache berücksichtigt, daß vorläufig ein wichtiger Teil der ökonomischen Theorie sich auf die Vermutung gründet, jede Industrie müsse in die eine oder andere Kategorie einzuordnen sein. Jeder Autor bemüht sich, klarzustellen, ob seine Schlußfolgerungen für die drei Fälle gelten und welche verschiedenen Auswirkungen sie in jedem Fall haben.

Es bleibt aber zu prüfen, ob diese Vermutung sich begründen läßt, das heißt, ob das Fehlen einer Klassifikation der Industrien nach dem Kriterium der Veränderlichkeit der Kosten wirklich der Unzulänglichkeit der verfügbaren Daten und der Unfähigkeit der Wissenschaftler geschuldet ist, oder ob der Fehler nicht vielmehr in der Natur des Kriteriums selbst, nach dem die Klassifikation erfolgen soll, zu suchen ist. Insbesondere ist zu klären, ob das *fundamentum divisionis* von objektiven, den verschiedenen Industrien inhärenten Umständen oder ob es nicht vielmehr vom Blickwinkel des Beobachters abhängt; das heißt, ob die steigenden oder fallenden Kosten nichts anderes sind als verschiedene Aspekte derselben Sache, die gleichzeitig für dieselbe Industrie auftreten können. Eine Industrie kann demzufolge willkürlich der einen oder anderen Kategorie zugeordnet werden, je nach der

---

2 Clapham, »Of Empty Economic Boxes«, in: *Economic Journal*, 1922, S. 305 ff.
3 Pigou, »Empty Economic Boxes: a Reply«, ebd., S. 465.

Definition von »Industrie«, die man für ein bestimmtes Problem wählt und je nach dem, ob man kurze oder lange Perioden betrachtet.[4] Dies sind, in erster Linie, die Probleme, die wir diskutieren wollen.

Die Klassiker behandelten die Theorie der fallenden Produktivität immer im Zusammenhang mit der Grundrente, und daher wurde sie, gemäß der traditionellen Einteilung, dem Gebiet der »Verteilung« zugerechnet. Die steigende Produktivität hingegen wurde von diesen Autoren in bezug auf die Arbeitsteilung, das heißt in bezug auf die »Produktion« diskutiert. Aber niemand hatte bis vor kurzem daran gedacht, diese beiden Tendenzen in einem einzigen Gesetz der nichtproportionalen Produktivitätsentwicklung zu vereinigen und dieses als eine der Grundlagen der Preistheorie anzusehen. Die Ursache hierfür liegt einfach darin begründet, daß die zunehmende Arbeitsteilung im allgemeinen nicht als ein Phänomen, das direkt von der Vermehrung der zu produzierenden Menge abhängt, sondern eher als Auswirkung des allgemeinen Fortschritts betrachtet wurde. In der Tat wurde jener funktionale Zusammenhang zwischen produzierter Menge und Produktionskosten, der genau das Gesetz der nicht proportionalen Produktivität wiedergibt, nicht klar herausgearbeitet. Andererseits ist richtig, daß das Gesetz der abnehmenden Produktivität des Bodens diesen Zusammenhang deutlich hervorhob. Aber die Anerkennung der Tatsache, daß eine höhere Produktion notwendigerweise steigende Kosten mit sich brachte, führte nur dazu, die daraus folgende Änderung der Verteilung zu betrachten. Dieser funktionale Zusammenhang konnte jedoch nicht als normale Ursache für die Veränderung der relativen Preise bei verschiedenen Waren betrachtet werden. Denn die Erhöhung der Kosten betraf die Gesamtheit aller oder fast aller Waren, weil nämlich fast alle sich letztlich auf landwirtschaftliche Produktion

---

4 Es mag nützlich sein, hier ein für allemal anzumerken, daß im Verlauf dieses Textes immer auf lange Perioden Bezug genommen wird: das heißt, man nimmt an, daß für jede Variation in der produzierten Warenmenge ein Zeitraum eingeräumt wird, der ausreicht, alle daraus folgenden Veränderungen in der Organisation der Produktion einzuführen. Vorübergehende Effekte, die sich im Laufe dieser Anpassungsvorgänge ergeben, bevor das neue Gleichgewicht erreicht ist, werden vernachlässigt.

zurückführen ließen.⁵ Dementsprechend verursachte eine abnehmende Produktivität eine proportionale Erhöhung der Kosten jeder einzelnen Ware.

Die Vorstellung vom Zusammenhang zwischen produzierter Menge und Produktionskosten einer Ware unter Konkurrenzbedingungen ist nicht aus der bloßen Anschauung ersichtlich und konnte nicht spontan auftauchen. Alle klassischen Autoren nehmen stillschweigend und als selbstverständlich an, daß die Kosten unabhängig von der Menge seien, und sie halten sich nicht damit auf, die gegenteilige Hypothese zu diskutieren. Erst kürzlich entwickelte sich diese Idee indirekt als Konsequenz der Verschiebung der Grundlage der Werttheorie von den Produktionskosten zum Nutzen. Es ist nicht verwunderlich, daß man so lange von den Kosten als unabhängig von der produzierten Menge sprach, bis der Nutzen einer systematischen Analyse unterworfen wurde und man erkannte, daß er notwendigerweise von der verfügbaren Menge der betreffenden Ware abhängt.

Die Nachfragefunktion basiert auf der elementaren und natürlichen Hypothese des sinkenden Grenznutzens. In der Produktion hingegen ist das funktionale Verhältnis das Resultat eines viel komplizierteren Systems von Hypothesen. Tatsächlich ist erst, *nachdem* die Untersuchung über den Grenznutzen die Aufmerksamkeit auf die Beziehung zwischen Preis und konsumierter Menge gelenkt hat, analog dazu das symmetrische Konzept eines Zusammenhanges zwischen Kosten und produzierter Menge formuliert worden.

Die Bedeutung der Gesetze der Kostenvariation für die Preisbestimmung der einzelnen Waren ist erst als Konsequenz der Lehrmeinung bewußt geworden, welche die »grundsätzliche Symmetrie der allgemeinen Beziehungen zwischen Nachfrage und Angebot in bezug auf den Wert behauptet hat«.⁶ Gemäß dieser Lehrmeinung ruht der »nominale Wert jedes Dinges wie der Schlußstein eines Bogens im Gleichgewicht zwischen den entgegengesetzten Kräften, die von beiden Seiten auf ihn wirken. Die Kräfte der Nachfrage drücken von einer Seite, die des Angebots von der anderen.«⁷ Eine solche Symmetrie ist dadurch

---

5 Siehe unten, Anm. 81, über die Bedeutung des Wortes »Weizen« bei den Klassikern.

6 Marshall, *Principles of Economics*, 8. Auflage 1920, S. 120.

7 Ebd., Vorwort zur 2. Auflage 1891. [Sraffa spricht vom »normalen

bedingt, daß die Gesamtkosten der produzierten Menge nicht proportional sind: Wenn die Produktionskosten jeder betrachteten Wareneinheit nicht mit der Veränderung der produzierten Menge variierten, wäre die Symmetrie zerstört. Der Preis würde ausschließlich von den Produktionsausgaben bestimmt, und die Nachfrage hätte in der Tat keinen Einfluß auf ihn.
Auf dieser Basis, das heißt vom Gesichtspunkt der Bestimmung partieller Gleichgewichte für die einzelnen Produkte unter den Bedingungen freier Konkurrenz her betrachtet, werden wir die theoretischen Grundlagen der Gesetze der Kostenvariation untersuchen.[8]

11. Steigende Kosten

Das *Dictionary of Political Economy* von Palgrave definiert das Gesetz der abnehmenden Produktivität folgendermaßen: »Wenn einer oder mehrere Faktoren, deren Zusammenwirken für die Produktion jeder beliebigen Ware notwendig ist, vermehrt werden, während die anderen unverändert bleiben, wird im allgemeinen die Produktmenge steigen. Wenn die Vermehrung des Produktes proportional geringer ist als die der betrachteten Produktionsfaktoren, drücken wir diese Tatsache dadurch aus, daß wir sagen, in diesem Fall unterliege das Produkt dem Gesetz der sinkenden Produktivität.«[9]
Diese Definition ist allgemein anerkannt, und wir können sie als Grundlage der Diskussion über fallende Produktivität verwenden. Bevor wir fortfahren, müssen wir jedoch noch einen Punkt klären, der Verwirrung schaffen könnte. Die Definition enthält nämlich im großen und ganzen die Hypothesen, die für abneh-

---

Wert«, was offensichtlich dem Sinn der Aussage, nicht jedoch dem Marshallschen Original *(nominal value)* entspricht. A. d. Ü.]
8 Die Kostenvariationen können im Verhältnis zur produzierten Menge betrachtet werden (1) von einem Monopolisten, (2) von einer einzelnen Firma bei Konkurrenz, (3) von der Gesamtheit der konkurrierenden Unternehmen. Während wir uns im wesentlichen mit dem letzten Fall befassen, werden wir Gelegenheit haben, auch sein Verhältnis zum zweiten zu untersuchen.
9 Bd. II, S. 583, unter »Laws of Political Economy«.

mende Produktivität charakteristisch sind und die man sorgfältig von denen unterscheiden muß, die für steigende Produktivität gelten und die ganz anderer Natur sind; die Formulierung der Definition verwischt jedoch diese Unterscheidung, so daß man glauben könnte, beide Arten der Produktivitätsänderung ließen sich daraus ableiten. In diese Verwirrung gerät das Palgrave-*Dictionary* selbst, wenn es sich bei der Definition des »Gesetzes der steigenden Produktivität« so ausdrückt: »Wenn unter *den oben angenommenen Umständen* (beim Gesetz der sinkenden Produktivität) die Vermehrung des Produkts proportional größer ist als die Vermehrung der betreffenden Produktionsfaktoren, sagt man, es gelte das Gesetz der steigenden Produktivität.«[10] Es ist wichtig, darauf hinzuweisen, daß die »angenommenen Umstände«, welche die Kostenvariation verursachen, wie das *Dictionary* selbst sagt, in beiden Fällen gleich sind. Diese Umstände besagen, daß, wenn man der Einfachheit halber nur zwei Faktoren betrachtet, der eine konstant bleibt, während der andere vermehrt eingesetzt wird. Das setzt (1) eine Veränderung in der *Proportion* der beiden Faktormengen, (2) eine Veränderung der *Größe* der Industrie voraus. Nun ist es offensichtlich, daß der Zusammenhang zwischen den beiden Bedingungen rein zufällig ist und von der Tatsache abhängt, daß die Veränderung der Faktorproportionen deshalb zustande kommt, weil der eine konstant gehalten wird, während man den anderen vermehrt. Es ist ausschließlich die erste Bedingung, welche die fallende Produktivität auslöst, trotz des Einflusses der zweiten, die dem entgegenwirken kann. Die steigende Produktivität ist *trotz* der ersten die einzige Auswirkung der zweiten Bedingung (der Vergrößerung der Industrie, die natürlich auch Resultat der Vermehrung *aller* Produktionsfaktoren sein kann).

Die Bedingungen, welche die beiden entgegengesetzten Tendenzen verursachen, sind also nur scheinbar identisch. Dieser falsche Schein liegt in einer zu wörtlichen Interpretation des Ausdrucks »konstanter Faktor« begründet, indem man annimmt, dieser könne weder vermehrt noch vermindert werden. Aber im allgemeinen ist die Annahme, man könne sich überflüssiger Faktoren nicht entledigen, willkürlich. Betrachtet man konkrete Fälle, so findet man, daß der »konstante« Faktor zwar nicht vermehrbar,

10 Ebd.

aber durchaus verminderbar ist.[11] Der typische Fall eines konstanten Faktors ist der Boden. Die Rententheorie gründet sich auf die Tatsache, daß der Boden konstant ist, aber gerade die Vorstellung von einem Übergang von besseren auf schlechtere Böden zeigt, daß niemand daran denkt, anzunehmen, die Bauern seien immer gezwungen, den ganzen verfügbaren Boden zu bebauen. Und doch stützt sich die unterstellte Identität der von uns untersuchten Bedingungen auf diese Annahme. Wir begegnen ihr schon in der Formulierung des Gesetzes der abnehmenden Produktivität, die als erster Turgot lieferte: »Sät man auf einem von Natur fruchtbaren, aber völlig unvorbereiteten Boden, so wird dies eine fast gänzlich verlorene Ausgabe sein. Wenn der Boden einmal gepflügt ist, dann wird der Ertrag größer sein; ein zweites oder drittes Pflügen kann die Produktion nicht nur verdoppeln oder verdreifachen, sondern mag sie vervierfachen oder verzehnfachen, jedenfalls in einem viel größeren Verhältnis vermehren, als die Ausgaben zunehmen, und zwar bis zu einem bestimmten Punkte, bei welchem die Produktion im Vergleich zu den Auslagen ihren größtmöglichen Umfang erreicht hat. Nach diesem Punkt wird die Produktion bei fortgesetzt vermehrten Ausgaben zwar immer noch weiter wachsen, aber in dauernd abnehmenden Maße, bis, wenn die Fruchtbarkeit des Bodens erschöpft ist und ihr die Technik nichts mehr hinzuzufügen weiß, eine Ausgabenerhöhung den Ertrag überhaupt nicht mehr vergrößern würde.«[12]

Dieser Abschnitt ist nicht nur wegen seines originellen Inhalts, sondern auch wegen der Genauigkeit des Ausdrucks bemerkenswert. In seinem ersten Teil aber, wo er eine steigende Produktivität der auf ein gegebenes Stück Land angewandten ersten »Dosen von Kapital und Arbeit« behauptet, beschreibt er nur den Fall, in dem der Bauer begrenzte Mittel zur Verfügung hatte und nicht

11 Verminderbar selbstverständlich nach dem Willen dessen, der ihn anwendet; für die Effekte der Rententheorie darf man jedoch nicht annehmen, der »konstante Faktor« sei von dem, der ihn liefert, unverminderbar, denn dies liefe auf die Möglichkeit hinaus, diesen Faktor auf verschiedene Art anzuwenden. Die Rente verwandelte sich also vom Standpunkt der betrachteten Industrie aus in Kosten.

12 »Observations sur le Mémoire de M. de Saint-Péravy en faveur de l'impôt indirect« (1768), in: Œuvres de Turgot, Paris 1844, Bd. I, S. 421.

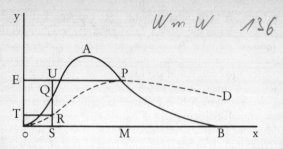

Abb. 1

die beste Methode kannte, sie zu gebrauchen. In der Tat ist klar, daß, wenn er sie kennte, er anstatt ein einziges Mal *das ganze* Feld zu besäen und zu pflügen, er besser dreimal, sagen wir, die *Hälfte* des Bodens besäen und pflügen würde, weil er so ein fünffaches Produkt erhielte. Genau genommen, müßte er eine Fläche bestellen, die so groß ist, daß seine Mittel ihm erlauben, den Punkt der höchsten Produktivität zu erreichen.

Wenn er, statt ein maximales Produkt mit gegebener Menge von Kapital und Arbeit zu erzielen, das Problem zu lösen hätte, ein gegebenes Produkt mit minimalen Kosten zu erzielen, wäre die Lösung analog: Er dürfte nur die Menge Land bebauen, die ihm am Punkt der höchsten Produktivität das gewünschte Produkt erbrächte. Das gilt selbstverständlich nur, solange es nicht nötig ist, das ganze als homogen angenommene Land zu bewirtschaften: Bis zu diesem Punkt wäre die Produktivität konstant, das heißt, der Ertrag proportional den Ausgaben, denn mit dem Anwachsen der Ausgaben wüchse in gleichem Verhältnis die Menge bebauten Bodens. Dies kann an einem Diagramm verdeutlicht werden (siehe Abbildung 1). Wir tragen auf der x-Achse die auf einem gegebenen Land eingesetzten, aufeinanderfolgenden Dosen von Kapital und Arbeit ab. Auf der Ordinate lesen wir das bei jeder eingesetzten Dosis erzielte Produkt ab. Die so definierte Kurve OAB nennen wir *Grenzproduktivitätskurve*. Sie repräsentiert einen Zustand, der dem von Turgot beschriebenen ähnlich ist. Wenn wir anstelle der Zuwächse des Produkts, die einer zusätzlichen Einheit Kapital geschuldet sind, auf der Ordinate das Gesamtprodukt aller Einsätze, geteilt durch ihre Anzahl, abtragen, erhalten wir die Kurve OPD, die wir *Durchschnittspro-*

duktivitätskurve nennen. Zwischen den beiden Kurven besteht folgender Zusammenhang: Wenn wir von einem beliebigen Punkt Q auf OAB durch den Punkt R die Senkrechte auf die x-Achse fällen, so ist das Rechteck OTRS gleich der Fläche OQS.
Der Schnittpunkt P der beiden Kurven entspricht dem Maximum der Kurve OPD[13] und ist der von Turgot angedeutete Punkt maximaler Produktivität.
Die Kurven zeigen den Produktivitätsverlauf auf einem gegebenen Stück Land. Wenn wir annehmen, das Land sei homogen, können wir für jedes Teilstück der Fläche ein zu dem in Abbildung 1 analoges Kurvenpaar zeichnen. Die Punkte jedes dieser Kurvenpaare werden für Abszissen, die proportional der Größe der Teilstücke sind, gleiche Ordinatenwerte wie die Kurven für die Gesamtfläche haben. Also wird die maximale Produktivität auf jedem beliebigen Teilstück gleich MP sein.
Anhand von Abbildung 1 sehen wir jetzt, daß keiner der Punkte der beiden Kurven, die kleinere Abszissenwerte als OM haben, ein Gleichgewichtspunkt sein kann: Wenn der Bauer beschließt, eine Menge Kapital und Arbeit einzusetzen (zum Beispiel OS), die kleiner ist als die, die nötig ist, um die Gesamtfläche mit maximaler Produktivität zu bebauen, sollte er besser nicht die ganze Fläche nutzen und ein Produkt OTRS erzielen, sondern nur den Teil der Fläche, der mit diesem Einsatz von Kapital und Arbeit die maximale Produktivität und ihm das Produkt OEUS erbringt. (Es ist dies genau der Teil, der zur Gesamtfläche in einem Verhältnis steht wie OS zu OM.) Also wird mit zunehmendem Einsatz von Kapital und Arbeit in der Produktion die

13 Diese Eigenschaft stellt sich als evident heraus, wenn man die Kurve als diskontinuierlich betrachtet, d. h., wenn man annimmt, die Menge Kapital und Arbeit wüchse in endlichen zusätzlichen Einheiten. In einem solchen Fall erhält man das Durchschnittsprodukt einer beliebigen Menge Kapital und Arbeit aus dem gewichteten Durchschnitt aus dem Durchschnittsprodukt der Menge, die unmittelbar darunter liegt, und dem (Grenz-)produkt des Zuwachses. Da in Abbildung 1 der Menge OM ein *maximales* Durchschnittsprodukt PM entspricht, wird das Grenzprodukt der unmittelbar unter OM liegenden Menge größer als PM sein müssen und das Grenzprodukt der unmittelbar darüber liegenden Menge wird kleiner als PM sein müssen; die beiden Kurven werden sich also im Punkt P schneiden. Für die analytische Beweisführung in einem analogen Fall siehe Edgeworth, »Contributions to the Theory of Railway Rates«, IV, in: *Economic Journal*, 1913, S. 214.

Produktivitätskurve bis zum Punkt der maximalen Produktivität durch eine Gerade EP beschrieben, und erst nach diesem Punkt beginnt die Kurve zu fallen. Im Gesamtverlauf kann die Produktivität konstant oder fallend sein, aber auf keinen Fall steigend.
Das Gesagte gilt nur unter der Bedingung, daß der Faktor, dessen maximale Menge als »konstant« angenommen wird, unendlich teilbar ist, daß es also möglich ist, nur einen Teil davon in der Produktion einzusetzen. Im allgemeinen gibt es keinen Grund, anzunehmen, daß die vorhandene Menge jenes Faktors auch das Minimum ist, das notwendigerweise immer eingesetzt werden muß. Deswegen wird es immer einen bestimmten Bereich geben, in dem die Menge vorteilhaft variiert werden kann. Aber andererseits ist es möglich, daß sie unterhalb einer gewissen Grenze nicht mehr reduziert werden kann, ohne daß es zu einer Verminderung des Produktes kommt, die größer ist als die, die vom Einsatz einer geringeren Menge anderer Faktoren mit derselben Menge des »konstanten« Faktors herrührt. Dieser Fall kann jedoch nur dann auftreten, wenn die Produktion sehr klein wird.[14] Die minimale Ausdehnung der kultivierbaren Fläche wäre dann sicherlich so begrenzt, daß sie vom Standpunkt einer großen Produktion, zum Beispiel der Produktion eines ganzen Staates, vernachlässigt werden könnte. Dies ist genau der Blickwinkel, den man einnehmen muß, wenn man irgendeinen Faktor – in unserem Beispiel den Boden – als konstant betrachten will. In der Tat ist vom Standpunkt eines einzelnen Produzenten der Boden

14 Strenggenommen wird man, indem man die Menge des »konstanten« Faktors so weit wie möglich reduziert, in jedem Fall das Ergebnis erhalten, daß die anderen Faktoren, die auf ihn angewandt werden, steigende Produktivität aufweisen. Von diesem Standpunkt aus ist also die Behauptung von Edgeworth nicht gerechtfertigt, daß »es in gewissem Sinne eine größere Einheit in dem Wirken der fallenden Produktivität gibt: Sie gilt immer *unter der Bedingung, daß man ausreichend große Dosen annimmt*« (»Railway Rates«, II, in: *Economic Journal*, 1911, S. 552): Eine solche Einheitlichkeit kann man auch im Wirken der steigenden Produktivität finden, denn sie gilt immer *unter der Bedingung, daß man ausreichend kleine Mengen betrachtet*.
Der gleiche Einwand kann gegen Pigou vorgebracht werden, der, nachdem er das Gesetz der fallenden Produktivität der einzelnen Faktoren« formuliert hat, behauptet, es gebe »kein korrespondierendes Gesetz der steigenden Produktivität der einzelnen Produktionsfaktoren« (*Economics of Welfare*, London 1920, S. 704).

nicht schwerer vermehrbar als andere Faktoren, und mit den gleichen Mitteln, mit denen der Produzent eine größere Menge von ihnen kaufen kann, kann er sich auch eine größere Menge Boden verschaffen.[15] Gäbe es für diesen Produzenten einen konstanten Faktor, wäre seine Produktion so klein, daß tatsächlich diese Art steigender Produktivität auftreten könnte. Aber auch im Fall des einzelnen Produzenten hat in Wirklichkeit die sinkende Produktivität, die sich zumindest anfangs immer zeigt, im allgemeinen andere Ursachen als die hier betrachtete. Um die Unterscheidung deutlich zu machen, auf die wir noch zurückkommen werden (siehe S. 165), muß man sich daran erinnern, daß die anfänglich steigende Produktivität der sukzessiven Dosen eines Faktors A, der mit einer konstanten Menge eines anderen Faktors B angewandt wird, die *negative* Produktivität des Faktors B voraussetzt. Das bedeutet, daß, wenn wir das Problem umdrehen und die Produktivität sukzessiver Dosen[16] des Faktors B, die mit dem konstanten Faktor A zusammengebracht werden, betrachteten, wir einen Punkt erreichen würden, in dem weitere Dosen von B eine *Verminderung* des Gesamtproduktes (und nicht nur das Grenzproduktes, das negativ würde) verursachten.

Abbildung 1 zeige die Anwendung von Kapital und Arbeit auf eine konstante Menge Boden k; nehmen wir an, k sei so klein, daß es nicht weiter ohne Effizienzverlust geteilt werden kann. Also könnte die Kurve der Durchschnittsproduktivität im Anfangsbe-

15 Siehe unten, S. 164.
16 Der Ausdruck »Produktivität eines Faktors« kann Mißverständnisse hervorrufen. Wir sollten daher klären, daß wir mit dem Durchschnittsprodukt eines Faktors die Gesamtmenge des Produktes, dividiert durch die Zahl der Einheiten jenes Faktors meinen, die gemeinsam mit anderen Faktoren in der Produktion jener Menge eingesetzt werden muß; mit Grenzproduktivität eines Faktors meinen wir den Zuwachs des Produkts, den man erhält, indem man zu einer gegebenen Menge von Faktoren eine »Dosis« des betrachteten Faktors hinzufügt. Es handelt sich um eine analytische Vorgehensweise, die keineswegs bedeutet, daß der begutachtete Faktor zum Produkt mehr oder weniger beiträgt als die Faktoren, die mit ihm kombiniert werden. Unter Berücksichtigung dieser Definitionen sind die folgenden Sätze nicht der Kritik ausgesetzt, die Loria an den betreffenden Ausdrücken übt (*I fondamenti scientifici della riforma economica*, Turin 1922, Kap. 1).

reich nicht mit EP zusammenfallen, sondern müßte wie OP steigen. Nennen wir die Menge Kapital und Arbeit, die auf unserer Fläche k das höchste Durchschnittsprodukt pro Kapital- und Arbeitseinheit erbringt, c (das heißt OM)! Stellen wir uns nun ein anderes Diagramm vor, das wir wegen seiner Einfachheit nicht darzustellen brauchen. Auf der Abszisse werden uniforme Einheiten Boden, die zusammen mit einer konstanten Menge Kapital und Arbeit (wir nehmen an, diese sei gleich c) sukzessiv eingesetzt werden, und auf der Ordinate werde der mit jeder neuen Dosis erzielte Ertrag abgetragen. Diese Kurve wird in ihrem gesamten Verlauf fallend sein. Wenn die insgesamt angewandte Menge Boden so groß wie k ist, wird die Kurve die X-Achse schneiden, und die Ordinaten der Kurve werden für jede zusätzliche Einheit Boden negativ (das bedeutet, daß jede weitere Dosis einen Teil des Ertrages *zerstören* würde).[17]

Unter der Annahme des optimalen Einsatzes der Faktoren ist klar, daß an diesem Punkt die Bodenfläche nicht weiter vergrößert würde, auch wenn Boden kostenlos zur Verfügung stünde. Denn die beste Art, eine weitere Einheit Land einzusetzen, wäre genau die, sie nicht einzusetzen. Die von uns betrachtete Form steigender Produktivität rührt also daher, daß die Faktorproportion am Anfang nicht optimal ist. Sie tritt nur auf, wenn ein Faktor in überschüssiger oder schädlicher Menge existiert und man sich nicht ohne Kosten seiner entledigen kann.

Sind die hypothetischen Bedingungen für ein Sinken der Produktivität festgelegt und wird dieser Fall als allgemeines Phänomen der Proportion, in der verschiedene Produktionsfaktoren kombiniert werden, betrachtet, so ist es jetzt sinnvoll, zu untersuchen, ob es eine gemeinsame Ursache gibt, die einen solch einheitlichen Effekt in den verschiedensten Produktionszweigen hervorruft. Es überrascht, daß die meisten Autoren sich darin einig sind, daß die Ursache in den besonderen Bedingungen der einzelnen Fälle, in denen sie wirkt, zu suchen ist. Einige wenden dagegen ein, daß »die Gründe zu verschieden seien, um von einem Gesetz der fallenden Produktivität zu sprechen«. Edgeworth stellt, obwohl er diese extreme Position bestreitet, fest: »In bezug auf fallende Erträge, in dem Sinne, in dem sie für die Eisenbahnindustrie von

---

17 Siehe den ersten Fall von Carver, »Diminishing Returns and Value«, in: *Scientia*, 1909, II, S. 338.

praktischem Interesse sind, können wir sagen, daß das Phänomen alle möglichen Arten von Ursachen hat, mit Ausnahme von botanischen, die für das Gesetz in seiner ursprünglichen und immer noch wichtigsten Form, nämlich bezogen auf die Landwirtschaft, charakteristisch sind.«[18] Und Marshall bestätigt, daß »die Tendenzen abnehmenden Nutzens und abnehmender Produktivität ihre Wurzeln einerseits in der menschlichen Natur, andererseits in den technischen Bedingungen der Industrie haben«.[19]

Angesichts dieser Erklärung der abnehmenden Produktivität, die vorgibt, die Gründe dafür in den besonderen Bedingungen jedes einzelnen Falles zu finden, taucht sofort die Frage auf: Ist es nicht allzu merkwürdig, daß zwei so heterogene Elemente wie die menschliche Natur und die industrielle Technik so ähnliche Resultate hervorrufen? Es handelt sich genau betrachtet sogar nicht nur um zwei Elemente: Es ist noch unwahrscheinlicher, daß die »technischen Bedingungen«, die ein Sinken der Produktivität sukzessiver Dosen eines variablen Faktors bei einem konstanten Faktor verursachen, in vielen sehr verschiedenen Industrien und sogar in der »Produktion« von Nutzen durch Konsum von Waren gleich seien. Wenn sich diese Industrien hinsichtlich der sinkenden Produktivität eines Faktors gleichen, ist die Annahme, diese Ähnlichkeit sei dem einzigen gemeinsamen Element geschuldet, nämlich ihrer Beziehung zur »menschlichen Natur«, wahrscheinlicher und einfacher. Diese »menschliche Natur« hätte dann ausreichenden Einfluß, um den verschiedenen Industrien einen gemeinsamen Charakter aufzuprägen.

Diese Erklärung setzt zweifelsfrei voraus: (1) die Anwendung des Substitutionsprinzips, das heißt eines Kriteriums, nach dem die ökonomische Wahl getroffen wird; (2) die Existenz eines bestimmten Grades von *Verschiedenheit und Unabhängigkeit* der Teile, die den variablen und den konstanten Faktor bilden. Auch die Formen, in denen die beiden Faktoren kombiniert werden können (und der Gebrauch, der jeweils vom variablen Faktor gemacht werden kann), müssen einer gewissen Variabilität und

18 »Railway Rates«, II, in: *Economic Journal*, 1911, S. 552-553; siehe dort das Zitat, daß »sie gut die Verschiedenartigkeit der Ursachen erhellen, die in verschiedenen Zweigen der Produktion zu ähnlichen Ergebnissen führen«.
19 *Principles*, 8. Aufl., S. 170, Anm.

Unabhängigkeit unterliegen. Sind diese Bedingungen gegeben, so muß notwendigerweise fallende Produktivität vorliegen, weil der Produzent selbst, zu seinem eigenen Vorteil, die Faktormengen und die Art ihres Einsatzes so bestimmen wird, daß eine Abstufung von den günstigsten zu den am wenigsten effizienten Kombinationen entsteht. So wird er die Produktion mit den besten Kombinationen beginnen und nach und nach, wenn diese aufgebraucht sind, auf die schlechteren zurückgreifen. Gegen die zweite Hypothese, die die fallende Produktivität auf »technische Bedingungen« zurückführt, spricht vor allem, daß sie sehr kompliziert ist. Sie läuft darauf hinaus, für jede Industrie ein unabhängiges Gesetz der fallenden Produktivität anzunehmen. Es ist allerdings sehr schwierig nachzuweisen, wie begründet dieses im Einzelfall ist, weil es seinerseits schwierig ist, eine Industrie zu finden, in der es nicht möglich ist, auf irgendeine Weise mit dem Substitutionsprinzip zu arbeiten. Wenn in einer gegebenen Situation die unbedingte Notwendigkeit bestünde, auf sukzessive produktive Kombinationen zurückzugreifen, und zwar in einer Reihenfolge, die von nicht-ökonomischen Bedingungen vorgegeben ist, dann gäbe es im allgemeinen keinen Grund dafür, sie mit fallender statt mit steigender Effizienz aufeinanderfolgen zu lassen.

Nehmen wir den Fall der Landwirtschaft, weil darin das verallgemeinerte Gesetz der fallenden Produktivität seinen Ursprung hat und weil aus landwirtschaflichen Überlegungen die allgemeine Erklärung abgeleitet ist, die sich auf die »technischen Bedingungen« stützte, die jenes Gesetz bestimmen: Mill war der erste, der bemerkte, daß »die unterproportionale Vermehrung des Bodenertrages bei Vermehrung des Arbeitseinsatzes« eine jener »Wahrheiten ist, die die politische Ökonomie von den Naturwissenschaften ausleiht, zu denen sie eigentlich gehören«.[20] Eine solche Behauptung wurde ohne Diskussion von vielen Autoren[21] akzeptiert, und auch Pantaleoni schrieb, daß »dieses sogenannte Gesetz in Wahrheit eine einfache Voraussetzung ökonomischer Gesetze«[22], genauer, »eine Tatsache der landwirtschaftlichen Tech-

---

20 »On the Definition of Political Economy« (1829), in: *Essays on some Unsettled Questions*, S. 133, Anm.
21 Siehe zum Beispiel Cairnes, *Logical Method of Political Economy*, S. 34; J. M. Keynes, *Scope and Method of Political Economy*, S. 85, etc.
22 *Principi di economia pura*, S. 224.

nik« sei.²³ »Die Beweisführung für dieses sogenannte Gesetz muß sich entweder aus der Untersuchung der Tatsachen ergeben oder sie muß durch die Überführung des Gesetzes in ein Postulat oder eine Hypothese ersetzt werden.«²⁴ Das impliziert, daß die landwirtschaftliche Technik eindeutig die Art und Weise bestimmt, in der jede der aufeinanderfolgenden Erhöhungen der Ausgaben auf einem gegebenen Stück Land eingesetzt werden muß, und daß sie bewirkt, daß aus einem Komplex von zufälligen und der Ökonomie fremden Gründen das Produkt immer gleicher aufeinanderfolgender Faktorvermehrungen fallend sei.

Aber die Dinge verhalten sich anders. Hat man jährlich eine bestimmte Summe für die Kultivierung eines gegebenen Stückes Land ausgegeben und will nun weitere 1000 Lire einsetzen, wird die Agrarwissenschaft, wenn man sie danach befragt, nicht eine einzige, sondern eine ganze Reihe von klar unterschiedenen Techniken A, B, C, D... angeben. Jede dieser Alternativen stellt eine technisch mögliche Verausgabung der zusätzlichen 1000 Lire dar. Das heißt, man wird mehr Düngemittel kaufen können oder tiefer pflügen oder die Qualität des Saatgutes verbessern, hundert andere Ausgaben (oder Ausgabenkombinationen) durchführen. Außerdem wird die Technik angeben, daß, wenn man die 1000 Lire für A ausgibt, man eine Produktmenge x_a erhalten wird, bei Anwendung von B eine Menge x_b usw. Jenseits dieses Punktes wird der Bauer nicht mehr von der Agrarwissenschaft geleitet; er wird jetzt nach ökonomischen Grundsätzen zwischen den möglichen Verwendungsarten der 1000 Lire die auswählen, die ihm das größere Produkt bringen wird. Diese Wahl an sich ist schon weit von der Agrartechnik entfernt, und sie wird sich noch weiter davon entfernen, wenn x_a, x_b,... Mengen heterogener Produkte sind, die, damit sie verglichen werden können, auf ein gemeinsames Maß ihres Wertes reduziert werden müssen.

Nehmen wir an, man entscheide sich dafür, die 1000 Lire für B auszugeben. Will man danach weitere 1000 Lire ausgeben, wird die Wahl begrenzt sein: Es werden weder die Alternative B noch eine der anderen, die mit B unvereinbar sind (das heißt, daß sie nicht gleichzeitig mit B verwirklicht werden können), übrig bleiben. Es bestehe noch die Wahl zwischen, sagen wir, A, C, D,...,

23 Ebd., S. 10.
24 Ebd., S. 224.

von denen jede *unter den Ausgangsbedingungen* (als noch nicht 1000 Lire für B ausgegeben worden waren) ein Produkt kleiner oder höchstens gleich x_b erbracht hätte. Wenn nach der Ausgabe von 1000 Lire für B die Produktivität dieser Methoden gleich geblieben ist, so ist klar, daß die zweiten 1000 Lire ein geringeres Produkt als die ersten erbringen werden, denn der Produzent hat so gewählt und gehandelt, daß genau dieses Resultat erzielt werden mußte. (Die Produktivität der anderen Techniken bleibt dann vom Einsatz von B unberührt, wenn sie vollkommen unabhängig von der Anwendung der Technik B sind.) Wenn die Produktivität der verbleibenden Anwendungsmöglichkeiten sich unter den neuen Bedingungen vermindert hätte, läge der Fall eines »natürlichen Gesetzes fallender Produktivität« vor und das Resultat ergäbe sich *a fortiori* durch ein Zusammentreffen des ökonomischen mit dem physischen Gesetz.

Es bleibt der letzte Fall zu betrachten, nämlich, daß nach der Anwendung von B die Produktivität der anderen Methoden gestiegen sei. Dies wäre ein Fall steigender Produktivität, der aber nicht eintreten kann, es sei denn, der Bauer habe sich bei seinen Berechnungen geirrt. Träte er ein, hätte der Bauer, statt die besagten 1000 Lire für B auszugeben, sie für eine gemischte Methode M (die ihm die Agrarwissenschaft sicher angegeben hätte) ausgeben müssen. Diese gemischte Methode könnte etwa aus y Lire für B und (1000-y) für D zusammengesetzt sein und auf der Hälfte des Bodens eingesetzt werden. Der Bauer hätte weiterhin die Möglichkeit, noch 1000 Lire für eine Methode N, die mit M identisch ist, auf der anderen Hälfte des Bodens anzuwenden. Dieser Fall fällt mit dem vorher betrachteten (siehe S. 143 f.) zusammen. Wenn das zweite Pflügen das Produkt stärker vermehrt als das erste, dann ist es günstiger, die Hälfte des Bodens zweimal statt einmal die gesamte Fläche zu pflügen. Auch hier kann man steigende Produktivität nur in dem Fall erreichen, in dem die Fläche als so klein angenommen wird, daß sie nicht mehr ohne Ertragsverlust weiter geteilt werden kann. Abgesehen von diesem vernachlässigbaren Extremfall, kann man davon ausgehen, daß unter den angenommenen Bedingungen die Vermehrung nur einiger der Produktionsfaktoren in der Regel das Produkt mit fallenden Proportionen oder günstigenfalls und kurzfristig mit konstanten Proportionen vermehrt.

Betrachtet man unter diesem Gesichtspunkt das Gesetz der fallenden Produktivität, sieht man klar den Grund, aus dem heraus Ricardo es vorgezogen hat, die Verminderung der Produktivität, die aus dem schrittweisen Übergang zur Bebauung immer weniger fruchtbarer Böden entsteht, hervorzuheben und erst in zweiter Linie die, die aus der Anwendung sukzessiver Dosen von Kapital und Arbeit auf dem gleichen Stück Land hervorgeht. Es ist einleuchtend, daß die Produktivität eines gegebenen Stückes Land zu einem großen Teil *unabhängig* davon ist, ob ein anderes Stück Land bebaut wird oder nicht. Aber die Produktivität einer gegebenen Dosis Kapital, die auf einem Boden angewandt wird, ist in viel geringerem Grade unabhängig davon, ob eine andere Dosis gleichzeitig auf demselben Boden angewandt wird oder nicht. Also ist die Gültigkeit und Allgemeinheit des Gesetzes der fallenden Produktivität viel größer, wenn es auf der Verschiedenartigkeit der Böden, als wenn es auf der Variation von Mengen an Kapital und Arbeit beruht oder aus der Variation der Einsatzmöglichkeiten für gleiche Mengen abgeleitet wird.[25]

Das Charakteristikum der ricardianischen Theorie ist also, daß die abnehmende Produktivität einer ökonomischen und nicht einer physischen Ursache zugeschrieben werden muß. Es wird von Wicksteed sehr geschickt kritisiert. Er beginnt damit, die Produktivitätskurven in zwei Kategorien zu unterteilen: *deskriptive* Kurven und *funktionale* Kurven. Eine solche Unterscheidung fällt zum großen Teil mit dem Gegensatz von *ökonomischem* und *physischem* Gesetz der fallenden Produktivität zusammen, von dem wir oben gesprochen haben. Wicksteed konstruiert die deskriptive Kurve, die bei Ricardo die Hauptform der sinkenden Produktivität darstellt, folgendermaßen: »Die verschiedenen Bodenqualitäten sind entlang der x-Achse abgebildet und die

---

25 Daß dies genau der Grund ist, aus dem heraus Ricardo, obwohl er die beiden Formen des Gesetzes getrennt analysiert hatte (siehe *Works*, Ausgabe von McCulloch, besonders S. 251 Anm.), es vorzog, sich für die folgenden Ableitungen vorwiegend der ersten zu bedienen, wird von der Tatsache bestätigt, daß er, während er den Übergang von besseren zu schlechteren Böden als sichere und offensichtliche Begebenheit darstellt, von der sinkenden Produktivität auf einem gegebenen Boden nur als von einem wahrscheinlichen, nicht sicheren Vorfall spricht, indem er vor die Beschreibung des letzteren Falles zweifelnde Redewendungen wie »it often and indeed commonly happens... It may perhaps be found...« (*Works*, S. 36) setzt.

relativen Fruchtbarkeiten, die man ihnen bei Anwendung gleicher Mengen von Kapital und Arbeit zuordnet, werden auf der y-Achse abgetragen. Der Grenzboden liegt dann rechts außen. Dies ist keine funktionale Kurve: Die Höhe von Y hängt in der Tat nicht von der Lage der Abschnitte auf der x-Achse ab, denn die Einheiten sind ausdrücklich so auf der x-Achse angeordnet, daß sie ein fallendes Y hervorrufen. Die Kurve ist auf Land sowie auf irgendein anderes Element anwendbar, dessen typische Einheiten in einer Reihenfolge steigender oder fallender Effizienz angeordnet werden können.«[26] Die Definition der funktionalen Kurve lautet: »Nehmen wir ein gegebenes Stück Land von einer bestimmten Qualität und ermitteln wir seine Produktivität, wenn es mit einer bestimmten Menge von Arbeit und Kapital, die von einer Einheit auf der x-Achse dargestellt wird, kombiniert wird. Erhöhen wir die Dosen solange, bis eine weitere Vermehrung von Arbeit und Kapital keine ebenso große Vermehrung des Ertrages dieses Landes produziert, wie sie sich bei Anwendung auf ein anderes von gleicher oder unterschiedlicher Qualität oder bei Einsatz außerhalb der Landwirtschaft ergäbe. Die letzte tatsächlich erfolgte Vermehrung ist die ›*Grenz*‹vermehrung. Sie mißt den Teil des Produktes, der bei der Verteilung auf *eine Einheit* entfällt.«[27]

Der Kern der Unterscheidung liegt also in folgendem: In der deskriptiven Form ist der Platz, den jede Dosis in der Reihenfolge einnimmt, durch ihre Produktivität bestimmt, die deshalb unabhängig von der Zahl der eingesetzten Dosen ist. In der funktionalen Form hingegen ist es der von jeder Dosis eingenommene Platz, der ihre Produktivität bestimmt, und diese ist daher in hohem Maße abhängig von der Zahl der eingesetzten Dosen. Mit anderen Worten, in der ersten Form nimmt man an, alle betrachteten Dosen seien untereinander verschieden und hätten daher, auch wenn sie unter identischen Umständen eingesetzt werden, verschiedene Produktivitäten. In der zweiten Form werden alle Dosen als von ihrer Natur her gleich angenommen. Wegen der Verschiedenheit der Umstände haben sie jedoch verschiedene Produktivitäten. In beiden Konzepten wird von einer *marginalen* Dosis gesprochen, aber, so bemerkt Wicksteed, der Ausdruck hat

26 »Political Economy in the Light of the Marginal Theory«, in: *Economic Journal*, 1914, S. 17.
27 Ebd., S. 18.

»gänzlich unterschiedliche Bedeutungen«: Im ersten Fall meint er eine bestimmte Dosis, jene mit der schlechtesten Qualität, im zweiten meint er irgendeine der Dosen. In diesem letzteren Fall »ist es nicht eine Besonderheit der *marginalen* Dosis, die sie weniger als die anderen produzieren läßt. Durchaus nicht. Sie haben alle denselben »Grenz«effekt für den Ertrag; und in bezug auf diese Größe kommt keine vor oder nach der anderen. Die Höhe dieses Differential- oder Marginalertrages hängt nicht von der Natur jeder einzelnen Dosis, sondern von ihrer Gesamtzahl ab«.[28]

Von diesen beiden Arten von Kurven und *Grenzen* nun weist Wicksteed die ersten zurück, »die weder etwas erhellen noch beweisen, es sei denn die Tatsache, daß die bessere Ware den höheren Preis erzielt«.[29] Sie sind nämlich nur das Resultat einer willkürlichen Disposition. Er spricht also der ricardianischen Rententheorie, die auf sie aufbaut, jeglichen Aussagewert ab. Was die zweite Art angeht, so akzeptiert er sie als Grundlage der »Differentialtheorie der Verteilung«, unter der Bedingung, daß die Kurven nicht nur auf den Boden angewandt werden, dessen Entlohnung nicht anders bestimmt werde als die der anderen Produktionsfaktoren, sondern auf alle Faktoren. Wir können nicht weiter verfolgen, wie Wicksteed seine Unterscheidung auf die Verteilungstheorie anwendet. Genausowenig können wir uns über die Einwände verbreiten, die er gegen die Bestimmung des

28 Ebd., S. 18.
29 *Common Sense of Political Economy*, 1910, S. 572: »... und dies ist in Wahrheit der ganze Inhalt des ricardianischen Rentengesetzes« (S. 569). Wicksteed scheint zu meinen, daß die relative »Überlegenheit« der Faktoreinheiten in der Natur der Fragestellung liege: dies stimmte, wenn die Faktoren alle homogen wären. Die Verteilungstheorie beschränkte sich dann darauf, festzustellen, daß die Zuteilung auf jeden Faktor genau proportional seiner Größe ist, denn die Überlegenheit würde sich genau dahingehend auflösen. Aber dem ist nicht so, und die Bestimmung dieser Überlegenheit ist gerade eine der *Fragestellungen* der Theorie; die relative Überlegenheit kann nicht mit einem absoluten Kriterium festgelegt werden, sondern sie variiert mit den Produktionsbedingungen: so, wie es z. B. Marshall für zwei Böden A und B gezeigt hat, von denen, wenn die Kultivierung extensiv ist, A die größere Rente erhält; es kann aber sein, daß, wenn sie beide intensiv bebaut werden, B eine größere Rente erzielt. Welche von beiden ist nun »die bessere Ware« im absoluten Sinn?

Marktpreises durch den Schnittpunkt der Kurven von Angebot und Nachfrage vorbringt. Dabei bemerkt er sogar die Nicht-Existenz der Angebotskurve[30] und die Notwendigkeit, nur die existierende Warenmenge und die Nachfragekurve als preisbestimmend zu betrachten (»dies ist eine Kurve, die eine Funktion darstellt«).[31] Wir müssen uns darauf beschränken, nur die Unterscheidung für sich selbst zu betrachten und daraus zu ersehen, wie unbegründet sie vor dem Hintergrund dessen, was auf den vorangegangenen Seiten gesagt wurde, erscheint: Jede beliebige fallende Kurve, die allgemeinen und nicht nur zufälligen Charakter haben soll, muß eine »deskriptive« Kurve sein. Wir beobachten, daß bei der funktionalen Kurve nach Wicksteed »die Grenzproduktivität nicht von der Natur jeder einzelnen Dosis abhängt, sondern von ihrer Gesamtzahl«. Nur ist der Satz unvollständig. Denn wenn es wahr ist, daß die Dosen gleich sind und ein unterschiedliches Produkt erbringen, so bedeutet dies, daß in unterschiedlicher Weise von ihnen Gebrauch gemacht wird. Das Produkt der Grenzdosen hängt also genau von der Art ihrer Verwendung ab. Deshalb ist bei der funktionalen Kurve die Produktivität einer marginalen Dosis nicht direkt von ihrer Gesamtzahl abhängig, sondern nur insoweit, als für die »letzte« Dosis nur der weniger produktive Einsatz bleibt, da die besseren Einsatzmöglichkeiten schon alle verbraucht sind. Je größer also die Zahl der Dosen, desto weiter muß man die Stufen der verfügbaren Verwendungen hinuntersteigen. Diese Skala aber ist vom Typ der deskriptiven Kurven, weil die Einsätze »willkürlich« und nicht aus einer materiellen Notwendigkeit heraus in fallender Reihenfolge angeordnet werden. Die »funktionale Kurve« bewirkt also nichts anderes als die Betonung der »unterschiedlichen Natur«, also verschiebt sie die »willkürliche« Anordnung der Dosen selbst auf ihre Einsatzalternativen hin. Aber die Beziehung, die die Anzahl der Dosen mit der Grenzproduktivität in Verbindung bringt, das heißt die Produktivitätskurve, ist im einen wie im anderen Fall vom gleichen Typ.[32] Natürlich (und

30 »Political Economy in the Light of Marginal Theory«, a.a.O., S. 13.
31 Ebd., S. 12.
32 Wir haben die von Wicksteed eingeführte Unterscheidung nur unter dem Gesichtspunkt der Eigenart der fallenden Produktivität, mit der wir uns beschäftigen, kritisiert. Man könnte dem entgegenhalten, daß für Verteilungswirkungen die Unterscheidung in deskriptive und

das kann man in beiden Fällen sagen) ist es nicht der Beobachter, wie Wicksteed zu meinen scheint, der willkürlich über die Anordnung der Böden in der Reihenfolge fallender Produktivität entscheidet, wie er über die Anordnung einer Reihe von Menschen nach ihrer Größe verfügen könnte[33], sondern der Produzent selbst. Dieser handelt nur insofern nach seinem Ermessen, als es ihm sein Vorteil diktiert.

Wir fügen hinzu, daß man das gleiche für sinkenden Nutzen sagen könnte (also für die Nachfragekurven, die daraus abgeleitet werden). Es handelt sich dabei um einen besonderen Fall abnehmender Produktivität, wenn man den Nutzen als Produkt, die konsumierte Ware als den variablen Produktionsfaktor und den »wahrnehmenden Organismus« als den konstanten Faktor betrachtet.[34] Es ist keine Verhaltensannahme, die dem sinkenden Nutzen allgemeinen Charakter verleiht, sondern die Möglichkeit, verschiedene Dosen eines Gutes einzusetzen, um verschiedene Bedürfnisse zu befriedigen, und der Wunsch, die ersten Dosen einzusetzen, um zunächst die dringendsten Bedürfnisse zu befriedigen.

Nachdem wir das Argument der Willkürlichkeit der Anordnung der verschiedenen Böden in der Reihenfolge fallender Fruchtbarkeit untersucht haben, gehen wir zu einem anderen Einwand über. Dieser verneint die Möglichkeit, die Böden nach ihrer

> funktionale Kurven wesentlich ist: In der Tat, in der ersten Konstruktion erhalten die verschiedenen, nacheinander in der Reihenfolge sinkender Fruchtbarkeit angebauten Böden verschiedene Entlohnungen, während in der zweiten die gleichen nacheinander angewandten Dosen Kapital auf einem gegebenen Boden in jeder Situation die gleiche Entlohnung erhalten. Es scheint also, daß je nach dem, ob die Verschiedenheit (aus der die fallende Produktivität entsteht) sich auf die Dosen selbst bezieht oder auf die Art, in der gleiche Dosen angewandt werden, man entgegengesetzte Effekte für die Verteilung erhielte. Man muß jedoch nur die verschiedenen Formen, in denen die Dosen angewandt werden können, als *kostenlose Produktionsfaktoren* betrachten, (nach der Konzeption Edgeworths, »Railway Rates«, 1, in: *Economic Journal*, 1911, S. 357), um zu erkennen, daß, wenn diese kostenlosen Faktoren angeeignet würden (z. B. durch Patentierung), die Entlohnung, die sie erhielten, verschieden und, gerade wie für die verschiedenen Böden, proportional zu ihrer Effizienz wäre.

33 *Common Sense...*, S. 539.
34 A.a.O., S. 570.

Fruchtbarkeit so zu ordnen, daß die Reihenfolge sich mit wachsender Intensität der Bebauung nicht verändert.[35] Es ist klar, daß, wenn das stimmte, die Konstruktion einer statischen Kurve fallender Produktivität, die sich auf die Reihenfolge der Fruchtbarkeit der Böden stützt, nicht mehr denkbar wäre. Ein solcher Einwand hat nicht nur vom Standpunkt der Anwendung der Theorie auf die Landwirtschaft aus Bedeutung, sondern auch von dem eines »allgemeinen Gesetzes der fallenden Produktivität«, mit dem wir uns hier beschäftigen. Denn, falls er begründet wäre, könnte er leicht auf das Kriterium ausgedehnt werden, nach dem man beurteilt, welches die beste unter verschiedenen Anwendungen ist, in denen eine gegebene Faktorvermehrung eingesetzt werden kann, oder welches die beste unter verschiedenen Dosen unterschiedlicher Qualität eines Faktors ist. Nun sagt Marshall, daß Ricardo mit der Behauptung, daß mit dem Anwachsen der Bevölkerung schrittweise immer kargere Böden bebaut werden, »sich unachtsam ausgedrückt habe, fast als gäbe es ein absolutes Maß *(an absolute standard)* der Fruchtbarkeit«. Marshall hat einen Paragraphen seiner *Principles*[36] dem Beweis dieser Aussage gewidmet: »Es gibt keinen absoluten Maßstab für den Reichtum oder die Fruchtbarkeit des Bodens. Auch wenn keine technischen Veränderungen stattfinden, kann ein bloßes Anwachsen der Nachfrage nach Produkten das Rangverhältnis zweier benachbarter Bodenflächen in bezug auf die Fruchtbarkeit umstoßen. Die eine, die im Fall, daß beide unkultiviert oder gleich wenig kultiviert sind, den geringeren Betrag abwirft, kann die andere überflügeln und einen höheren Grad an Fruchtbarkeit erreichen, wenn beide mit gleicher Intensität bebaut werden.«[37]

Es gilt, folgende Frage zu beantworten: Welches ist die Definition von Fruchtbarkeit (allgemeiner: von »Überlegenheit«), die angewandt werden muß, um die Böden genau so anzuordnen, daß die Ausdehnung der Bebauung am vorteilhaftesten vorzunehmen ist? Die möglichen Definitionen (die von den verschiedenen Autoren anerkannt werden), sind sehr unterschiedlich. Mars-

---

35 Dieser Einwand bezieht sich natürlich nicht auf die Variationen der relativen Fruchtbarkeit mehrerer Böden, die von Veränderungen im technischen Wissen, im Anbausystem und den Erntemethoden herrühren. Diese liegen außerhalb der Betrachtung.
36 Buch IV, Kap. III, § 3.
37 A.a.O., S. 157.

hall hält von zwei Böden den für fruchtbarer, der in einer gegebenen Gleichgewichtssituation (das heißt, das Produkt einer marginalen Menge Kapitals sei auf beiden Böden gleich)[38] ein höheres Durchschnittsprodukt erbringt. Dieses Kriterium hat zur Konsequenz, daß sich mit wachsender Intensität der Produktion die Reihenfolge der Fruchtbarkeit der Böden ändert. Das gleiche geschieht, bei anderen Definitionen, zum Beispiel bei der von Malthus: »Boden von schlechterer Qualität verlangt eine größere Menge Kapital, um ein bestimmtes Produkt hervorzubringen«[39], oder der von J. S. Mill: »Schlechterer Boden bedeutet Boden, der mit gleicher Arbeit eine kleinere Produktmenge erbringt.«[40] Diese beiden Definitionen haben außerdem den Nachteil, daß sie annehmen, die beiden vergleichbaren Böden hätten die gleiche Fläche, da sonst der größere der beiden als »fruchtbarer« zu betrachten wäre. Nun ist die flächenmäßige Ausdehnung sicherlich das wesentliche Attribut des Bodens, aber sie hat nichts mit der Definition der Fruchtbarkeit zu tun, die man für die erste Form der abnehmenden Produktivität benötigt. Es besteht keinerlei Notwendigkeit, anzunehmen, die nacheinander kultivierten Böden seien von gleicher Fläche.[41] Dies vorausgesetzt, würden uns die genannten Definitionen zu der absurden Konsequenz führen, daß *ceteris paribus* zuerst die ausgedehntesten Flächen bebaut werden. Diese und andere Definitionen, die man nennen könnte, haben den Vorteil, ziemlich nahe an dem unpräzisen Begriff zu bleiben, den man im allgemeinen von »Fruchtbarkeit« hat. Aber das, was wir brauchen, ist ein Kriterium, das angibt, in

---

38 S. 160. Man könnte meinen, Marshall beabsichtige vielmehr, zu sagen, daß die Böden mit derselben Menge Kapital bebaut werden; aber diese Bedingung wird im allgemeinen unvereinbar mit der anderen sein, daß nämlich die Grenzproduktivitäten auf den beiden Böden gleich seien: Letztere Bedingung scheint besser »die gleiche Intensität der Bebauung« wiederzugeben und besser in den Zusammenhang des zitierten Abschnittes von S. 157 und im allgemeinen zum § 3 zu passen, der die Existenz sukzessiver Gleichgewichtszustände auf dem Markt impliziert. Siehe besonders die Diagramme auf S. 158, Anm.
39 *An Inquiry into the Nature and Progress of Rent*, 1815, S. 27.
40 *Principles of Political Economy*, Buch I, Kap. XII, § 2, in der 7. Auflage, Bd. I, S. 221.
41 Siehe Edgeworth, »Railway Rates«, I, in: *Economic Journal*, 1911, S. 353.

welcher Reihenfolge es vorteilhaft ist, die verschiedenen Böden nacheinander der Bebauung zuzuführen, und das *in jedem Fall* gelten soll, unabhängig von der Tatsache, daß man hinterher mit größerer oder geringerer Intensität produzieren will. Nun wird man am besten den Boden zuerst bebauen, und ihn daher als den »fruchtbarsten« betrachten, der an dem Punkt, an dem seine Grenzproduktivität gleich der Durchschnittsproduktivität ist, eine höhere Produktivität als alle anderen Böden aufweist. Beziehen wir uns auf Abbildung 1, so ist es der Boden, dessen Kurve im Punkt P die größte Ordinate PM besitzt.[42] Daß es sich hierbei tatsächlich um das gebräuchliche Kriterium handelt, folgt aus der Tatsache, daß es in jedem Fall vorteilhaft ist, bei der Bebauung jedes Bodens zumindest bis zum Punkt der höchsten Durchschnittsproduktivität zu gehen. Erst danach kann es sinnvoll sein, zu einem anderen, weniger fruchtbaren Boden überzugehen.[43] Wenn man also zuerst einen anderen Boden bebaute, erhielte man ein geringeres Durchschnittsprodukt. Daß die so bestimmte Reihenfolge der Fruchtbarkeit sich mit der Intensivierung der Bebauung nicht verändert, folgt aus der Tatsache, daß sich die Form der beiden Produktivitätskurven und damit ihr Schnittpunkt mit der Variation der Kennziffer M nicht ändert.

Diese Analyse hat wohl mit ausreichender Deutlichkeit die wesentliche Eigenschaft der fallenden Produktivität gezeigt: Nämlich, daß sie daher rührt, daß es vorteilhaft und im allgemeinen möglich ist, Dosen von Produktionsfaktoren und ihre verschiedenen Einsatzmöglichkeiten in der Reihenfolge sinkender Effizienz anzuordnen – einer Reihenfolge, die genau bestimmt ist.

Betrachten wir nun einen Fall, in dem dieses Prinzip falsch angewandt wurde. Barone hat es auf die Angebotskurve eines Produktes bei freier Konkurrenz ausdehnen wollen. Nachdem er festgestellt hatte, daß »auf dem Markt Unternehmer, die dasselbe Produkt mit verschiedenen Produktionskosten herstellen, neben-

---

42 Diese Definition schließt den Extremfall ein, daß die Produktivität von Anfang an fallend ist; die beiden Kurven hätten dann nur den Anfangspunkt gemeinsam, und es wäre zuerst jener Boden zu bebauen, der die höchste Anfangsproduktivität aufweist.

43 Natürlich vernachlässigt die erste Form fallender Produktivität die Möglichkeit, bevor zu einem zweiten Boden übergegangen wird, die Bebauung des ersten über einen Punkt maximaler Produktivität hinaus zu intensivieren, aber sie schließt sie durchaus nicht aus.

einander existieren«[44], klassifiziert er sie in der Reihenfolge steigender Kosten. Er nimmt implizit an, daß dies genau die Reihenfolge sei, in der die Unternehmer auf den Markt kommen oder ihn verlassen müssen, je nachdem, ob die Nachfrage nach dem Produkt steigt oder fällt. Daraus schließt er, daß der Marktpreis gleich den Kosten sei, zu denen das »marginale« Unternehmen produziert. Die Angebotskurve weist demnach bei Konkurrenz immer steigende Kosten auf.[45] Das Vorgehen Barones ist formal identisch mit dem Ricardos, wo Böden nacheinander der Bebauung zugeführt werden. Barone setzt lediglich an die Stelle der Böden die Unternehmen, an die der Fruchtbarkeit die Effizienz, an die der Rente den Profit. Ein solches Vorgehen vernachlässigt jedoch einen grundlegenden Unterschied: Wenn man den Ackerbau ausdehnen will, wird man im allgemeinen nur auf die Böden zurückgreifen können, die man vorher für unvorteilhaft hielt, also auf die schlechteren. (Wir unterstellen hier mit ausreichender Annäherung an die Realität, daß der Boden nur der Landwirtschaft dient.) Aber wenn sich die Zahl der Unternehmen in einer Industrie erhöht, ist nicht gesagt, daß die zuletzt eingetretenen die am wenigsten effizienten sind, denn sie waren im Gegensatz zu den marginalen Böden vorher nicht »ungenutzt«, sondern sie waren Teil einer anderen Industrie. Von dieser ausgehend, sind die Unternehmen zu dem sich entwickelnden Gewerbezweig übergewechselt, die den Übergang mit den geringsten Kosten ausführen konnten, das heißt wahrscheinlich die, die sich in einer angrenzenden Industrie befanden oder deren Kapital und Arbeit jedenfalls mit größerer Mobilität ausgestattet waren. Wenn es umgekehrt eine Verringerung der Nachfrage nach einem bestimmten Produkt gibt, werden die Unternehmen, die am leichtesten ihre Produktion modifizieren können, die Industrie verlassen. Gewiß, einige Unternehmen werden aus jeder Industrie vertrieben werden und Bankrott machen, genau wie im Fall der Nachfrageerhöhung einige neue entstehen werden. Es scheint, daß Barone nur diese Fälle betrachtet: Nun, wenn man bedenkt, daß das Unternehmen viel mehr als von der Person des Unternehmers von einer Ansammlung von Kapital und Arbeit gebildet wird, sieht man, daß, auch wenn ein Teil der Kapitalien zerstört

---

44 *Principi di economia politica*, Rom 1913, S. 6.
45 A.a.O., S. 14; siehe unten, Anm. 82.

wird und ein Teil der Arbeiter dauernd arbeitslos bleibt, ein anderer Teil sich notwendigerweise von einer Industrie zur anderen bewegen wird. Und es wird nicht immer der ineffiziente Teil, sondern der am leichtesten »transferierbare« sein. Nehmen wir zum Beispiel an, in der Industrie A habe ein Unternehmen, das mit niedrigen Kosten produziert, einen jährlichen Profit von 20 und ein anderes, das mit höheren Kosten produziert, habe einen Profit von 10; beide mögen voraussehen, daß, wenn sie sich in die Industrie B verlagerten, das erste einen Profit von 18 und das zweite einen von 5 hätte; der Übergang wäre also weder für das eine noch für das andere vorteilhaft. Wenn im folgenden die Nachfrage nach dem Produkt A zurückgeht und daraufhin die Profite des ersten Unternehmens auf 15 und die des zweiten auf 6 fallen, ist klar, daß das effizientere Unternehmen zuerst aus der Industrie A »hinausgeworfen« wird.

Der Fall verschiedener Unternehmen ist nicht in Analogie zur Ausdehnung der *gesamten* Landwirtschaft auf unbebauten Boden zu behandeln; vielmehr ähnelt er der Ausdehnung des Anbaus *eines einzigen* landwirtschaftlichen Produktes. In einem solchen Fall spricht man nicht mehr von fallender Produktivität, weil die Böden, auf denen die Produktion begonnen wird, im allgemeinen nicht unbebaute Böden sein werden, sondern schon kultivierte, die aufgrund neuer Preise durch den Wechsel der Produktart eine höhere Rente erhalten können: Das können auch die fruchtbarsten sein. Die Verteilung der einzelnen Erträge auf die verschiedenen Böden bestimmt sich nicht nach dem Gesetz der fallenden Produktivität, sondern auf der Grundlage des Prinzips der komparativen Kosten, das heißt analog zu dem Prinzip, nach dem sich die Industrien auf die verschiedenen Länder verteilen.

Nach dem, was über die Natur steigender Kosten gesagt wurde, bleibt uns über die kollektive Angebotskurve der Industrien, die unter diesen Bedingungen arbeiten, nur wenig hinzuzufügen. Es handelt sich um eine Kurve, die für jede Menge einer Ware den Preis angeben muß, der notwendig ist, damit diese Menge von der Gesamtindustrie produziert wird. Um diese Kurve zu konstruieren, kann man die ganze Industrie als einen Betrieb betrachten, der die gesamte Menge des »konstanten Faktors«[46] einsetzt und mit sukzessiven Dosen der anderen Produktionsfaktoren kombi-

---

46 Vgl. Marshall, a.a.O., S. 835.

niert, die ausreichen, um die Produktion bis zur nachgefragten Menge auszudehnen. In den Industrien mit steigenden Kosten werden die Grenzkosten durch die Kosten der Wareneinheit, die unter den ungünstigsten Bedingungen produziert wurde, bestimmt. Aus bekannten Gründen, die hier nicht wiederholt werden müssen, werden die Grenzkosten für jede Menge gleich dem Preis sein, der notwendig ist, damit jene unter normalen Bedingungen produziert wird. Unter Bedingungen steigender Kosten stellt daher die kollektive Angebotskurve die Grenzkosten dar.
Aber dieses insoweit formal korrekte Vorgehen vernachlässigt das grundlegende Problem der Untersuchung einer Industrie bei freier Konkurrenz, in der das allgemeine Gleichgewicht das Resultat einer Reihe individueller Gleichgewichte ist, die die konkurrierenden Betriebe unabhängig voneinander erreichen müssen.
Um diese Beziehungen zwischen dem individuellen Betrieb und der Gesamtindustrie deutlich zu machen, ist es nötig, den Übergang von der individuellen Angebotskurve zur kollektiven zu rekonstruieren.
Die Ähnlichkeit zwischen der Nachfragekurve, die auf sinkendem Nutzen basiert, und der Angebotskurve bei steigenden Kosten, die auf fallender Produktivität beruht, könnte leicht glauben machen, die individuellen Kosten würden in beiden Fällen in der gleichen Weise aggregiert. Für die Nachfrage braucht man nur die Menge zu addieren, die die einzelnen Konsumenten zu einem bestimmten Preis zu kaufen bereit sind, um die Menge zu erhalten, die zu diesem Preis von der Gesamtheit der Verbraucher nachgefragt wird; das heißt, die kollektive Nachfragekurve erhält man, indem man die Abszissen der individuellen Kurven addiert.[47] Die kollektive Kurve ist also nichts anderes als eine Addition der individuellen Kurven. Dies ist deshalb möglich, weil die Ursachen der Senkung des Nachfragepreises bei gesteigerter Warenmenge ihre Wurzeln in der Natur der Individuen haben, was, wie man annimmt, unabhängig davon

---

47 Strenggenommen verlangen auch die individuellen Nachfragekurven, um zusammengefaßt zu werden, eine weitere Bedingung: man muß annehmen, daß jeder Käufer nur das kaufen will, was er konsumieren kann; man schließt also die Möglichkeit aus, daß er die erworbene Ware wieder verkauft. Sonst wäre jeder bereit, zu Preisen unterhalb des Marktpreises eine unbegrenzte Menge Waren zu kaufen.

ist, wie viele oder wenige Menschen diese Waren konsumieren. Für die fallende Produktivität gilt dies jedoch nicht: Die Ursache für diese Verminderung – die Tatsache, daß einer der Faktoren nicht vermehrt werden kann – gilt nur für die Industrie als Ganze. Die verfügbare Menge jenes Faktors ist für die Gesamtheit der Produzenten konstant, aber der einzelne kann die Menge, die er davon einsetzt, erhöhen oder vermindern, ohne den Preis des Faktors selbst nennenswert zu beeinflussen. Im Fall der Landwirtschaft ist »der Boden vom Standpunkt des einzelnen Bauern einfach eine Form von Kapital«.[48] Es ist daher möglich, daß, während die Industrie steigenden Kosten unterliegt, der einzelne bis zu einem gewissen Punkt seine Produktion ausdehnen kann, weil er Vorteile aus Skalenerträgen zieht. Andererseits kann er sich eine größere Menge des konstanten Faktors zum Schaden seiner Konkurrenten beschaffen, ohne gezwungen zu sein, seinen Einsatz zu intensivieren. Aber wenn dies auch für jeden Produzenten für sich genommen möglich ist, so ist es nicht denkbar für die Gesamtheit der Produzenten. Also ist die Addition einer Reihe individueller Kurven dieser Art absurd, denn jede von ihnen gilt nur unter der Bedingung, daß die Produktion der anderen Einzelbetriebe unverändert bleibt. Um die individuellen Kurven aggregierbar zu machen, ist es notwendig, einen Kunstgriff anzuwenden, der die Ursache der Kostenerhöhung von den Bedingungen der Industrie auf die des einzelnen Produzenten verlagert. Dies erreicht man, indem man annimmt, die Zahl der Produzenten sei fix und ein jeder von ihnen dürfe bei Erhöhung seiner Produktion nicht die von ihm eingesetzte Menge des Faktors erhöhen, von dem für die ganze Industrie eine begrenzte Menge existiert, ohne daß die individuellen Kosten steigen. Unter diesen Bedingungen der Individualität der »Unternehmung« ist diese nicht mehr nur durch die Einheit der Leitung, das heißt durch den Unternehmer charakterisiert, sondern auch durch das Vorhandensein einer Einheit des »konstanten« Faktors. Auf diese Art und Weise wird die Bildung einer kollektiven Angebotskurve durch Addition der individuellen Kurven möglich.

---

48 Marshall, a.a.O., S. 170.

III. Fallende Kosten

Das Prinzip der fallenden Kosten ist als Verallgemeinerung der Erfahrungstatsache entstanden, daß in vielen Industrien mit der Erhöhung der *von einem Betrieb* produzierten Warenmenge die Durchschnittskosten sinken. Eine solche Verminderung leitet sich im wesentlichen aus zwei Gruppen von Ursachen ab. Eine erste Gruppe ergibt sich aus dem Rückgriff auf bessere Produktionsmethoden, für den Fall, daß der Betrieb sich vergrößert; das heißt, es entstehen »interne Ersparnisse«, deren charakteristischer und hauptsächlicher Bestandteil eine verstärkte Arbeitsteilung ist. Wir halten uns nicht bei diesem ersten Fall auf. Es sei nur daran erinnert, daß er sich von dem oben (S. 147) erwähnten Fall der steigenden Produktivität eines variablen Produktionsfaktors, der zusammen mit einem konstanten angewandt wird, unterscheidet. In jenem Fall ist das überproportionale Anwachsen des Produktes ausschließlich der Tatsache geschuldet, daß man anfangs gezwungen ist, eine übermäßige Menge eines der Faktoren (des konstanten) einzusetzen, wodurch ein negativer Effekt auf die Produktmenge entsteht (das heißt, falls es möglich wäre, eine geringere Menge des konstanten Faktors einzusetzen, wäre anfangs das Produkt höher).

In jenem Fall wird mit dem Anwachsen eines der Produktionsfaktoren ihr *Einsatzverhältnis* günstiger. Hingegen steht in dem hier betrachteten Fall die Variation der absoluten *Größe der Gesamtheit* der eingesetzten Faktoren im Vordergrund, während sich möglicherweise die Proportion zwischen ihnen gar nicht verändert.[49]

49 Man muß zugeben, daß vom Standpunkt der Ursachen, die die Verminderung der Kosten bestimmen, die Unterscheidung eine Menge dazwischenliegender Fälle zulassen kann. Im hier betrachteten Fall einer einzelnen Unternehmung ist es möglich, daß, wenn sie sehr klein ist, die minimale Menge, die sie von einem bestimmten Faktor anwenden kann, relativ auch so groß sein kann, daß sie eine negative Produktivität aufweist. Andererseits setzt man oft die Unmöglichkeit, eine geringere Menge des konstanten Faktors, der für die geringere Produktivität anfänglich verantwortlich ist, einzusetzen, mit der Unmöglichkeit gleich, unter jenen Bedingungen bessere Produktionsmethoden anzuwenden. Die Unterscheidung verliert damit nicht ihre Daseinsberechtigung: die erste Form, die sich auf die Proportion der

Die erste Gruppe von Ursachen ist vor allem für eine Tendenz zur Verringerung der *Grenz*kosten verantwortlich; nur auf diesem Weg führt sie zu einer Verringerung der Durchschnittskosten der Produktion.

Die zweite Gruppe von Ursachen leitet sich aus der Tatsache ab, daß jeder Betrieb eine bestimmte Menge »fixer Kosten« tragen muß, die mit dem Wachsen der Produktion des Betriebes konstant bleiben, oder wenigstens unterproportional wachsen. Aus der Möglichkeit, diese fixen Kosten auf eine große Zahl von produzierten Einheiten zu verteilen, folgt eine Tendenz zur Verminderung der Kosten jeder Einheit. Es ist daher klar, daß diese Ursachen nur eine Verminderung der *Durchschnitts*kosten bewirken können. Sie haben hingegen keinen Einfluß auf die Grenzkosten, die man auch in gewissem Grad als steigend annehmen könnte, ohne daß dies die Wirkung auf die Durchschnittskosten in Form einer Senkung der Fixkosten pro Einheit aufwöge. Dieser Fall weist eine scheinbar noch größere Analogie zu den fallenden Kosten auf, die von der Veränderung der Faktorproportionen herrühren. In der Tat könnte es als richtig erscheinen, die fixen Kosten als »konstanten Faktor« zu betrachten und die Einzelkosten als »variablen Faktor«, der zusammen mit dem konstanten in sukzessiven Dosen eingesetzt wird. Man könnte also eine Analogie der Ursachen, die in beiden Fällen bei wachsender Produktion die Kostensenkung bewirken, vermuten. Aber in Wirklichkeit gibt es einen tiefgreifenden Unterschied: Im Fall der »fixen Kosten« sinken nur die Durchschnittskosten, während im Fall des »konstanten Faktors« (analog zum Fall der »internen Ersparnisse«) die wesentliche Wirkung im Sinken der Grenzko-

Faktoren gründet, ist charakteristisch für die Gesamtheit der Industrien die einen gegebenen Produktionsfaktor einsetzt, während es bei Konkurrenz für eine Unternehmung von vielen im allgemeinen möglich ist, sich verschiedene Faktoren so zu beschaffen, daß sie in der günstigsten Proportion kombiniert werden können; die zweite Form, die sich auf die Masse der Gesamtheit der angewendeten Faktoren bezieht, ist nur im Falle einer Unternehmung von Bedeutung, während im Falle einer Gruppe von Industrien im allgemeinen die Grenze überschritten wird, unterhalb deren die Produktion weniger effizient ist. Mit anderen Worten: Die beiden Fälle gehören zu verschiedenen Größenordnungen: die Unternehmung und die Industrie, oder besser, die Gruppe von Industrien.

sten besteht und die Durchschnittskosten nur als indirekter Effekt ebenfalls sinken.

Die Fälle, in denen die Produktivität als Folge der Veränderung der Größe eines einzelnen Betriebes steigt, finden keinen Platz in der Theorie der Preisbestimmung bei freier Konkurrenz. Denn es ist einleuchtend, daß, wenn ein Betrieb seine Kosten durch Erhöhung der Produktion grenzenlos verringern kann, er fortwährend den Verkaufspreis reduzieren müßte, bis er den ganzen Markt erobert hat. Dann aber ist die Hypothese der Konkurrenz nicht mehr gültig.

Wir werden also diese Fälle nicht weiter untersuchen. Sie konnten jedoch hier nicht völlig vernachlässigt werden, weil sie von vielen Autoren als Grundlage der Tendenz sinkender Kosten unter Konkurrenzbedingungen angesehen wurden. Schon Cournot[50] hatte geglaubt, eine kollektive Angebotskurve bei Konkurrenz und fallenden Kosten bilden zu können, indem er einfach die individuellen Kurven addierte, die die Verminderung der Stückkosten, die für jeden Produzenten aus der Vermehrung seiner individuellen Produktion resultiert, darstellten. Er bemerkte dabei nicht, wie Marshall schrieb, daß »solche Prämissen unweigerlich zu dem Schluß führen, daß der Betrieb, der zuerst einen Vorsprung gewinnt, ein Monopol für den gesamten Geschäftszweig erhalten wird«.[51] Ebenso verfiel Edgeworth in einen Fehler dieser Art[52], den er jedoch nach der Publikation des Werkes von Marshall, das die Frage endgültig geklärt und jede Möglichkeit des Zweifels ausgelöscht hat, berichtigte.[53] Barone hingegen glaubte weiterhin, der Fehler sei auch durch jene Publikation nicht korrigiert worden. Er verneint die Möglichkeit einer statischen Kurve mit sinkenden Kosten für den Fall, daß es mehrere konkurrierende Unternehmen gibt: »Die fallende Kurve kann eine konkrete und präzise Bedeutung im Fall a) (ein Betrieb wird isoliert betrachtet) und im Fall b) (ein monopolistischer Betrieb) haben; aber im Fall c), das heißt bei mehreren konkurrierenden

50 *Recherches sur les principes mathématiques de la théorie des richesses*, 1838, § 48, S. 96 ff.
51 *Principles*, a.a.O., S. 459, Anm.
52 »On the applications of mathematics to political economy«, in: *Journal of the Royal Statistical Society*, 1889, S. 570 f.
53 *Papers relating to Political Economy*, London 1925, Bd. II, S. 305 f., Anm.

Unternehmen, verstehen wir nicht, was das aussagen soll.«[54] Barone meinte offensichtlich, daß die falsche Methode, die Cournot verfolgt hatte, die einzig vorstellbare sei, um eine kollektive Angebotskurve bei fallenden Kosten zu konstruieren. Er vergaß dabei, daß die Theorie der »externen Ersparnisse« die vollständig korrekte Konstruktion einer solchen Kurve erlaubte, wenigstens aus formaler Sicht.

Der Grund unseres besonderen Interesses an dieser Form steigender Produktivität liegt jedoch in der Rolle begründet, die sie zusammen mit der sinkenden Produktivität als Folge von Variationen der Faktorproportion bei der Entstehung der Theorie des Gleichgewichtspreises gespielt hat, und in dem beachtlichen Einfluß, den sie noch immer ausübt, um die Theorie selbst akzeptabel zu machen.

Marshall nimmt bei der Herausbildung dieser Theorie eine so überragende Stellung ein, daß wir uns in unserer Untersuchung darauf beschränken können, die Entwicklung seiner Argumentation zu betrachten. In *Economics of Industry*[55], das die erste zusammenhängende Darstellung seiner Lehrmeinung enthält, läßt Marshall das Gesetz der steigenden Produktivität direkt aus dem »Gesetz der Arbeitsteilung« (S. 57) entstehen, das er seinerseits in erster Linie von der »Größe der Betriebe, in denen die Arbeit ausgeführt wird«, abhängig macht (S. 52). Indem er als Ursachen sinkender Kosten eine Annahme trifft, die mit vollkommener Konkurrenz unvereinbar ist, verfällt er beinahe in jenen Fehler, den er später selbst beanstanden mußte. »Unter der Bedingung, daß es eine große Zahl von kleinen Fabriken und Werkstätten innerhalb eines Industriezweiges gibt« (S. 52), können viele der Vorteile der Arbeitsteilung »von ihnen genutzt werden«. Diese Vorteile liegen für Marshall im wesentlichen in der Entwicklung der Zulieferindustrien, die die Werkzeuge und Maschinen herstellen, die für die betreffende Produktion nötig sind und die die Kommunikation zwischen den einzelnen Industriezweigen erleichtern. Aber – bemerkt er sofort – die kleinen Fabriken können sich dieser Vorteile nur bedienen, wenn »sie in großer Zahl im selben Gebiet zusammengefaßt sind« (S. 53). Die

54 A.a.O., S. 197, Anm.
55 London 1879; die zweite Auflage, aus der wir zitieren, stammt aus dem Jahre 1881, das heißt, sie geht den *Principles of Economics* um zehn Jahre voraus.

Standortdichte der Industrie ist daher eine notwendige Bedingung für das Auftreten dieser Art von steigender Produktivität.
Wie man sieht, finden sich in dieser ersten Fourmulierung jene Bedingungen, die im Anschluß an Marshall als primäre Ursachen der Kostensenkung betrachtet werden mußten, nämlich die »externen Ersparnisse«, nur im Embryonalzustand und als sekundäre Elemente. Indem ihr Einfluß durch die Wahl des Standortes der Industrie bedingt war, wird deutlich, daß sie nicht als Grundlage einer Tendenz steigender Produktivität, die ausschließlich mit Produktionsvermehrung verbunden ist, gelten konnten. Man kann in der Tat im allgemeinen nicht annehmen, daß bei jeder Produktionsvermehrung eine größere Zahl von Betrieben in einem bestimmten Gebiet auftritt und daß jede Verminderung zu einer Verteilung der Betriebe auf ein ausgedehnteres Gebiet führt. Diese Annahme wäre notwendig, um die Abhängigkeit der fallenden Kosten von den Ersparnissen, die aus der Anzahl der Unternehmungen einer Industrie erwachsen, feststellen zu können.
Für die andere Art externer Ersparnisse, die aus Verbesserungen der Produktionsmethoden infolge einer Vergrößerung der Industrie entstehen, schloß Marshall aus, daß die Kostensenkungen, die auf ähnliche Verbesserungen zurückzuführen sind, als *Effekt* ausschließlich der Produktionsausdehnung angesehen werden können. Er hob nämlich hervor, daß »hierbei überwiegend der allgemeine Fortschritt der Technik im Sinne einer solchen Veränderung gewirkt habe« (S. 92). Dies ist eine Beobachtung, die uns von großem Gewicht zu sein scheint, wenn sie auch später von Marshall selbst vernachlässigt wurde.
Als er bemerkte, daß eine Kostenverminderung, die aus dem Größenwachstum der Fabriken und aus einer differenzierteren Arbeitsteilung resultiert, mit freier Konkurrenz unvereinbar ist, verließ er seinen ursprünglichen Standpunkt. Statt dessen widmete er seine Aufmerksamkeit der Theorie der externen Ersparnisse bis zu einem Punkt, an dem er diese als einzige Ursache sinkender Kosten unter Konkurrenzbedingungen betrachtete.
Nur in den *Principles of Economics* ist diese Theorie in ihrer definitiven Form aufgetaucht. Die radikale Veränderung, die dieses Werk für den Wesenskern der Gesetze über Kostenvariation hervorbrachte, blieb beinahe unbeachtet, während die Werttheorie, fußend auf der »fundamentalen Symmetrie« der Kräfte von Nachfrage und Angebot, für die jene Gesetze notwendige

Voraussetzung sind, unverändert blieb. Im Grunde wurden also die Fundamente ausgewechselt, ohne daß das darauf stehende Gebäude dadurch erschüttert wurde, und es verrät die außerordentliche Geschicklichkeit Marshalls, daß es ihm gelang, die Verwandlung unbemerkt zu vollziehen.

Hätte er der Originalität der neuen Konzeption die ihr gebührende Stellung eingeräumt, wäre sie vielleicht nicht ohne Widerspruch aufgenommen worden. Indem er sie als eine allen bekannte, keineswegs neue Sache, fast wie einen Gemeinplatz darstellte, erreichte er, daß sie als stillschweigender Kompromiß zwischen den Erfordernissen der Konkurrenz, die mit fallenden Stückkosten unvereinbar sind, und der Notwendigkeit, sich nicht allzuweit von der Realität zu entfernen, die – weit von der vollkommenen Konkurrenz entfernt – zahlreiche Fälle sinkender Kosten dieses Typs aufweist, angenommen werden konnte. Daß dann die »externen Ersparnisse«, die jeder Industrie eigen sind und die die ersehnte Versöhnung zwischen wissenschaftlicher Abstraktion und Realität ermöglichen, selbst eine rein hypothetische und irreale Konstruktion sind, wird oft vernachlässigt.

Die Charakteristika der neuen Theorie werden bei der Konstruktion der Gesamtangebotskurve bei Konkurrenz deutlich. Die externen Ersparnisse bilden ein Band, das die Produktionsbedingungen der einzelnen Unternehmungen einer Industrie miteinander verbindet: Die Produktionskosten jedes Unternehmens sind nicht nur durch die Menge, die es selbst herstellt, bestimmt, sondern gleichzeitig durch die von allen anderen Unternehmen produzierte Menge. Bei der Untersuchung des Unternehmensgleichgewichts sind also drei Variablen zu betrachten: die Kosten sowie die je vom einzelnen Unternehmen und die von der Gesamtheit der Unternehmen produzierte Menge.

Die Hypothese der freien Konkurrenz setzt die Grenzen, innerhalb derer die Theorie der fallenden Kosten, die auf externen Ersparnissen beruhen, anwendbar ist. Sie impliziert, daß, betrachtet man die Gesamtheit der Betriebe, die eine bestimmte Ware herstellen, als »eine Industrie«, jeder Betrieb im Verhältnis zur Industrie so klein sein muß, daß der Einfluß einer von ihm ausgelösten Mengenänderung auf den Marktpreis als vernachlässigbar angesehen werden kann. Nimmt man weiterhin an, jeder Produktionsfaktor werde von einer großen Zahl verschiedener Industrien benutzt, dann übt außerdem die Veränderung der

Menge, die von einem Faktor in einer Industrie eingesetzt wird, keinen nennenswerten Einfluß auf das Einkommen dieses Faktors aus, denn diese wird von den allgemeinen Bedingungen der Gesamtheit der Industrien, die ihn anwenden, bestimmt.[56] Die Faktormenge, die sich jede Industrie zum Marktpreis beschaffen kann, muß praktisch als unbegrenzt betrachtet werden.

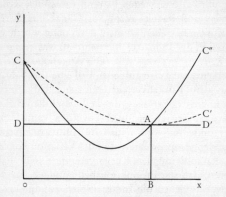

Abb. 2

Wir beginnen nun mit der Untersuchung der Form der Angebotskurve einer einzelnen repräsentativen Firma. Wir bilden auf der Abszisse (s. Abbildung 2) die von ihr produzierte Menge, auf der Ordinate die entsprechenden Stückkosten, also die Gesamtkosten jeder Menge geteilt durch die Zahl der produzierten Einheiten, ab. Um die oben genannten Bedingungen zu erfüllen, wird diese Kurve notwendigerweise einen ganz bestimmten Verlauf annehmen. Vor allem kann sie nicht auf ganzer Länge steigende Kosten aufweisen: In einem solchen Fall würde in der

[56] Pigou bestätigt ausdrücklich, daß eine solche Vorgehensweise auf »eine große Zahl von verschiedenen Industrien, von denen man annimmt, jede benutze nur einen kleinen Teil der gesamten Ressourcen eines Landes, angewendet werden darf. Da jede Industrie verhältnismäßig klein ist, wird also der Preis für eine Einheit der verschiedenen Produktionsfaktoren, den jede Industrie zahlen muß, von den allgemeinen Marktbedingungen bestimmt und ist nicht nennenswert von Variationen der Menge beeinflußt, die in jeder Industrie eingesetzt wird (*Economics of Welfare*, S. 935; siehe auch Bowley, *Mathematical Groundwork of Economics*, Oxford 1924, S. 28).

Tat die Konkurrenz dazu führen, daß jeder Betrieb unendlich klein und die Zahl der Betriebe unendlich groß würde. Jeder einzelne sähe sich vor die Notwendigkeit gestellt, die eigene Produktion zwecks Senkung der Kosten zu reduzieren, und so bestände keine Möglichkeit, irgendein Gleichgewicht zu erreichen.

Die Kurve muß also auf jeden Fall mit sinkenden Kosten beginnen. Sie wird andererseits nicht zur Gänze aus Bereichen mit fallenden Kosten bestehen können, denn dann würde ein Betrieb das Monopol in der Industrie übernehmen, was gegen die Hypothese der Konkurrenz verstieße. Die Angebotskurve der repräsentativen Firma wird also auf jeden Fall eine Form des Typs CC' haben. Aus dem Kurvenverlauf ergibt sich ein *Minimum*[57] am Punkt des höchsten Ertrages, das heißt, bei der Menge, die mit den niedrigsten Kosten produziert werden kann. Diese Kurve setzt unter anderem voraus, daß die Industrie insgesamt *eine* bestimmte Menge z produziert. Mit der Variation von z kann sich die Form der individuellen Kurve verändern. Wir haben daher angenommen, daß die Produktionsbedingungen der verschiedenen Firmen, aus denen die Industrie sich zusammensetzt, nicht voneinander unabhängig sind. Einer Gesamtproduktion z der Industrie wird ein bestimmter Gleichgewichtspreis entsprechen, der auch der einzig mögliche Verkaufspreis für das betrachtete Unternehmen sein wird. Konkurrenz ist als ein Zustand definiert, in dem jeder »dem Marktpreis unterliegt, ohne zu versuchen, ihn zu modifizieren«, das heißt, jeder kann »den Preis als konstant annehmen«.[58]

Das bedeutet, daß, vom Standpunkt des einzelnen Produzenten, die Marktnachfragekurve eine Gerade parallel zur Abszisse bildet. Dies ist die einzige Möglichkeit, einen Zustand darzustellen, in dem ein Produzent eine praktisch unbegrenzte Menge zum Marktpreis verkaufen kann. Die Nachfragekurve (DD') wird, versteht man sie in diesem Sinne, immer eine Tangente an die individuelle Angebotskurve (CC') im Punkt des maximalen Ertrages (A) sein: das heißt, jedes Unternehmen wird immer zu minimalen Stückkosten verkaufen. In der Tat ist CC' so gezeich-

---

57 Ausnahmsweise kann die Kurve mehrere Minima aufweisen; in einem solchen Fall ist das Minimum minimorum in Betracht zu ziehen.
58 Pareto, *Cours d'économie politique*, § 46 und Anm.

net worden, daß ihre Ordinaten die Gesamtentlohnung *aller* eingesetzten Produktionsfaktoren einschließlich des Faktors »Unternehmensführung«[59] darstellen. Wenn jetzt die Angebotskurve in einigen Punkten Ordinaten kleiner als AB hätte, also die Nachfragekurve schnitte, würde dies bedeuten, daß die betrachtete Unternehmung die Möglichkeit hätte, zu Stückkosten zu produzieren, die niedriger sind als der Marktpreis, und so einen höheren als den normalen Profit zu erhalten. Aber jede beliebige Ursache, die diese Überlegenheit erlaubte, wäre selbst ein Produktionsfaktor und der angenommene außergewöhnliche Profit wäre nichts anderes als eben die Entlohnung dieses Faktors, der willkürlich aus der Zahl der die Produktionskosten konstituierenden Elemente ausgeschlossen worden wäre.[60] Deswegen wird, wenn alle Kosten berücksichtigt werden, die Gesamtheit der Einnahmen jedes Unternehmens sich genau mit der Gesamtheit der Kosten ausgleichen.

Diese Konstruktion muß mit Vorsicht benutzt werden, um nicht in den Teufelskreis zu geraten, daß bei den Kosten, das heißt bei den Elementen, die in ihrer Gesamtheit den Preis des Produkts bestimmen, auch die Mengen erfaßt werden, die gerade durch jenen Preis bestimmt sind und mit ihm variieren.[61] So wäre die

59 Man sollte vielleicht wiederholen, daß all dies sich nur auf Bedingungen vollkommener Konkurrenz bezieht, also auf einen Zustand, der dem »état limite« Paretos ähnelt, »der charakterisiert ist durch Walras' Hypothese eines idealen Unternehmers, der weder Gewinne noch Verluste macht (da sein Gehalt als Direktor des Unternehmens unter die Produktionskosten gerechnet wird)«: *Cours...* § 87. Die Kritik, die Edgeworth an der Konzeption Walras' und Paretos übt (»On the use of the differential calculus in Economics«, in: *Scientia,* 1910, I, S. 92 ff.), kann aufzeigen, daß dieser Zustand nicht typisch ist, aber sie kann unter den gegebenen Annahmen nicht beweisen, daß die Schlußfolgerung nicht korrekt ist.

60 Es ist fast überflüssig, hinzuzufügen, daß im entgegengesetzten Fall – das heißt, wenn alle Ordinaten der Angebotskurve größer als AB wären – die betrachtete Unternehmung nichts zum Marktpreis verkaufen könnte und deshalb aus der Industrie verschwinden würde.

61 Marshall weist auf die Gefahr dieses Teufelskreises hin, in den man leicht gerät, wenn man sich den realen Bedingungen der »Welt, in der wir leben«, annähert: »Die gegenwärtig von ihnen (den Produktionsinstrumenten) verdienten Einkommen werden durch die allgemeinen Beziehungen zwischen Angebot und Nachfrage nach ihren Produkten

Entlohnung eines Produktionsfaktors, von dem eine konstante Menge existiert und der nur oder vorwiegend in der betrachteten Industrie eingesetzt würde, Ergebnis und nicht Ursache des Preises jenes besonderen Produktes. Die Entlohnung wäre also nicht Teil der Produktionskosten, sondern »Surplus« oder Rente. In der Realität gehören die Bedingungen, die außergewöhnliche Profite dieser Art erzeugen (zum Beispiel durch eine günstige Lage, eine ausgezeichnete Betriebsführung oder Dynamik usw.) im allgemeinen in eine solche Kategorie; sie können, richtig genommen, nicht Teil der Produktionskosten sein, und zwar deswegen, weil sie aus dem Rahmen herausfallen, den wir als Charakteristikum der freien Konkurrenz gesetzt haben (S. 170f.). Wenn man annimmt, daß alle Produktionsfaktoren von einer großen Zahl von Industrien eingesetzt werden, also auch von einer zur anderen beliebig verschoben werden können, ist ihre Entlohnung aus dem Blickwinkel jeder Industrie fest und kann von einem solchen besonderen Standpunkt aus nicht als Rente betrachtet werden.[62]

Die individuelle Angebotskurve weist bei freier Konkurrenz noch eine Besonderheit auf. Bezeichnen wir als »Grenzkosten eines Unternehmens« die Differenz zwischen den Gesamtkosten, die sie decken muß, um eine Menge x (wenn ihre Kapazität auf die Produktion von x ausgerichtet ist) zu produzieren und den Gesamtkosten bei der Produktion von x+dx (wenn ihre Kapazität zur Produktion von x+dx ausgeweitet wird); dann können wir aus der Durchschnittskostenkurve eine Kurve ableiten, welche die Veränderungen der Grenzkosten darstellt (CC″ in Abbildung 2). Eine solche Kurve wird analog zu der auf Seite 144 betrachteten Kurve der Grenzproduktivität konstruiert. Die Grenzkostenkurve wird in jedem Fall die Kurve der Durchschnittskosten im Punkt A des höchsten Ertrages schneiden, der

geregelt sein; ihre Werte werden sich durch die Kapitalisierung dieser Einkommen ergeben. Wenn wir eine Liste der normalen Angebotspreise erstellen, die, zusammen mit der Liste der normalen Nachfragepreise, die Gleichgewichtsposition des normalen Wertes bestimmen muß, können wir daher die Werte dieser Produktionsfaktoren nicht als gegeben betrachten, ohne im Kreise zu argumentieren.« *Principles*, S. 810 und, für ein konkretes Beispiel, S. 417, Anm.

[62] Diese Vermutung und ihre Anwendung im Einzelfall wird von Pigou unterstützt, a.a.O., S. 933, Anm.

auch der einzig mögliche Gleichgewichtspunkt ist.[63] Das heißt, die Durchschnittskosten und die Grenzkosten jeder Firma werden in jeder Gleichgewichtssituation unter den gegebenen Bedingungen immer identisch sein.[64] Produziert die Firma eine Menge OB und verkauft sie zu AB, so wird sie einfach die Ausgaben ersetzt bekommen, ohne daß ihr eine Produzentenrente bliebe.

In dem durchaus möglichen Fall, daß die individuellen Grenzkosten für einige oder auch für alle produzierten Mengen des Produktes konstant sind, würde im Bereich der betreffenden Menge die Grenzkostenkurve mit der Durchschnittskostenkurve zusammenfallen. Wenn die bisher verfolgte Definition von Konkurrenz gilt, wäre innerhalb dieses Bereichs das Gleichgewicht unbestimmt. Eine solche Unbestimmtheit kann vermieden wer-

---

63 Siehe oben, S. 144. – Der analytische Beweis dieser Eigenschaft wird von Edgeworth geführt (»Railway Rates«, IV, in: *Economic Journal* 1913, S. 214); er interpretiert jedoch das Kurvenpaar anders, als es hier geschieht. Wir haben nur summarisch die allgemeinen Beziehungen zwischen der Durchschnittskosten- und der Grenzkostenkurve angedeutet, die in der Abhandlung Pigous deutlich aufgezeigt werden (*Economics of Welfare*, 1920, Anhang III).

64 Eine solche Gleichheit, die im allgemeinen vernachlässigt wird, ist von Flux hervorgehoben worden: »Genau an dem Punkt, an dem man von fallenden zu steigenden Kosten übergeht, das heißt am Punkt der höchsten Effizienz, werden die marginalen Kosten pro Einheit gleich jenen Durchschnittskosten, die sowohl die variablen als auch die fixen Kosten decken und das Verhältnis von Gesamtkosten und Gesamtproduktion darstellen« (*Economic Principles*, 2. Auflage, London 1923, S. 61 f.). Aufgrund dieser Gleichung scheint die folgende Frage Pantaleonis nicht zulässig: »Warum tendiert der Preis in den Betrieben, die mit steigenden Kosten bei freier Konkurrenz produzieren, dazu, sich den Grenzkosten anzunähern, und dagegen in den Betrieben, die mit fallenden Kosten arbeiten, dazu, sich an die Durchschnittskosten anzugleichen?« (*Temi, tesi, problemi e quesiti*, ecc., Bari 1923, S. 82, Anm. 255). Schließlich sehen wir, daß J. A. Hobson – wenn er als Schlußfolgerung seiner Polemiken gegen die »Marginalisten« schreibt: »Mit anderen Worten, die sogenannte Grenzproduktivität ist nichts anderes als eine Durchschnittsproduktivität ... Die Vorstellung, es gebe eine Grenzproduktivität, ist grundsätzlich sophistisch« (*The Industrial System*, 2. Auflage, London 1910, S. 116) – von unserem Standpunkt aus nicht ganz unrecht hat (wie Marshall hingegen behauptet, *Principles*, S. 517, Anm.); seine Behauptung ist nur im zweiten Teil falsch, *und genau deshalb, weil* sie im ersten korrekt ist.

den, wenn man zur Definition ein Attribut hinzufügt, das Pigou für wesentlich hält und das der von uns angenommenen Definition nicht widerspricht. Pigou definiert die »einfache Konkurrenz« als ein Zusammenwirken von »Bedingungen, unter denen es im Interesse jedes Verkäufers liegt, so viel wie möglich zum herrschenden Marktpreis zu produzieren«.[65] Unter diesen Bedingungen wird, wenn die Kurve der Stückkosten für eine bestimmte Strecke konstant ist, das Gleichgewicht an einem Punkt erreicht sein, der der maximalen Menge entspricht, die zu diesen Kosten produziert werden kann. Man kann dann keine Kurve mit durchgehend konstanten Kosten mehr zulassen, weil dadurch das betrachtete Unternehmen zu einem Monopolisten würde.

Da unter den Produktionsbedingungen des einzelnen Unternehmens externe Ersparnisse auftreten, beschreibt das individuelle Kurvenpaar, wie oben gezeigt, die Bedingungen des einzelnen Unternehmens nur bei einem bestimmten Produktionsniveau der Industrie, beispielsweise, wenn die insgesamt produzierte Menge z ist. Gäbe es keine externen Ersparnisse, blieben bei Variation von z die individuellen Kurven unverändert; die Steigerung der Gesamtproduktion resultierte aus einer Vermehrung der Zahl der Betriebe, während jeder von ihnen fortführe, dieselbe Menge zu denselben Kosten zu produzieren. Die kollektive Angebotskurve wiese konstante Kosten auf, da die Kosten der Produktionsfaktoren selbst als konstant angenommen wurden.

Geht man aber vom Vorhandensein externer Ersparnisse aus, so verändert sich mit dem Anwachsen von z die Form der individuellen Kurven vollständig: Der Punkt der maximalen Ersparnis [das heißt das Kostenminimum – B. S.] könnte irgendwie verschoben sein, um so einer höheren oder niedrigeren individuellen Produktion zu entsprechen. Aber auf jeden Fall müßten die individuellen Kosten bei maximaler Ersparnis mit dem Anwachsen der insgesamt produzierten Menge sinken. Unter diesen Bedingungen muß sich die Gesamtangebotskurve folgendermaßen bilden: Da im allgemeinen jede individuelle Kurve nur einen möglichen stabilen Gleichgewichtspunkt für jede insgesamt produzierte Menge aufweist, können nur diese Punkte in die Zusammensetzung der kollektiven Kurve eingehen. Alle anderen (in Abbildung 2 der fallende und der steigende Abschnitt von CC')

---

65 A.a.O., S. 190.

stellen Bedingungen dar, die sich nur realisieren ließen, wenn die angenommene vollständige Konkurrenz abgebaut würde, zum Beispiel während des Zeitraumes, der für die Bewegung von einem Gleichgewicht zum anderen benötigt wird. Nehmen wir, von Abbildung 2 ausgehend, eine dritte Achse Oz an, die senkrecht auf dem Blatt steht, durch O geht und auf der die produzierten Mengen der Gesamtindustrie gemessen werden. Für jeden Wert von z wird man ein anderes Paar von Kurven erhalten, die zwei Flächen bilden, welche sich in einer Kurve mit drei Koordinaten schneiden. Diese stellt den geometrischen Ort der Punkte des maximalen individuellen Ertrages dar.

Diese neue Kurve bildet die Veränderung der individuellen Kosten als Funktion sowohl der vom einzelnen Betrieb als auch der von allen Betrieben der Industrie produzierten Menge ab. Für jeden Betrieb gibt es eine Kurve dieser Art; nicht nur für die in einer gegebenen Situation der Industrie angehörenden Betriebe, sondern auch für jene, die in sie eintreten dürften, wenn die insgesamt produzierte Menge sich erhöht. Faßt man alle individuellen Kurven längs der x-Achse zusammen (das heißt, addiert man die produzierten Mengen der einzelnen Betriebe), erhält man, da die Summe aller individuellen Werte von x, die einem bestimmten Wert von z entsprechen, gleich diesem Wert von z ist, eine zweidimensionale Kurve: die Gesamtangebotskurve.

Eine solche Kurve stellt die kollektiven Durchschnittskosten dar, die für jede produzierte Menge gleich den individuellen Durchschnittskosten und deshalb auch gleich den individuellen Grenzkosten sind, die mit jenen im Gleichgewichtszustand immer zusammenfallen. Diese kollektiven Durchschnittskosten sind für jede Warenmenge gleich dem Preis, der gezahlt werden muß, damit die Industrie stetig jene Menge produzieren kann. In der Tat, wenn die Durchschnittskosten bezahlt sind, sind alle eingesetzten Faktoren zu laufenden Preisen entlohnt, und es bleibt nichts übrig. Es ist also die Kurve der kollektiven Durchschnittskosten, die zusammen mit der Nachfrage den Preis der Ware bestimmt.

Analog zur Konstruktion der individuellen Kurve kann man aus der kollektiven Durchschnittskostenkurve eine entsprechende Grenzkostenkurve ableiten. Die Kurve hat keine direkte Bedeutung für die Preisbestimmung bei Konkurrenz, sie fällt daher aus dem Rahmen unserer Argumentation heraus. Wenn wir dennoch auf sie eingehen, so deshalb, weil aus ihr die Natur der externen Ersparnisse deutlich wird. Bei fallenden Durchschnittskosten sind die kollektiven Grenzkosten für jede beliebige produzierte Menge kleiner als die kollektiven Durchschnittskosten. Da die individuellen Grenzkosten in jedem Fall gleich den kollektiven Durchschnittskosten sind, folgt daraus, daß die kollektiven Grenzkosten kleiner als die entsprechenden individuellen Grenzkosten sind. Der Grund für diese Divergenz liegt darin, daß bei der Berechnung der individuellen Grenzkosten nur eine Vermehrung des Produktes berücksichtigt wird, die von einer Erhöhung der Ausgaben des einzelnen Produzenten herrührt, die er sich selbst *aneignen* kann. Wenn aber die Vergrößerung der Industrie zu höheren externen Ersparnissen führt, kann der einzelne Produzent sich nicht das gesamte zusätzliche Produkt, das aus der Vermehrung seiner Ausgaben erwächst, aneignen. Denn da alle Produzenten jener Industrie die Möglichkeit haben, die neuen externen Ersparnisse zu nutzen, wird auch ihr Produkt bei gleichen Ausgaben dadurch vermehrt (sei es auch in diesem Fall nur in infinitesimalem Ausmaß).[66] Wir berücksichtigen nun bei der Berechnung der kollektiven Grenzkosten auch die Vorteile, die das Handeln jedes Produzenten allen anderen bringt, ohne daß sie hierauf einen Einfluß hätten. Genau aus diesem Grund sind die kollektiven Grenzkosten niedriger als die individuellen. Beiläufig beobachten wir dabei auch, daß auf dieser Divergenz einer der Beweise für die Unmöglichkeit, einen maximalen kollektiven Nutzen bei vollkommener Konkurrenz zu realisieren, aufbaut. In der Tat hat jeder Produzent das Interesse, seine Produktion nur bis zu dem Punkt voranzutreiben, an dem das zusätzlich verfügbare Produkt im Wert den zusätzlichen Ausgaben gleich ist. Es ist nicht vorteilhaft für ihn, mehr zu produzieren, auch wenn der Verlust, den er erlitte, geringer ist als der Vorteil, den die Gesamtheit der Betriebe daraus zöge. Mit anderen Worten: Bei vollkom-

[66] Der einfacheren Darstellung zuliebe wurde die Tatsache vernachlässigt, daß, um eine spürbare Wirkung in Form externer Effekte zu erzielen, es nicht ausreicht, daß die Produktionsvermehrung von der Größenordnung der individuellen Produktionsvermehrung eines von vielen Konkurrenten sei. Vielmehr muß sie, auch wenn sie klein ist, spürbar in bezug auf die Größenordnung des Industriekomplexes sein. Die betrachtete Wirkung wird dennoch nur auftreten, wenn eine gewisse Zahl von Firmen ihre Produktion gleichzeitig erhöht.

mener Konkurrenz stellt sich ein Gleichgewicht bei der produzierten Menge ein, für die der Nachfragepreis und die kollektiven Durchschnittskosten gleich sind, während man den maximalen Nutzen bei der Menge erhält, bei der der Nachfragepreis gleich den kollektiven Grenzkosten ist.[67]

IV. Konstante Kosten

Bis hierher haben wir die Ursachen, die die Kosten mit der Produktionserhöhung steigen lassen können, und jene, aufgrund derer sie fallen können, voneinander getrennt betrachtet. Streng genommen gibt es jedoch keine logische Schwierigkeit anzunehmen, daß beide Ursachenkomplexe simultan wirken. So ist es möglich, daß in einer Industrie, die die gesamte existierende Menge eines Produktionsfaktors anwendet und deswegen der Tendenz steigender Kosten unterliegt, eine Produktionsausdehnung externe Ersparnisse mit sich bringt und damit eine entgegengesetzte Entwicklung in Gang setzt. Die beiden Tendenzen werden sich teilweise kompensieren, und die Kostenschwankungen werden geringer. In dem Fall, in dem die beiden entgegengesetzten Kräfte gleich sind, werden sie sich aufheben, und die

---

[67] Diese Doktrin geht im wesentlichen auf Marshall (*Principles*, Buch V, Kap. XIII) zurück, aber die hier gemachte Andeutung bezieht sich auf die präzisere und tiefer gehende Analyse Pigous (*Economics of Welfare*, 1920, Anhang III, teilweise verändert in der 2. Auflage 1924, besonders S. 194). Die Beobachtung, daß im Fall sinkender Kosten der Gleichgewichtspunkt sich nicht auf der Kurve der kollektiven Grenzkosten befinden kann, sondern den Durchschnittskosten entsprechen muß, war von Commons gemacht worden (*The Distribution of Wealth*, New York 1893, S. 125 f.). Dieser hatte das Konzept jedoch nicht so weit ausgearbeitet, daß er in der kollektiven Durchschnittskostenkurve den Ort der Gleichgewichtspunkte identifizieren konnte, das heißt die wahre und richtige kollektive Angebotskurve. Das »duale« System der kollektiven Angebotskurven wurde erstmals von Pigou vorgestellt (»Producers' and Consumers' Surplus«, in: *Economic Journal*, 1910) und in seinen folgenden Schriften modifiziert. Edgeworth, der zuerst die Behauptung Commons' zurückgewiesen hatte (Rezension in: *Economic Journal*, 1894, S. 686), akzeptierte später das Grundprinzip und trug vieles zur Vervollkommnung dieser Theorie bei.

Kosten werden mit Variation der produzierten Menge konstant bleiben. Dieser letzte Fall ist sicherlich außergewöhnlich, aber es wäre willkürlich, daraus zu schließen, Industrien mit konstanten Kosten könnten nur ausnahmsweise auftreten. In der Tat kann man sehr viel einfacher annehmen, daß im Falle konstanter Kosten nicht ein gegenseitiges Sich-Aufheben der beiden entgegengesetzten Tendenzen vorliegt, sondern daß beide fehlen: Wenn alle von einer Industrie angewandten Produktionsfaktoren in vielen anderen angewandt werden, und wenn die Produktionsbedingungen der einzelnen Unternehmen voneinander unabhängig sind, produziert die Industrie mit konstanten Kosten. Keine dieser Voraussetzungen ist unwahrscheinlich. Andererseits scheint die geringe Wahrscheinlichkeit der Hypothesen für die eine oder andere Tendenz der Kostenänderung darauf hinzudeuten, daß – gegeben die Bedingungen der Einzelgleichgewichte – das Fehlen von beiden als allgemeinerer Fall als das Wirken einer von ihnen betrachtet werden kann. Daher müßte man entsprechend *konstante* Kosten und nicht so sehr steigende oder fallende Kosten als Normalfall betrachten. Dies muß auch die Meinung Ricardos gewesen sein, denn er bemerkt, daß die Waren, die zu konstanten Kosten produziert werden können, »bei weitem den größten Teil der Waren [darstellen], die jeden Tag auf dem Markt ausgetauscht werden«.[68]

Aber, wie gesagt, die Theorie, die auf der Symmetrie zwischen den Kräften von Angebot und Nachfrage beruht, gilt nur unter den Bedingungen, daß die mit der produzierten Menge einhergehende Veränderlichkeit der Produktionskosten denselben Allgemeinheitsgrad wie die Veränderlichkeit des Nachfragepreises aufweist. Je größer die Bedeutung der Fälle konstanter Kosten ist, desto größer ist der Einfluß der Produktionskosten bei der Preisbestimmung, desto mehr wird also jene Symmetrie gestört. Dies ist wahrscheinlich der Grund, der die ansonsten überraschende Tatsache erklärt, daß alle Autoren, die dieser Theorie anhängen, nur die komplizierteste und unwahrscheinlichste Form der konstanten Kosten in Betracht ziehen und die einfachste und offensichtlichste vernachlässigen. So finden wir neben Marshall[69]

---

68 *Principles*, S. 10; siehe auch J. S. Mill, *Principles*, Bd. 1, S. 547.
69 *Principles*, S. 318, wo er fast dieselbe Formulierung wie Sidgwick verwendet.

Sidgwick, nach dessen Meinung die konstanten Kosten »nur resultieren können aus dem zufälligen Ausgleich der beiden entgegengesetzten Tendenzen«.[70] Analog dazu das Palgrave *Dictionary*: »Im allgemeinen wird die Vergrößerung der Dimensionen einer Industrie von einer Änderung in den Kosten pro Einheit ihres Produktes begleitet. Aber wenn die wachsenden Schwierigkeiten der Grundstoffindustrien durch die in den Manufakturen aufgrund verbesserter Organisation erzielten Ersparnissen kompensiert werden, können wir einen genauen Ausgleich erhalten, und ein größeres Produkt wird durch eine genau proportionale Vermehrung von Arbeit und Opfer erzielt. In einem solchen Fall, sagt man, es gelte das Gesetz der *konstanten Produktivität*.«[71] Dann gibt es schließlich Leute, die, indem sie logisch bis zu den extremen Konsequenzen dieses Standpunktes vordringen, dahin gelangen, die faktische Unmöglichkeit konstanter Kosten schlechthin zu behaupten: »In den üblichen Diskussionen nimmt man im allgemeinen an, daß es Fälle gebe, in denen die Grenzkosten gleich bleiben, wenn die Produktion einer Industrie vermehrt wird, so daß ein Gesetz der konstanten Kosten resultiert. Ein solches Ergebnis könnte jedoch *nur* aus der zufälligen Äquivalenz der verschiedenen Kräfte, die bei einer Nachfragesteigerung nach einer beliebigen Ware wirksam werden, entstehen. In fast allen Fällen ist die Wahrscheinlichkeit des Ausgleichs der beiden entgegengesetzten Einflüsse sehr klein, so daß wir, streng genommen, schließen müssen, daß das normale Resultat einer Produktionssteigerung ein Steigen oder Fallen der Grenzkosten ist.«[72]

Man hat bemerkt, daß »die Behandlung der *Variablen* als *Konstante* das charakteristische Laster des nicht-mathematischen Ökonomen ist«.[73] Von anderer Seite wurde hinzugefügt, daß wir »bei der Behandlung der Produktionskosten als einer Konstante und in der daraus folgenden Unmöglichkeit, den Anteil, den die Nachfrage an der Bestimmung des normalen Wertes, zusätzlich zu dem des Marktpreises hat, zu ermitteln«, für dieses Laster »ein

---

70 *Principles of Political Economy*, 1883, S. 207.
71 Bd. II, S. 582.
72 C. J. Bullock, »The variation of productive forces«, in: *Quarterly Journal of Economics* XVI, S. 500, Anm.
73 Edgeworth, *Mathematical Psychics*, London 1882, S. 127, Anm.

wichtiges und charakteristisches Beispiel finden«.[74] Man muß sich fragen, ob im betrachteten Fall die mathematischen Ökonomen bei der Korrektur dieses Lasters nicht zu weit gegangen sind, indem sie dem entgegengesetzten verfielen, auch eine Konstante als Variable zu behandeln.

v. Zusammenwirken und Kritik der drei Tendenzen

Nachdem wir die hypothetischen Bedingungen, die jeweils steigende, fallende und konstante Kosten verursachen, getrennt voneinander untersucht haben, ist es notwendig, sie im Zusammenhang zu betrachten, um darüber Klarheit zu erlangen, ob und in welchen Grenzen eine Koordinierung der verschiedenen Tendenzen zu einem einzigen »Gesetz der nichtproportionalen Kosten« zulässig ist. Dabei behalten wir unser Ziel im Auge, zu einer allgemeinen und geschlossenen Konzeption der Angebotskurve zu kommen, so daß diese für jede Ware symmetrisch zur korrespondierenden Nachfragekurve ist.

Die erste Schwierigkeit, auf die diese Synthese stößt, entsteht aus der Tatsache, daß die Hypothesen, auf die sich die verschiedenen Tendenzen stützen, wie wir bereits bemerkt haben, ursprünglich für verschiedene Zwecke bestimmt waren. Bei fallender Produktivität haben die zugrundeliegenden Hypothesen einen gegebenen Produktionsfaktor zum Inhalt und isolieren die wesentlichen Bedingungen für die Bestimmung seiner Entlohnung. Sie sind auf die Untersuchung von Verteilungsfragen zugeschnitten. Die Hypothesen bezüglich steigender Produktivität betrachten die Preise der Faktoren als extern festgelegt und konzentrieren ihre Aufmerksamkeit auf eine spezifische Ware. Sie eignen sich für die Untersuchung der Bedingungen, die den Preis und die produzierte Menge der einzelnen Waren beeinflussen. Die Hypothesen für die fallende Produktivität haben ihren Ursprung in der Rententheorie, das heißt, in dem zuerst entdeckten Fall von marginaler Verteilung des Produkts auf die Faktoren. Ricardo hat sie benutzt, nicht um die Gesetze, welche die Preise der Güter, sondern um diejenigen zu suchen, welche die Rente bestimmen.

74 J. M. Keynes, *Scope and Method of Political Economy*, S. 263.

Seine *Principles,* für diese Hypothesen charakteristisch, stellen im wesentlichen eine Abhandlung über die Verteilung dar. Für ihn und seine Zeitgenossen ist »das Hauptproblem der politischen Ökonomie, die Gesetze zu bestimmen, welche die Verteilung regeln«.[75] Die modernen Ökonomen widmen sich im allgemeinen dem Problem der Bestimmung der Preise einzelner Waren. Dies geht so weit, daß die Untersuchung der Verteilung darin eingeschlossen wird, indem die Verteilung als Bestimmungsgrund der Preise der Produktionsfaktoren betrachtet wird. Ausgehend von diesem neuen Standpunkt sind die charakteristischen Hypothesen über fallende Kosten entstanden. Die Analyse, die sich auf solche Hypothesen stützt, »ist nicht dazu bestimmt, auf die Produktion des gesamten Komplexes von Ressourcen eines Landes, die in einer einzigen Industrie zusammengefaßt sind, angewandt zu werden. Im Gegenteil: Sie soll ein Instrument für die Untersuchung der Verteilung der Ressourcen unter eine große Zahl verschiedener Industrien und Anwendungsmöglichkeiten liefern, unter der Annahme, daß jede von ihnen nur einen kleinen Teil der Gesamtressourcen des Landes anwendet.«[76]

Deswegen beziehen sich die in Frage kommenden Gruppen von Hypothesen weniger auf verschiedene Objekte, sondern stellen verschiedene Aspekte dar, unter denen ein und dasselbe Objekt betrachtet werden kann; das heißt, daß die Anwendbarkeit der einen oder der anderen Gruppe in vielen Fällen nicht so sehr von den objektiven Bedingungen des untersuchten produktiven Systems abhängt, als vielmehr von der Natur der Probleme, die wir diesbezüglich untersuchen wollen. In das Kriterium, das uns zu einer Klassifikation der Industrien nach der Art der Kostenvariation führen sollte, geht somit ein Element der Willkür ein. Dies drückt sich in der Wahl der Eigenschaft aus, die als Basis der Definition der »Industrie« verwendet wird. Wenn man jede einzelne Industrie als ausschließliche Konsumentin eines gegebenen *Produktionsfaktors* (zum Beispiel Landwirtschaft, Eisenindustrie usw.) definiert, nimmt man natürlich eine Bedingung an, die tendenziell bewirkt, daß in dieser Industrie steigende Kosten vorherrschen. Denn genau der Faktor, der für die Industrie charakteristisch ist (kultivierbarer Boden, Eisenminen usw.),

---

75 Vorwort zu den *Principles of Political Economy,* siehe auch Ricardos Briefe an Malthus, hg. von Bonar, Oxford 1887, S. 175.

76 Pigou, a.a.O., S. 935.

bleibt im allgemeinen bei einer Produktionserhöhung konstant. Wenn man hingegen jede Industrie als einzige Produzentin eines gegebenen *Produktes* definiert und dies in einem einigermaßen restriktiven Sinne versteht, so daß man im allgemeinen annehmen kann, jede Industrie setze – im Verhältnis zu der von allen anderen Industrien zusammen angewandten Menge – nur einen vernachlässigenswerten Bruchteil jedes Produktionsfaktors ein, so schließt man damit auch den Tatbestand aus, der steigende Kosten in einer Industrie erzeugt. Damit wird es wahrscheinlicher, daß sie konstanten und unter bestimmten anderen Bedingungen fallenden Kosten unterliegt.[77] Dies hängt von der Tatsache ab, daß, wie wir gesehen haben, steigende Kosten das Resultat der Variation der Faktor*proportion* sind, während fallende Kosten von Variationen in der *absoluten Menge* der Gesamtheit der Faktoren herrühren.

Obwohl wir uns auf die Betrachtung statischer Bedingungen beschränkt haben, kann man noch nebenbei beobachten, daß, wenn man in einer weiteren Annäherung an die Realität das Zeitelement einführt, dies die Unsicherheit der Klassifizierung der Industrien nach der Veränderlichkeit der Kosten noch erhöht. In der Tat, in der kurzen Periode überwiegen im allgemeinen Bedingungen, wie sie für fallende Produktivität charakteristisch sind. Denn, angesichts der geringen Mobilität bestimmter Formen von Kapital und Arbeit, können diese als nicht vermehrbar angesehen werden, wenn man nicht einen für die notwendige Transformation ausreichenden Zeitraum zuläßt. Mit der Verlän-

---

77 Wir haben die Ausdrücke »fallende (steigende) Produktivität« und »steigende (fallende) Kosten« als Äquivalente benutzt. Um dem im Text angesprochenen Gegensatz mehr Gewicht zu verleihen, haben wir dennoch, wenn dies den Leser nicht verwirren konnte, die erste Form, die sich auf die Eigenschaft der Faktoren bezieht (die Produktivität) im Fall der fallenden Produktivität vorgezogen; die zweite, die sich auf ein Attribut des Produktes (die Kosten) bezieht, haben wir im Falle sinkender Kosten verwendet. Bullock, der in dem zitierten Artikel (»The Variation of Productive Forces«) klar dargelegt hat, daß die Kräfte, die die beiden Tendenzen erzeugen, von verschiedenem Rang sind, hat eine Veränderung der Terminologie vorgeschlagen: Der Ausdruck »Ersparnis in der Organisation« soll »steigende Produktivität« ersetzen, um zu vermeiden, daß angenommen wird, letztere stehe mit der »fallenden Produktivität« in Zusammenhang (S. 489).

gerung der eingeräumten Zeitperiode entfernt man sich von den genannten Bedingungen, um sich denen fallender Kosten zu nähern. Dieselbe Industrie kann also zu der einen oder anderen Kategorie gehören, je nach der Länge der betrachteten Periode.[78]

Die Heterogenität zwischen den beiden Hypothesengruppen kann nicht in jedem Fall als unüberwindbares Hindernis für die Koordination der beiden Tendenzen angesehen werden, die von ihnen jeweils ausgehen. Dennoch haften dem System, das sich auf diese Hypothesen stützt, von Anfang an Willkür und fehlende Harmonie an. Dies, sowie seine Unzulänglichkeit bei der klaren Unterscheidung des Charakters der betreffenden Ursachen, müssen es auch als Instrument für die Untersuchung von Problemen wenig fruchtbar erscheinen lassen, bei denen nur die Wirkung jener Ursachen für sich betrachtet werden.[79]

Aber die größten Mängel der »symmetrischen Theorie« liegen in der Natur der Hypothesen selbst, auch wenn man sie getrennt behandelt. Betrachten wir dazu noch einmal die Bedingungen, die eine Angebotskurve, wie sie in der Untersuchung »partieller Gleichgewichte« der einzelnen Industrien benutzt wird, erfüllen muß. Da sie nur zwei Variablen enthält, ist es notwendig anzunehmen, daß bei Variation der Produktion einer Ware alle anderen Bedingungen des Problems unverändert bleiben. Vor allem ist es notwendig, daß die Nachfrage der Konsumenten und die Bedingungen, unter denen die anderen Waren produziert werden, unverändert bleiben. Das bedeutet: (1) die Angebotskurve muß außer von der korrespondierenden Nachfragekurve auch von den Angebotskurven aller anderen Waren unabhängig sein; (2) die

---

78 Marshall selbst hat betont, wie wenig befriedigend diese Ergebnisse seien, »was zum Teil den Unvollkommenheiten unserer analytischen Methoden geschuldet ist.« *Principles*, S. 809 und passim.
79 Es sei außerdem (im Zusammenhang mit der Heterogenität der verschiedenen Tendenzen) daran erinnert, daß die kollektive Angebotskurve bei steigenden Kosten die *Grenz*kosten, bei fallenden die *Durchschnitts*kosten und bei konstanten die *Durchschnitts-* und die *Grenz*kosten (die in diesem Fall zusammenfallen) anzeigt. Falls eine Angebotskurve teils ansteigend und teils fallend wäre, würde sie in den steigenden Teilen Grenzkosten, in den fallenden Durchschnittskosten darstellen: Das Ergebnis ist wenig »elegant«, aber bei den gegebenen Voraussetzungen unvermeidbar.

Angebotskurve gilt nur für kleine Veränderungen der produzierten Menge; wenn man sich zu sehr von der anfänglichen Gleichgewichtsposition entfernt, kann die Konstruktion einer ganz neuen Kurve notwendig werden[80], weil eine größere Veränderung im allgemeinen mit der *ceteris paribus*-Klausel unvereinbar wäre.

Diese Bedingungen engen das Feld, auf dem die Hypothesen steigender Kosten auf die Angebotskurve eines Gutes anwendbar sind, aufs äußerste ein. Sie werden nur in den außergewöhnlichen Fällen erfüllt, in denen die gesamte Menge eines Faktors zur Produktion einer einzigen Ware eingesetzt wird. Aber im allgemeinen wird jeder Faktor von einer ganzen Anzahl von Industrien, die verschiedene Waren produzieren, angewandt. In einem solchen Fall ist nur eine Angebotskurve der Gesamtheit dieser Waren möglich. Sie stützt sich auf die Voraussetzung, daß die Gruppe von Industrien, die einen gemeinsamen Faktor benutzen, gemäß dem oben gezeigten Vorgehen (S. 163), als eine einzige Industrie angesehen werden kann: Aber eine Angebotskurve bei steigenden Kosten für eine dieser Waren ist nicht zulässig. Untersuchen wir zwei Möglichkeiten, eine mit einer kleinen Anzahl von Waren, die andere mit einer großen. Wenn im ersten Fall eine

---

[80] Marshall hat mehrmals die Bedeutung dieser Beschränkung erläutert: »Die gewöhnlichen Nachfrage- und Angebotskurven haben keinen praktischen Wert, wenn man sich nicht in der unmittelbaren Nähe des Gleichgewichtspunktes befindet« (*Principles*, S. 384, Anm.). Der Satz von Marshall ist wichtig, nicht nur, weil er große Variationen in der produzierten Menge ausschließt, sondern auch, weil er kleine Variationen zuläßt. Damit die Angebotskurve als eines der Elemente betrachtet werden kann, die den Preis bestimmen, reicht es nicht aus, wenn *nur der Gleichgewichtspunkt* signifikant ist; sondern es müssen dies *auch* die Punkte in seiner unmittelbaren Umgebung sein. Deshalb stellen diese auch genau die Kräfte dar, die in Bewegung gesetzt würden, wenn eine zufällige Abweichung vom Gleichgewichtspunkt einträte, und die versuchen würden, das Gleichgewicht wiederherzustellen. Sie sind also notwendige Bedingungen des Gleichgewichts. Es ist interessant, hier zu erwähnen, wie Ricci, um die marshallianischen Angebotskurven für Güter (bei variablen Kosten) gegen einige der vorhin erwähnten Kritikpunkte zu verteidigen, unbemerkt genau die Bedingung fallen lassen mußte, die notwendig ist, damit sie einen Sinn bekommen: Er schreibt in der Tat, »daß die Angebotskurven nur für ein besonderes und bestimmtes Gleichgewicht bestehen. Man kann sie

der Industrien ihre Produktion erhöht, wird sie eine größere Menge des gemeinsamen Faktors zum Schaden der anderen Industrien dieser Gruppe einsetzen, so daß jener Faktor intensiver genutzt werden muß (das heißt, er muß mit einem größeren Anteil der anderen Faktoren kombiniert werden). Die Kosten werden also, wie wir wissen, steigen. Aber sie werden nicht nur in der Industrie, die die Produktion erhöht hat, sondern auch in allen anderen der Gruppe steigen.

Für alle Industrien wird die Kostenerhöhung dem Verhältnis, in dem der gemeinsame Faktor in die Kostenbestimmung jeder einzelnen Industrie eingeht, proportional sein. Denn die Kostenerhöhung wird, ist das neue Gleichgewicht erreicht, so zwischen den verschiedenen Industrien verteilt sein, daß die Grenzproduktivität dieses Faktors für alle gleich ist. Dieses Ergebnis widerspricht der ersten Bedingung, also kann man im betrachteten Fall keine Angebotskurve einer Ware mit steigenden Kosten erhalten. Das Weizenangebot ist typisch für diesen Fall: Eine Erhöhung der Nachfrage provoziert eine Intensivierung der Kultur, also eine Erhöhung der Kosten des Weizens; aber in ähnlichem Ausmaß müssen die Kosten der anderen Produkte steigen, die mögliche Substitute des Weizens sind (auch wenn die von ihnen produzierte Menge unverändert bleibt). Dies führt zu einer er-

> nicht benutzen, um ein Gleichgewicht, das vom ersten verschieden ist, darzustellen. Ihre Ordinaten sagen also nicht, welches die Preise oder Grenzkosten wären, falls die Produktion sich genau auf die auf den betreffenden Abszissen angegebene Menge beliefe, sondern sie sagen nur, welche Kosten sukzessiven Dosen der produzierten Menge zuzuschreiben sind, in diesem einzigen und bestimmten Gleichgewicht, auf das sie sich beziehen« (»Curve piane di offerta dei prodotti«, in: *Giornale degli economisti*, 1906, II, S. 224). Die so beschriebenen Kurven sind keine richtigen Angebotskurven, die in die Bestimmung des Güterpreises eingehen können. Es sind, in der marshallianischen Terminologie, »besondere Ausgabenkurven«, die zu ganz anderen Zwecken bestimmt sind, und bei denen nur »*aus Bequemlichkeit* die Träger der marginalen Vorteile in fallender Ordnung von links nach rechts angeordnet sind.« Und Marshall hat vor dem häufigen Fehler gewarnt, den Angebotskurven Eigenschaften zuzusprechen, die die besonderen Ausgabenkurven besitzen (*Principles*, S. 810 f.). Aus einer Verwirrung dieser Art sind auch die Kritiken Wicksteeds am Konzept der Angebotskurve entstanden, die wir weiter oben diskutiert haben (S. 153-155).

neuten Modifikation der Nachfragebedingungen für Weizen, die anfangs von der Möglichkeit ausgingen, Substitute zu einem niedrigeren Preis zu erhalten.[81]

In dem Fall hingegen, in dem die Zahl der einen gemeinsamen Faktor anwendenden Industrien sehr groß ist, dürfte man nicht zugeben, daß die Produktionserhöhung einer Industrie sich als Kostenerhöhung bei allen Industrien auswirkte, ohne vorauszusetzen, daß die Änderung der produzierten Menge bei der betreffenden Industrie beachtlich sei; dies stünde aber im Gegensatz zur zweiten Bedingung. Eine kleine Produktionserhöhung bei einer Ware hätte eine vernachlässigbare Wirkung, sowohl auf die Kosten der Ware selbst als auch auf die Kosten der anderen Waren in der Gruppe. Das Angebot eines Produktes müßte daher konstanten Kosten unterliegen.

Der Kern des Arguments liegt darin, daß die Produktionserhöhung einer Ware zu einer Vermehrung der Kosten sowohl der betreffenden Ware selbst als auch der anderen Waren der Gruppe führt. Die Veränderungen sind von der gleichen Art, und daher werden sie als von gleicher Bedeutung angesehen: Entweder berücksichtigt man sie für alle Industrien der Gruppe, oder sie werden in allen vernachlässigt. Im ersten Fall muß man von der Betrachtung des partiellen Gleichgewichts für eine Ware zu der des allgemeinen Gleichgewichts übergehen. Im zweiten Fall muß angenommen werden, die betrachtete Ware werde mit konstanten Kosten produziert. Unzulässig ist es aber, dieselben Wirkungen einer einzigen Ursache in einem Fall als unbeträchtlich, im anderen als von wesentlicher Bedeutung anzusehen. Doch eine derartige Absurdität muß in Kauf genommen werden, wenn man der Angebotskurve bei steigenden Kosten allgemeinen und nicht nur ausnahmsweisen Charakter zusprechen will.

81 Die Schwierigkeit taucht im Fall der Angebotskurve für Weizen (im wörtlichen Sinn) auf, das heißt bei einem der verschiedenen Produkte des Bodens. Sie entkräftet keineswegs das ricardianische Gesetz der fallenden Produktivität des Bodens, auch wenn es in Weizen ausgedrückt wird: »das Wort *Weizen* wurde von ihnen (den klassischen englischen Ökonomen) als eine Abkürzung für Agrarprodukte im allgemeinen benutzt, wie etwa Petty (Taxes and Contributions, chap. XIV) von dem *Anbau von Weizen spricht, der, wie wir annehmen, alle lebensnotwendigen Dinge enthält, wie im ›Vater unser‹ wir es für das Wort Brot annehmen können.«* Marshall, *Principles* S. 509, Anm. 2.

Die Unzulässigkeit der Angebotskurve (bei steigenden Kosten) eines Produktes, für dessen Herstellung Faktoren gebraucht werden, die auch für andere Produktionsprozesse nachgefragt werden, wurde von Barone bestätigt[82], aber er hat sich eines anderen Arguments bedient als wir. Dieses wurde einer Kritik unterzogen, die uns gerechtfertigt erscheint. Da wir im wesentlichen die Schlußfolgerungen Barones gelten lassen, scheint es uns nötig zu zeigen, inwieweit jene Kritik nicht auf unser Argument anwendbar ist. Barone meint, unter den gegebenen Bedingungen könne man deshalb keine Angebotskurve eines Produktes bilden, weil seine Kosten eine Funktion nicht nur der Menge des Produktes selbst, sondern auch der Menge der übrigen produzierten Waren ist, in die jener gegebene Faktor als Bestandteil eingeht; »es ist aber wahr, daß man für jedes Produkt eine Angebotskurve konstruieren kann, indem man die Annahme trifft, daß die Mengen aller anderen Produkte unverändert gleich denen des anfänglichen Gleichgewichts bleiben«.[83] Aber eine solche Kurve wäre unbrauchbar selbst für die annähernde Bestimmung eines partiellen Gleichgewichts, weil jene Hypothese sich allzusehr von der Realität entfernt. Ricci hat hervorgehoben, daß »zwar die Beobachtung richtig ist, sie aber zu viel beweist, weil auch die Nachfrage nach der Ware A eine Funktion des Preises von A und zugleich des Preises der anderen Waren B, C... ist, so daß es, streng genommen, nicht einmal ebene Nachfragekurven für Güter geben dürfte«.[84] Letztere werden von Barone selbst zugelassen. Der Einwand ist zutreffend, weil die von Barone im Fall des Angebots verworfene Hypothese genau vom selben Approximationsgrad ist, wie jene, die im Fall der Nachfrage akzeptiert wird. Er selbst verteidigte sich in der Erwartung von Kritik mit der Ansicht, daß, »wenn man eine erste Hypothese eingeführt hat, um ein Problem zu vereinfachen, dies kein ausreichender Grund dafür ist, eine zweite einzuführen und so auf die Annäherung an die Realität zu verzichten, die man unter der zuerst gemachten

---

82 »Sul trattamento di questioni dinamiche«, in: *Giornale degli economisti*, 1894, II, S. 425 ff. – Später sah Barone seinen Irrtum ein und ließ für seine Theorie die Angebotskurve eines Produktes zu; aber wie Ricci hat er sie mit der Kurve der variablen Kosten verwechselt (siehe oben, S. 184 und Anm. 77).
83 A.a.O., S. 427.
84 Ebd., S. 224.

erreichen könnte«.[85] Dies stimmt nicht, weil die zweite Hypothese nicht weniger approximativ als die erste ist und man deswegen nichts gewinnt, wenn man auf sie verzichtet.
Aber unser Argument bezieht sich nicht auf die größere oder geringere Wirklichkeitsnähe der Hypothese, nach der die Preise und die Menge der anderen Waren, die zusammen mit der betrachteten zu ihrer Herstellung einen gemeinsamen Faktor benötigen, als unverändert angenommen werden. Wir behaupten vielmehr, daß jene Hypothese absurd ist und den früher eingeführten widerspricht. Denn die Erhöhung der Produktion einer Ware führt zu einer Kostenerhöhung, die für jene Ware und für die anderen in der Gruppe von gleicher Bedeutung ist, so daß man sie nicht für die eine in Betracht ziehen und für die andere vernachlässigen kann. Dieses Argument, das uns zu dem Schluß führt, daß die Kosten als konstant betrachtet werden müssen, ist vollständig vereinbar mit der Hypothese, die man einführt, um eine Nachfragekurve einer Ware zu bilden: Der Grenznutzen des Geldes ändert sich nämlich für einen Konsumenten nicht mit der Variation der Summe, die von ihm für eine unter vielen gekauften Waren ausgegeben wird, und daher verändern sich die Menge und der Preis der anderen Waren nicht. In der Tat handelt es sich hier um verschiedene Größenordnungen (die Variation des Grenznutzens der betrachteten Ware und die Variation des Grenznutzens des Geldes, in Relation zu einer Variation des ersteren) und die Größen der zweiten Ordnung können vernachlässigt werden, während man die der ersten berücksichtigt.[86]
Genauso schwerwiegend sind die Konsequenzen der erwähnten Bedingungen für die Angebotskurve bei fallenden Kosten, weil auch sie implizieren, daß Variationen betrachtet werden, die von gleicher Ordnung sind und auf dieselbe Ursache zurückgehen, und die einerseits zu vernachlässigen, andererseits zu berücksichtigen sind.
Es ist notwendig, daß sich die Vorteile aus der Produktionsver-

85 Ebd., S. 329.
86 Marshall, *Principles*, S. 132, und Barone in: *Giornale degli economisti*, 1894, II, S. 217, 221, 416. – Der sinkende Nutzen des Geldes (das der »Produktionsfaktor« allen Nutzens ist) und die sinkende Produktivität des Bodens (der der gemeinsame Faktor aller Agrarprodukte ist) müssen aus demselben Grund vernachlässigt werden, wenn man die Nachfrage und das Angebot einer einzelnen Ware betrachtet.

mehrung in der untersuchten Industrie in keiner Weise in den anderen Industrien bemerkbar machen: Die Skalenerträge müssen »extern« vom Standpunkt der einzelnen Firma, aber »intern« vom Standpunkt der Industrie sein. Es handelt sich also darum, herauszufinden, innerhalb welcher Grenzen es vernünftig ist, einerseits ein straffes Band gegenseitiger Abhängigkeit zwischen den Unternehmen einer Industrie anzunehmen, andererseits eine absolute Unabhängigkeit derselben Unternehmen von den Produzenten anderer Waren. Wenn man untersucht, worin in Wirklichkeit die externen Ersparnisse bestehen, findet man heraus, daß sehr wenige von ihnen solche Eigenschaften aufweisen.[87] Die wichtigsten wirken sich im allgemeinen zum Vorteil aller Industrien aus, die sich in einem Gebiet befinden, in dem die Entwicklung stattfindet, wenn sie auch zum Teil aus der Dynamik einer einzigen Industrie entstehen können. Dies trifft besonders für die grundlegenden externen Ersparnisse zu, die sich »aus dem allgemeinen Fortschritt des industriellen Milieus ergeben«[88], und für jene, die aus der Entwicklung der Kommunikationsmittel und des Transportes entstehen.[89]

Marshall selbst, der in den »Principles« so großes Gewicht auf die externen Ersparnisse legte, die in einer einzelnen Industrie auftreten, hat in dem Werk, in dem er sich am deutlichsten der Realität annähern wollte, zugegeben, daß »... die externen Ersparnisse der Produktion auf großer Stufenleiter selten genau einer bestimmten Industrie zugeordnet werden können: Sie sind größtenteils an Gruppen, oft an große Gruppen von korrelierenden Industrien geknüpft«.[90] Die Korrelation kann sowohl in räumlicher Nähe, als auch in der Ähnlichkeit der Produkte bestehen. Externe Ersparnisse dieser Art können keine Tendenz zu fallenden Kosten auslösen, die die geforderten Bedingungen erfüllt:

---

[87] Unter den externen Effekten, die diese Eigenschaft besitzen, sind die einzig wirklich wichtigen die Bildung eines Marktes für die Arten von Arbeit, die von der betrachteten Industrie besonders nachgefragt werden, und die bessere Organisation des Marktes für ihre Produkte; aber diese kann man in einer Theorie, die unter anderem vollkommene Konkurrenz annimmt, nicht berücksichtigen, da von vornherein eine perfekte Organisation des Marktes angenommen wird.
[88] Marshall, *Principles*, S. 441.
[89] Ebd., S. 317.
[90] *Industry and Trade*, London 1919, S. 188.

Wenn die Produktion einer Ware einen großen Teil der Ressourcen eines Landes in Anspruch nimmt, werden mit dem Anwachsen der Produktion dieser Ware die Preise sehr vieler anderer Waren sinken und das statistische System, das eine notwendige Prämisse der Angebotskurve ist, wird umgestoßen.

Wenn diese Schwierigkeit nicht auftaucht, so bleibt eine andere, welche die Anwendung der verschiedenen Industrien gemeinsamen externen Ersparnisse auf die Angebotskurve bei fallenden Kosten unmöglich macht. Sie ergibt sich, wenn die betrachtete Industrie nur einen kleinen Teil der Ressourcen eines Landes beansprucht, wenn sie also, um einen beachtlichen Einfluß auf die Gesamtheit der Industrien auszuüben, eine große Veränderung vornehmen muß. Aber die Angebotskurve ist nur für kleine Variationen der Produktmenge einer Industrie gültig. Man kann also nicht annehmen, daß die Angebotskurve nur als Folge einer Form externer Ersparnisse, auf die die kleinen Variationen einer Industrie nur eine unbeachtliche Wirkung haben, eine negative Neigung aufweise, ohne den Grundsatz der Methode, die bei dieser Art von Analyse verfolgt wird, zu verletzen. Um ein Beispiel zu geben: Es ist übertrieben, anzunehmen, daß eine kleine Vermehrung der Produktion *einer* von vielen Waren eine solche Verbesserung der Transportmittel zur Konsequenz haben könnte, daß dies wiederum die Kosten der Ware selbst verminderte. Wenn dies geschähe, sänken gleichzeitig die Preise aller anderen Waren. Das Argument der externen Ersparnisse wurde wenig vom Standpunkt der konkreten Realität aus untersucht und es wäre deswegen schwer, es unter diesem Gesichtspunkt einer Kritik zu unterziehen. Aber wahrscheinlich sind die Fälle externer Ersparnisse, die als Konsequenz einer nicht sehr großen Veränderung der Größe einer Industrie eingeführt werden können, äußerst selten.

Es gibt also triftige Gründe, von denen wir versucht haben, die hervorstechendsten deutlich zu machen, aus denen in einem statischen System freier Konkurrenz bei der Konstruktion der partiellen Gleichgewichte der einzelnen Waren Kurven mit nichtproportionalen Kosten, außer in Ausnahmefällen, nicht verwendet werden dürfen, ohne daß mit ihnen Hypothesen eingeführt werden, die der Natur des Systems widersprechen. Eine wesentliche Bedingung ist die perfekte Abgrenzung der Industrie, welche die betrachtete Ware produziert, gegen alle anderen Industrien.

Nun ist es nötig, bei steigenden Kosten die ganze Gruppe der Industrien in Betracht zu ziehen, die einen bestimmten Produktionsfaktor anwenden. Bei fallenden Kosten muß man die ganze Gruppe von Industrien betrachten, die von bestimmten »externen Ersparnissen« Vorteile erfahren. Diese Gründe für die Kostenvariation, die vom Standpunkt eines allgemeinen ökonomischen Gleichgewichts äußerst wichtig sind, müssen notwendigerweise bei der Untersuchung des Partialgleichgewichts einer Industrie als unbeachtlich angesehen werden. Von diesem Blickwinkel aus, der nur eine erste Annäherung an die Realität darstellt, muß man also annehmen, daß die Waren im allgemeinen mit konstanten Kosten produziert werden.

Bertram Schefold
Nachfrage und Zufuhr in der klassischen Ökonomie

1. Anlaß und Fragestellung

Von der Geschichte ihres Fachs erfahren die meisten Mathematikstudenten fast nichts, während Philosophie oft ausschließlich als Einführung in die Entwicklung des abendländischen philosophischen Denkens gelehrt wird. Die Gründung eines Ausschusses für Dogmengeschichte rechtfertigt sich durch die Einsicht, daß Grundfragen von Wirtschaft und Gesellschaft nicht wie mathematische Probleme abschließend gelöst werden, sondern wie philosophische wiederkehren.[1] Da sich der Zusammenhang zwischen Ideengeschichte und Realentwicklung in der Ökonomie aus guten Gründen leichter erschließt als in der Philosophie, ist die historische Sicht der politischen Ökonomie auch allgemeingeschichtlich fruchtbar.[2] Obwohl es im folgenden nicht um die großen Fragen der Wirtschaftsordnung und der Entwicklungsgesetze geht, sondern um das eher »technische« Problem, wie die Klassiker das Spiel von Angebot und Nachfrage trotz ihrer kostenorientierten Preistheorie analysieren konnten, soll der scheinbar »nur« historische Ausgangspunkt zu aktuellen Bezügen führen.

Bei den Begriffen »Angebot« und »Nachfrage« denkt man heute sofort und unwillkürlich an die Marshallianische Konstruktion zweier Kurven, deren Schnittpunkt Gleichgewichtspreis und Gleichgewichtsmenge angibt. Die Klassiker kamen ohne diese

[1] Vgl. F. Neumark, »Zyklen in der Geschichte ökonomischer Ideen«, in: Symposium in memoriam Edgar Salin, *Kyklos*, August 1975, S. 16-42.

[2] Um so mehr muß man die faktische Zurückdrängung der Dogmengeschichte in den Curricula der wirtschaftswissenschaftlichen Fachbereiche als bedenkliches Anzeichen mangelnder Bereitschaft und Befähigung zur historischen Reflexion werten. Denn diese ist nicht eine Flucht in die Vergangenheit; viel eher befürchte ich hinter der geübten Hypostasierung der Gegenwart eine Flucht vor der Zukunft.

Vorstellung aus; ihnen ist gemein, daß der in der Terminologie von Adam Smith »natürlich« genannte Preis gleich den Kosten (einschließlich Profit) ist, zu denen eine Ware langfristig in der Menge zu Markt gebracht werden kann, die durch die bei diesem Preis entstehende, monetär wirksame (»effektive«) Nachfrage bestimmt wird.³ Vom Standpunkt der Neoklassik ist der Ansatz vor allem deswegen mangelhaft, weil er in der langen Periode den subjektiven Faktor bei der Nachfrage nicht angemessen zu berücksichtigen und in der kurzen die Preise nicht adäquat zu erklären scheint. Es kann jedoch gezeigt werden, daß im klassischen System auf beide Fragen konsistente Antworten gegeben werden.

An der Denkweise der klassischen Theoretiker ist wichtig, daß für die Preisbestimmung in der langen Periode die Produktionsmengen grundsätzlich als gegeben gedacht sind: Dem Preissystem kommt unter anderem die Funktion zu, Austauschverhältnisse zu bestimmen, die technisch und gesellschaftlich die Reproduktion ermöglichen. Die grundlegende Fragestellung war nicht, ein Marktgleichgewicht von Angebot und Nachfrage für einen gegebenen Zeitabschnitt zu finden, sondern *Bedingungen für die Akkumulation des Kapitals und der Profitmaximierung ohne gegebenes Ende des zeitlichen Horizonts* zu ermitteln. Die Untersuchung der Marktpreise der kurzen Periode betraf demgemäß die zufälligen Störungen der Reproduktion durch natürlich oder historisch verursachte Einzelereignisse, wie sie die Entsprechung von Nachfrage und Zufuhr unaufhörlich aufheben und dadurch Gegenkräfte einer Wiederannäherung auslösen. Für den Marktpreis gab es, dem Wesen des Zufälligen entsprechend, kein allgemeines Gesetz.

Wenn die englischen Klassiker meist von »supply« sprachen, bezogen sie sich mehr auf das Resultat der Produktion als auf den gewünschten Austausch, so daß man etwa sagen kann, »supply« (Zufuhr) ist das, was – wie Ricardo sagt – dank der Produktion »zu Markt gebracht« wird, »offer« (Angebot) das, was der subjektiven Bereitschaft entspricht, im eigenen Besitz befindliche Güter oder Faktoren in den Austausch zu geben. Marx benutzt beide Termini, wobei die hier vorgeschlagene Differenzierung

3 Auf diese etwas zu glatte Formel bringt J. Schumpeter den Zusammenhang in seiner *History of Economic Analysis*, London 1954, S. 308.

anklingt, aber nicht konsequent durchgeführt oder ausdrücklich hervorgehoben wird.⁴

Die Untersuchung bezieht sich im wesentlichen auf die Hauptvertreter der klassischen Ökonomie: Adam Smith und David Ricardo. Wo sie interessante Ergänzungen liefern, werden R. Torrens, Th. Malthus und J. St. Mill herangezogen. In einem späteren Aufsatz sollen Probleme der Vorgeschichte der Unterscheidung von Marktpreis und natürlichem Preis diskutiert werden.⁵

2. Die Funktion des natürlichen Preises

Wesentlich für die klassische Theorie war die Unterscheidung zwischen dem »natürlichen Preis« und dem »Marktpreis« einer Ware.

Der natürliche Preis ist dem Marktgeschehen der kurzen Periode logisch vorgelagert, er existiert unabhängig von den am Markt vorzufindenden Bedingungen. In der Größenbestimmung des natürlichen Preises unterscheiden sich Smith und Ricardo bekanntlich; aber seine Funktion ist bei beiden dieselbe. Für Smith stellt sich die Größenbestimmung so dar: Als natürlicher Preis gilt der Preis, der langfristig nötig ist, um die Zufuhr einer Ware dadurch zu erwirken, daß die drei Komponenten des Preises, Rente, Lohn und Profit, gemäß den »natürlichen« Raten entlohnt werden.⁶ Er wendet sich damit politisch gegen merkantilistische Privilegien und Monopolpreissetzungen.⁷ Funktional aber gilt:

4 Z. B. Marx/Engels, *Werke*, Band 25, S. 187 f. Das Wortregister der DDR-Ausgabe übergeht die Differenz. Vgl. auch den von mir angeregten Aufsatz von P. D. Groenewegen, »The Origin of the Phrase ›Supply and Demand‹,« *The Economic Journal*, LXXXIII, Juni 1973, S. 505-509.

5 An dieser Stelle möchte ich Herrn Diplom-Volkswirt Peter Lindenthal und Frau Diplom-Volkswirt Brigitte Preißl für vorbereitende Arbeiten zu diesem Referat und für fruchtbare Diskussionen herzlich danken. Ferner danke ich für zahlreiche Anregungen insbesondere von Kollegen im Dogmenhistorischen Ausschuß des Vereins für Socialpolitik, die ich nicht im einzelnen erwähnen kann.

6 Vgl. A. Smith, *The Wealth of Nations*, hg. von E. Cannan, 1904, hier zitiert in der Ausgabe London 1961, Buch I, Kap. viii, ix, xi.

7 Vgl. A. Smith, a.a.O., S. 69.

Indem Landlords, Arbeiter und Kapitalisten zu – von Kompensationsgründen abgesehen – uniformen Raten entlohnt werden, wird langfristig das Wachstum gesteigert.[8] Die Abweichungen der Marktpreise von den natürlichen Preisen sind temporär.

Smith begründet damit die klassische Methode der Analyse »langfristiger Positionen«.[9] Sie bilden das Gravitationszentrum, zu dem die Wettbewerbsökonomie langfristig hinstrebt. Durch die Arbeitsteilung, so Smith, werden die industriell erzeugten Waren billiger und, wenn die Reallöhne im Verhältnis zur Arbeitsproduktivität steigen, wird die Arbeit teurer. Andererseits steigen mit dem Fallen von Preisen bei gleichem Geldlohn automatisch die Reallöhne, und, da die Arbeiter den größten Teil der Bevölkerung ausmachen, steigt der Volkswohlstand, ausgedrückt in der Menge der Konsumgüter, die gekauft werden kann. Ein sinkender Preis erhöht also den Volkswohlstand. Marx hat, Smith in Anwendung auf die Konjunktur aufgreifend und abwandelnd, hervorgehoben, daß ein Steigen des »Preises der Arbeit« im »Fortschritt der Akkumulation« nichts »wunderbares« sei, solange die Arbeitsverknappung im Aufschwung nicht »den Stachel des Gewinns abstumpft«. Anderenfalls nimmt die Akkumulation ab. In – was die Schlüsselrolle der Nachfrage betrifft – fast keynesianisch zu nennender Zusammenfassung:

»Um mathematischen Ausdruck anzuwenden: Die Größe der Akkumulation ist die unabhängige Variable, die Lohngröße die abhängige, nicht umgekehrt.«[10]

Schließlich muß festgehalten werden, daß die langfristigen Positionen bei Smith keineswegs auf konstanten Erträgen in der langen Periode beruhen; seine Diskussion der Arbeitsteilung verweist vielmehr deutlich auf Kostendegression.

Ricardo übernimmt den Smithschen Begriff des natürlichen Preises der Waren und der Arbeit im Sinne der Produktionskostenbe-

---

8 Vgl. A. Smith, a.a.O., I, x, dargestellt insbesondere im Gegensatz zur illiberalen Politik auf dem europäischen Kontinent im zweiten Teil von I, x.
9 Vgl. P. Garegnani, »On a Change in the Notion of Equilibrium in Recent Work on Value and Distribution«, in: *Essays in Modern Capital Theory*, hg. von M. Brown, K. Sato und P. Zarembka, North-Holland 1976, S. 27.
10 Marx/Engels, *Werke*, Band 23, S. 648.

stimmung[11], und zwar, wie Smith, im Unterschied zu den betreffenden Marktpreisen[12]; er kann den Begriff »natürlich« nicht auf die Rente (die nicht in die Produktionskosten der Waren eingeht) und den Profit (als Residuum im Surplus der Produkte nach Abzug der Waren- und Lohnkosten) erstrecken. Sein Beitrag zur Marktpreistheorie ist fast so kurz, wie das auf die von Smith getroffene Unterscheidung von Marktpreis und Produktionspreis zielende Zitat ausdrückt:

»In the 7th chapter of the Wealth of Nations all that concerns this question is most ably treated.«[13]

Im folgenden setzt Ricardo die Gewichte, wobei er – inkonsequent – hier auch den Profit »natürlich« nennt.

»Having fully acknowledged the temporary effects which, in particular employments of capital, may be produced on the prices of commodities, as well as on the wages of labour, and the profits of stock, by accidental causes, without influencing the general price of commodities, wages or profits, since these effects are equally operative in all stages of society we will leave them entirely out of our consideration, whilst we are treating of the laws which regulate natural prices, natural wages and natural profits, effects totally independent of these accidental causes.«[14]

Sein Hauptanliegen (die Bestimmung des Zusammenhangs von Wachstum und Verteilung) ist wohlbekannt. Daraus folgt eine wichtige Aussage über die »*langfristigen Positionen*«:

Da er davon ausging, daß die Landwirtschaft durch Übergang auf immer schlechtere Böden mit abnehmenden Erträgen produziert, mußte er verschiedene Reproduktionssysteme annehmen. Steigt das notwendige Kornquantum, etwa weil die Industrie mehr Arbeiter benötigt und die Bevölkerung wächst, so steigt der natürliche Preis des Korns in der Regel. Eine Steigerung der effektiven Nachfrage bewirkt zunächst das Steigen des Marktpreises über den natürlichen Preis. Muß dabei auf weniger fruchtbares Land übergegangen werden, um die erforderliche Menge Korn zu erzeugen, so fällt der Preis nicht auf den ursprünglichen natürlichen Preis zurück. Steht dagegen noch genügend Land von

11 Zu Waren: D. Ricardo, *Works and Correspondence*, Bd. I, hg. von P. Sraffa, Cambridge 1951, S. 385. Zu Arbeit: ebd. S. 93.
12 Vgl. D. Ricardo, Kap. IV für Waren, S. 94 für Arbeit.
13 D. Ricardo, ebd. S. 91.
14 D. Ricardo, ebd. S. 91 f.

gleicher Fruchtbarkeit zur Verfügung, so wird die Zufuhr ausgedehnt, und der Marktpreis fällt wieder auf den natürlichen Preis. Da Korn als typisches Konsumgut der Arbeiter den Hauptteil der vom Lohn gekauften Güter ausmacht, steigt auch der natürliche Preis der Arbeit, wodurch sich alle relativen Preise verschieben.

Auch Ricardo setzt somit in der Analyse langfristiger Positionen keine konstanten Erträge voraus. Das Wachstum ist kein »steady state« oder »Goldenes Zeitalter«. Die Sektoren expandieren mit unterschiedlichen Geschwindigkeiten; dennoch werden für die Bildung der natürlichen Preise uniforme Raten von Löhnen und Profiten vorausgesetzt.

Der natürliche Preis entspricht den Produktionskosten. Außer bei Monopolwaren bleiben Nachfrage und Zufuhr ohne Einfluß:

»... but the prices of commodities, which are subject to competition, and whose quantity may be increased in any moderate degree, will ultimately depend, not on the state of demand and supply, but on the increased or diminished cost of their production.«[15]

Die Zeitgenossen übernehmen die Methode. Während Torrens[16] noch recht eng mit Smith's und Ricardos Auffassung verbunden ist, ist bei Malthus allerdings ein deutlicher Bruch eingetreten. Er legt das Hauptgewicht auf die Erklärung des *Marktpreises* und identifiziert diesen mit dem Wert:

»The worth of a commodity is its market price, not its natural or necessary price; it is its value in exchange, not its cost.«[17]

15 D. Ricardo, a.a.O., S. 385.
16 Bei Torrens ist der natürliche Preis dasselbe wie die Produktionskosten, wobei jedoch der Profit nicht ein Teil derselben ist. Der natürliche Preis ist also das Kapital, das angewandt wurde, um ein Gut zu produzieren. Gleiche Mengen eingesetzten Kapitals bringen gleiche Tauschwerte hervor. Damit kommt Torrens ebenfalls zu der Annahme einer einheitlichen Profitrate. Der Profit stellt sich Torrens dar als Surplus, der nach Deckung der Kosten verbleibt und einen Teil des Marktpreises bildet. Da sich der Marktpreis immer vom natürlichen Preis unterscheidet, sonst erhielten die Unternehmer keine Profite, muß Torrens die Vorstellung von einem natürlichen Preis, dem sich der Marktpreis langfristig tendenziell angleicht, als falsch erscheinen. Die Grundkonzeption bleibt dennoch ricardianisch (vgl. R. Torrens, *An Essay on the Production of Wealth*, 1821, hg. von J. Dorfman, New York 1965).
17 T. R. Malthus, »Principles of Political Economy«, in: Notes on Mal-

Wie man sieht, enthält Malthus' Konzept implizit eine Nutzentheorie des Wertes.

3. Die Bestimmung des natürlichen Preises

Adam Smith bestimmt den natürlichen Preis als die Summe seiner Komponenten: Lohn, Profit und Rente. Die Komponenten werden zu ihren »natürlichen Raten« entlohnt. Was als natürliche Raten zu gelten hat, hängt letztlich von historischen Bestimmungen ab.

Der Wert der Produktionsmittel wird aufgelöst in Lohn, Profit und Rente. Bei Smith geht es daher im folgenden auch mehr um den Zusammenhang zur Verteilung der Revenue als um die Preisbestimmung: *Die Elemente des Wertes der einzelnen Ware bestimmen die Einkommen.* Diese Vorgehensweise setzt jedoch voraus, daß es eine Ware gibt, die schließlich ohne Produktionsmittel hergestellt wird. Marx erkennt, daß man so nicht zur Preisbestimmung gelangt.[18] In Sraffas Terminologie: Smith übersieht, daß alle Reproduktionssysteme Basiswaren enthalten. Auf den ersten Blick sieht es nun so aus, als habe Smith die Arbeitswertlehre als Grundlage der Preisbestimmung zugunsten einer Komponententheorie aufgegeben. Der Widerspruch löst sich jedoch auf, da der Wert der Komponenten in kommandierter Arbeit gemessen wird:

»The real value of all the different component parts of the price, it must be observed, is measured by the quantity of labour which they can, each of them, purchase or command. Labour measures the value not only of that part of price which resolves itself into labour, but of that which resolves itself into rent, and of that which resolves itself into profit.«[19]

Jean Cartelier hat die unter anderem von Marx in den *Theorien über den Mehrwert* behauptete Widersprüchlichkeit bei Smith

---

thus's Principles of Political Economy, *The Works and Correspondence of David Ricardo*, II, a.a.O., S. 54.
18 Vgl. K. Marx, *Das Kapital*, Band III, in: Marx/Engels, *Werke*, Band 25, Berlin 1962, S. 850, und ders., *Theorien über den Mehrwert*, in: Marx/Engels, *Werke*, Band 26.1, Berlin 1962, S. 69-74; und A. Smith, a.a.O., S. 57-59.
19 A. Smith, a.a.O., S. 56.

(Vermengung der Begriffe von kommandierter und verkörperter Arbeit) widerlegt und kommt zum Schluß:

»La théorie de Smith n'a rien à voir avec la théorie de la valeur-travail de Marx; elle est une théorie de la *mesure* des prix par le travail commandé et de la *détermination* des prix par les trois composantes.«[20]

Aber auch wenn die Methode von Smith nicht im Ansatz widersprüchlich ist, läßt sie sich doch nicht konsequent zu Ende führen: Der Geldlohn ist bestimmt durch den Preis der notwendigen Lebensmittel, in den wieder die natürliche Rate des Lohnes eingeht. Die Betrachtung ist hier offensichtlich zirkulär.

Smith bemüht sich nachzuweisen, daß die *Profite* nicht einfach Lohn für die Arbeit des Überwachens und Leitens sind:

[»The profits of stock]... are, however, altogether different, are regulated by quite different principles, and bear no proportion to the quantity, the hardship, or the ingenuity of this supposed labour of inspection and direction.«[21]

Die Ermittlung der Profite stellt sich als äußerst schwierig heraus. Einerseits stehen sie in einem gewissen Verhältnis zum Geldzinssatz, andererseits hängen sie stark von den Preisen ab. Eine wesentliche Rolle spielt die Konkurrenz, die dafür sorgt, daß sich in allen Geschäftszweigen eine einheitliche Profitrate herstellt. Die *Profitrate* übersteigt den Zinssatz, doch Smith behandelt den letzteren als Indikator für die erstere; beide sinken mit der Akkumulation des Kapitals, während die Löhne steigen. Die *Reduktion* der *Profitrate* wird nicht einem Überangebot an Kapital (wie der neoklassische Leser vielleicht glauben könnte) zugeschrieben, sondern der *Konkurrenz* und den *schwindenden Investitionsmöglichkeiten*.[22] Die Profite müssen stets die Risikoprämie – die Smith als Kostenelement behandelt – übersteigen.[23] Er beweist mit Hilfe der Zinseszinsrechnung ganz richtig, daß eine Erhöhung der Profitrate die Preise, ausgedrückt in kommandierter Arbeit, in geometrischen Proportionen erhöht, während eine Nominallohnsteigerung die Geldpreise nur in arithmetischer Proportion vermehrt.[24]

20 J. Cartelier, *Surproduit et Reproduction*, Grenoble 1976, S. 131.
21 Vgl. A. Smith, a.a.O., S. 54.
22 Vgl. A. Smith, a.a.O., S. 98 und Cannans Fußnote, ebd.
23 Vgl. A. Smith, a.a.O., S. 107 f.
24 Vgl. A. Smith, a.a.O., S. 109 f. Smith meint möglicherweise nicht den

Die *Rente* erweist sich ausschließlich als Überschuß über das, was notwendig ist, um die Produktionsausgaben einschließlich Profit zu decken.

»Rent, it is to be observed, therefore, enters into the composition of the price of commodities in a different way from wages and profit. High or low wages and profit are the causes of high or low price; high or low rent is the effect of it.«[25]

Hier wird deutlich, daß die Rente nicht eine Komponente darstellt, die die Preisbestimmung mitträgt, sondern daß erst die Höhe des Preises (genauer, des Marktpreises) Aufschluß gibt über die Höhe der Rente.

So zeigt sich, daß die Bestimmung des natürlichen Preises durch die natürlichen Raten scheitern muß, weil immer auf Annahmen über den Preis zurückgegriffen werden muß.

Bei Ricardo wird der natürliche Preis, wie bereits erwähnt, durch die Produktionskosten reguliert; je schwieriger die Produktion einer Ware ist, desto höher wird ihr Preis sein:

»... facility of production will lower natural price and difficulty of production raise it...«[26]

Daß auch Ricardo keiner reinen Arbeitswertlehre anhing, geht vor allem aus den von Sraffa entdeckten und publizierten Entwürfen »Absolute and Exchangeable Value« hervor.[27] Ein (in die spätere Reinschrift nicht übernommener) Passus lautet zwar:

»I may be asked what I mean by the word value, and by what criterion I would judge whether a commodity had or had not changed its value. I answer, I know no other criterion of a thing being dear or cheap but by the sacrifices of labour made to obtain it. Every thing is originally purchased by labour – nothing that has value can be produced without it, and therefore if a commodity such as cloth required the labour of ten men for a year to produce it at one time, and only requires the labour of five for the same time to produce it at another it will be twice as cheap.«[28]

Nominal-, sondern den Reallohn, obwohl er in Geldeinheiten argumentiert, aber dann würde seine Aussage, die aufgrund der Komponententheorie immer noch richtig erscheint, falsch unter der Annahme eines gegebenen Surplus, bei dem eine Lohnsteigerung nicht ohne eine Profitminderung denkbar ist.

25 A. Smith, a.a.O., S. 163.
26 D. Ricardo, a.a.O., Vol. VII, S. 250.
27 Vgl. Ricardo-Ausgabe, a.a.O., Bd. IV, S. 361 ff. [Vgl. oben, S. 15-33.]
28 D. Ricardo, a.a.O., S. 397.

Dies belegt die Behauptung des Herausgebers: »This paper has importance since it develops an idea, which existed previously in Ricardo's writings only in occasional hints and allusions: namely the notion of a real or absolute value underlying and contrasted with exchangeable or relative value.«[29] Die Stelle scheint darauf hinzudeuten, daß Ricardo wie Marx von der Wertbestimmung durch die Arbeitszeit *ausgeht*. Aus den Entwürfen ergibt sich im übrigen aber eindeutig, daß Ricardo die Zinskosten der Zeit, die zwischen der Verausgabung von Arbeit in der Produktion einer Ware und ihrer Vermarktung vergeht, auch zuletzt als *Modifikation* der Dauer der Arbeitszeit selbst in die Bestimmung des »absolute value« (als der Grundlage des »exchangeable value« oder der relativen Preise) aufnehmen wollte:

»... all that is left to the Political Economist is to admit that the great cause of the variation of commodities is the greater or less quantity of labour that may be necessary to produce them, but that there is also another though much less powerful cause of their variation which arises from the different proportions in which finished commodities may be distributed between master and workman in consequence of either the amended or deteriorated condition of the labourer, or of the greater difficulty or facility of producing the necessaries essential to his subsistence.«

Und, weiter unten:

»... To me it appears most clear that we should choose a measure produced by labour employed for a certain period, and which always supposes an advance of capital because: 1st it is a perfect measure for all commodities produced under the same circumstances of time as the measure itself. 2dly. By far the greatest number of commodities which are the objects of exchange are produced by the union of capital and labour, that is to say of labour employed for a certain time. 3dly. That a commodity produced by labour employed for a year is a mean between the extremes of commodities produced on one side by labour and advances for much more than a year, and on the other by labour employed for a day only without any advances, and the mean will in most cases give a much less deviation from truth than if either of the extremes were used as a measure.«[30]

Das erste der beiden Zitate belegt, daß Ricardo wie immer verursachte *Verteilungsänderungen als Ursachen der Modifika-*

---

29 P. Sraffa, in: D. Ricardo, a.a.O., S. 359.
30 D. Ricardo, a.a.O., S. 404 f.

tion der Arbeitswertlehre ansah. Er untersuchte sie nicht mit Hilfe der Vorstellung, die durch den Marxschen Begriff der technischen und organischen Zusammensetzung des Kapitals präzisiert wird, sondern, wie das zweite Zitat zeigt, durch Überlegungen, die auf die Reduktion auf datierte Arbeitsmengen und die Standardware bei Sraffa verweisen.[31] Erst bei ihm findet man denn auch eine konsistente Darlegung der klassischen Preistheorie, die allerdings nicht mehr von der Arbeitswertlehre, sondern von der Gebrauchswertstruktur des Reproduktionssystems ausgeht. In Sraffas Darstellung werden beide Gesichtspunkte, die unter einem anderen Namen erscheinende organische Zusammensetzung und die sogenannte Reduktion auf datierte Arbeitsmengen, gemeinsam zur Erklärung der Bewegung der relativen Preise in Abhängigkeit von der Verteilung herangezogen; die Bewegung wird mit Hilfe der Standardware als einem *unveränderlichen Maßstab* bezüglich der Verteilung durchsichtig.

Ricardo selbst ist es nicht gelungen, einen solchen unveränderlichen Maßstab zu finden; das Gold, das er praktisch für geeignet hielt, war weder theoretisch vollkommen, noch konnten Variationen in den Produktionskosten prinzipiell ausgeschlossen werden.

Das Spiel von Nachfrage und Zufuhr könnte allenfalls für kurze Zeit die Marktpreise beeinflussen. In einem Brief an Trower kritisiert Ricardo Malthus, indem er schreibt:

»By the very definition of natural price, it is wholly dependent on cost of production, and has nothing to do with demand and supply. The terms on which a commodity can be produced, so as to remunerate the producer, will remain the same altho' the demand should be for 5 times the quantity produced.«[32]

In der Landwirtschaft werden mit Ausdehnung der Produktion Länder von immer geringerer Fruchtbarkeit bebaut. Das zuletzt in Bebauung genommene Land wirft *keine Rente* mehr ab, hier bestimmt sich die allgemeine Profitrate aus dem Überschuß, der nach Abzug der Kosten verbleibt, bezogen auf die Kosten. Korn wird mit steigenden Kosten produziert.

Aus Ricardos Konzeption könnte man deshalb ableiten, eine höhere Nachfrage nach Korn bewirke einen höheren Preis, so daß

---

31 Vgl. P. Sraffa, a.a.O., Kap. VI und IV.
32 D. Ricardo, a.a.O., Vol. VIII, S. 207.

die Preise, neoklassisch ausgedrückt, auch von der Lage der Nachfragekurve abhängen. Der höhere Preis kommt aber nur dadurch zustande, daß die Produktionskosten faktisch höher geworden sind, sie bestimmen weiterhin den natürlichen Preis, nur gilt für diesen nun ein anderer, höherer Wert. Die Methode Ricardos besteht nicht darin, den Einfluß der Nachfrage zu leugnen, sondern darin, in der Analyse von den jeweils gegebenen Produktionsbedingungen und der Verteilung auszugehen, aus denen der natürliche Preis folgt. Er kann angegeben werden, ohne auf die Nachfrage explizit Bezug zu nehmen, obwohl sie implizit die Produktionskosten (hier das marginale Land) mit bestimmt haben mag – zusammen mit einer Vielzahl anderer, auch von der Neoklassik nicht explizit diskutierter Einflußgrößen, wie etwa die Tradition der Bebauungsmethoden oder die Arbeitsdisziplin.

Die wichtigsten Aspekte des Konzeptes des natürlichen Preises lassen sich also wie folgt zusammenfassen: Es gibt einen Preis für jede Ware, und es gibt eine uniforme Profitrate auf den Wert des in jedem Produktionsprozeß eingesetzten Kapitals. Die Bestimmung des natürlichen Preises und der allgemeinen Profitrate ist verbunden mit der Vorstellung einer gesellschaftlich notwendigen oder dominanten Technik.

Das Produktionsniveau (etwa von Korn) entspricht einem gesellschaftlichen Bedarf, der wesentlich von der Höhe der Akkumulation abhängt. Trotz uniformer Rate von Löhnen und Profiten vollzieht sich das Wachstum nicht notwendig bei konstanten Erträgen.

4. Natürlicher Preis und effektive Nachfrage

a) Wachstum und Bedürfnisstruktur
(Adam Smith)

Als *effektive Nachfrage* bezeichnet Adam Smith die Menge Güter, die nachgefragt wird, wenn der natürliche Preis gilt. Smith geht davon aus, daß die Befriedigung der Grundbedürfnisse, Nahrung, Kleidung und Behausung, noch jeder individuell besorgen kann, während die Befriedigung verfeinerter Bedürfnisse, die Geschmack und Schönheitssinn einbeziehen, Arbeitsteilung voraussetzt.³³ Ist die Produktion arbeitsteilig organisiert, drücken die verfeinerten Bedürfnisse sich in differenzierter Nachfrage aus. Für Smith war es, nebenbei bemerkt, selbstverständlich, daß bei Auftreten eines landwirtschaftlichen Surplus die Grundbesitzer schließlich mehr Rente erhalten als sie verzehren können, dadurch Luxusbedürfnisse entwickeln, die die Arbeitsteilung weiter vorantreiben. Ihnen kommt also die Funktion der »Verfeinerung der Bedürfnisse« und die der Vertiefung der Arbeitsteilung – allerdings bei Untergrabung der feudalen Tradition – zu.³⁴

Die Differenz zwischen Smith und der neoklassischen Theorie der Konsumgüternachfrage reduziert sich nicht darauf, daß Smith sich mehr für die sozialgeschichtliche Herkunft der Präferenzen als für ihre formale Behandlung interessiert, während die moderne Neoklassik die Akzente umgekehrt setzt. Die Nutzentheorie geht in allen ihren Formen davon aus, daß sämtliche Konsumgüter die gleiche Qualität haben, insoweit sie nur als Gegenstände der Bedürfnisbefriedigung, wenn auch mit unterschiedlicher Intensität begehrt werden. Die klassische Theorie differenziert dagegen nach anderen Kriterien, zum Beispiel bei Konsumgütern nach lebensnotwendigen Subsistenzgütern und Luxusgütern. Angesichts der prinzipiell verschiedenen Qualität der Bedürfnisbefriedigung gibt es, zumindest unter den sozialen Bedingungen der industriellen Revolution, gar keinen sinnvollen Vergleich der Intensität, mit der etwa der Tagelöhner Brot und der der die Rente verprassende Landadlige den berühmten Diamanten begehrt. Dabei geht es auch nicht nur, wie das Beispiel vielleicht vermuten läßt, um das Erfassen klassenspezifischer Nachfrage oder den Verzicht auf intrapersonellen Nutzenvergleich. In der Hobbesschen Tradition ist Reichtum für Smith Macht, nicht Nutzen[35], wenn auch als Kaufkraft, die sich in kommandierter Arbeit[36]

---

33 Vgl. A. Smith, *Lectures on Justice, Police, Revenue and Arms*, hg. von E. Cannan, Oxford, 1896, neue Auflage New York 1964, S. 156 ff.

34 Vgl. A. Smith, *Wealth of Nations*, a.a.O., S. 437 f.

35 Vgl. A. Smith, a.a.O., S. 35.

36 Hollander übersieht die Verbindung von Macht und Reichtum gänzlich, wenn er die Verwendung der kommandierten Arbeit als eines Reichtumsmaßes als Ausdruck einer subjektiven Orientierung Smith's werten will. (S. Hollander, »On the Role of Utility and Demand in the ›Wealth of Nations‹«, in: A. Skinner (Hg.), *Essays on Adam Smith*, Oxford 1975, S. 313 ff.

ausdrückt. Der Diamant ist teuer nicht etwa wegen eines hohen Grenznutzens, sondern, wie kurz schon im 1. Kapitel des *Kapital* bemerkt, weil das Auffinden viel Arbeit kostet. Der für den Moralisten frivole Gegenstand wird andererseits nicht seines echten Nutzens wegen begehrt (der erst entdeckt werden müßte[37]), sondern weil er sich, wie Gold und Silber, dazu eignet, Reichtum, also die mögliche Verfügung über Arbeit, zur Schau zu stellen.[38]

So verspielt der Adel des 17. und 18. Jahrhunderts sein Erbe, denn die reale Macht des traditionellen Feudalherren über seine Vasallen, Fronbauern und Knechte war weit größer als die des für Smith »modernen« Rentenbeziehers, der eine in Wirklichkeit kleinere Macht über eine größere Zahl durch die von seinem Pomp kommandierte Arbeit dokumentieren will.[39] Der Versuch, die feudale Hofhaltung durch Demonstration von käuflichem, privatem Reichtum zu ersetzen, mißlingt.

Die in Realien anfallenden Einkünfte des früheren Adels konnten nur an die unmittelbar Abhängigen (Knechte, Soldaten) umverteilt werden; der Mechanismus diente, einschließlich der Gastmähler, lokaler gesellschaftlicher Integration, die sich von den feudalen Wirren im Land als Ganzem abhob. Aber der spätere Adel entmachtete sich selbst durch eine erst dank dem Aufstieg der Händler und Fabrikanten ermöglichte Verschwendung der monetären Rente. Die Adligen,

»having sold their birth-right, not like Esau for a mess of pottage in time of hunger and necessity, but in the wantonness of plenty, for trinkets and baubles, fitter to be the playthings of children than the serious pursuits of men, [...] became as insignificant as any substantial burgher or tradesman in a city. A regular government was established in the country as well as in the city. [...] A revolution of the greatest importance to the public happiness, was in this manner brought about by two different orders of

---

37 Vgl. A. Smith, *Lectures*, a.a.O., S. 156, 159, 177f.
38 Vgl. P. Lindenthal, *Nachfrage und Zufuhr*, unveröffentlichtes Manuskript, Frankfurt 1977. P. H. Douglas schreibt: »Not only is utility not a determinant of exchange value, but – and here Smith goes farther than Ricardo and later exponents of the labour theory of value – it is not even a necessary prerequisite« (zitiert nach H. M. Robertson, W. L. Taylor, »A. Smith's Approach to the Theory of Value«, *The Economic Journal*, LXVII, Juni 1957, S. 181 ff., hier S. 184).
39 Vgl. A. Smith, *Wealth of Nations*, S. 434 ff.

people [Adel und Bürgertum; *B. S.*] who had not the least intention to serve the public.«[40]

Wenn die so rücksichtslos getadelte Eitelkeit also dennoch eine »Revolution von höchster Bedeutung für das öffentliche Glück« hervorbringt, muß man nicht die Akteure des Dramas, sondern die *hier* wieder zum Zug kommende »unsichtbare Hand« aus der *Theory of Moral Sentiments*[41] loben, denn sie »legitimiert... die künstlichen Bedürfnisse, die im Streben nach Reichtum und Luxus praktisch werden, von den produktiven ökonomischen Konsequenzen her, die sie im Gefolge haben... Die Smithsche Philosophie des Reichtums erscheint... als eine Theorie des Wirtschaftswachstums, welche sich nicht nur den ökonomischen, sondern auch den kulturellen und politischen Fortschritt aus der Dynamik der künstlichen Bedürfnisnatur des Menschen zu erklären bemüht.«[42]

Gegenüber dem in der Klassik im Vordergrund stehenden einfachen Kontrast von »notwendigem« und »Luxus«-Konsum, der heute zu kurz greift, wird man einwenden, daß die gewaltigen

---

[40] S. Smith, a.a.O., S. 439 f. In der Tat hatten sich die sichtbaren Formen der Repräsentation geändert. Ein Beispiel für den Übergang von mittelalterlicher zu moderner Gesinnung und Zur-Schaustellung des Reichtums: »S. Maria Maggiore ist die größte unter den etwa 80 Marienkirchen in Rom. ... Die prächtige Decke, zu deren reicher Vergoldung das erste aus Amerika gekommene Gold verwendet wurde, ist von 1493-98.« K. Baedecker, *Italien*, Leipzig 1908, S. 226 f. – Luxusgüter waren ursprünglich ebensowenig nur private Konsumgüter, wie Gold nur Geldfunktionen erfüllte. Obwohl die klassischen Ökonomen für die private, bürgerliche Form des Reichtums eintreten, konnte ein Adam Smith im 18. Jahrhundert unmöglich wie ein Nutzentheoretiker des späten 19. Jahrhunderts übersehen, daß der Luxus nicht nur die Genußmöglichkeit des Besitzenden, sondern auch seine gesellschaftliche Stellung erglänzen läßt. Daher die Identifikation des Niederen mit dem Höheren, oder, in der Sprache von Smith, die ›Sympathie‹, welche Smith als stoischem Moralisten mißfällt und die er doch um des Ansporns zu wirtschaftlichem Wachstum willen preist.

[41] »The rich... are led by an invisible hand... to advance the interest of the society...« A. Smith, *The Theory of Moral Sentiments*, hg. von D. D. Raphael und A. L. Macfie, Oxford 1976, S. 184 f.

[42] K. Medick, *Naturzustand und Naturgeschichte der bürgerlichen Gesellschaft*, Göttingen 1973, S. 231.

sozio-ökonomischen Verschiebungen seit dem Ende des 18. Jahrhunderts (und namentlich das Steigen der Löhne auf ein Niveau, bei dem die Redeweise vom Subsistenzlohn angesichts wirklicher Armut anderswo zur dogmatisch-marxistischen Frivolität geworden ist), der modernen Haushaltstheorie mit ihrer Betonung des Nutzenvergleichs schon eher Recht geben. Der Einwand würde aber der Differenzierung der Smithschen Argumentation nicht gemäß sein, die zeigen will, wie die kulturell bedeutsamen Bedürfnisse infolge der Mechanismen der Sympathie im Wachstum bei ungleicher Einkommensverteilung und mit Unterstützung staatlich vermittelter Bildung gehoben werden.

Eine aktuelle Übertragung Smithschen Denkens über die Bedürfnisentwicklung müßte daher, würde sie gewollt, in die Kulturkritik führen. Sie existiert heute als soziologische Bedürfnisforschung, als informierende oder manipulierende Werbung, in Prognoseversuchen der zukünftigen Bedürfnisentwicklungen[43] – kurz, überall dort, wo man im Wandel der Präferenzen und in der Wertung des Wandels, aber nicht in der Verabsolutierung der Wünsche vereinzelter, geschichtsloser Individuen das Problem sieht. Es ist kein Zufall, daß wir heute, wie Smith, die Bedürfnisse wieder im Rahmen der Wachstumsproblematik hinterfragen, die zu seiner Zeit mit der industriellen Revolution eine nie gekannte Beschleunigung erfuhr. Wir werden allerdings – angesichts heute sichtbarer Grenzen des Wachstums – kaum wie er unproduktive Arbeit als nicht wachstumsfördernd anprangern, da uns die Ausdehnung des im klassischen Sinne nicht produktiven tertiären Sektors in gewissem Grad vor noch stärkerer Vernutzung endlicher Ressourcen bewahrt.

Smith begriff das Verhältnis von zweckbestimmter Arbeit und freier Betätigung als den zentralen Punkt. Man erinnert sich etwa seiner großen Gegenüberstellung in Würdigung der Arbeitsteilung: hier der verhältnismäßige Reichtum des einfachen Arbeiters, dort die »Entfremdung« seiner Tätigkeit im Vergleich mit dem Leben des Wilden, wodurch die Beziehung zwischen Arbeit und Bedürfnisbefriedigung kraftvoll veranschaulicht wird:

»In such societies... Invention is kept alive, and the mind is not suffered to fall into that drowsy stupidity, which, in a civilised society, seems to

---

43 Vgl. zum Beispiel K. M. Meyer-Abich, (Hg.), *Was braucht der Mensch, um glücklich zu sein?*, München 1979.

benumb the understanding of almost all the inferior ranks of people. In those barbarous societies every man is a warrior... a statesman... [and] does... almost everything which any other man does... In a civilised state, on the contrary... notwithstanding the great abilities of [the] few, all the nobler parts of the human character may be, in a great measure, obliterated and extinguished in the great body of the people.«[44]

Die Plastizität solcher Gedanken, die – positiv gewendet – in der Hegelschen Rechtsphilosophie nachklingen[45] und – negativ – bei Marx, belegen »diese Smithsche Vielfältigkeit, die dem üblichen Bild, das schon in Smith nichts als einen reinen Theoretiker, einen Vor-Ricardo sieht, aufs schärfste widerspricht«.[46] Die Nutzentheorie von Smith – wenn wir diesen Ausdruck überhaupt gebrauchen dürfen – geht weit über die moderne Formulierung der Entscheidungslage des Konsumenten hinaus, indem sein Begriff vom Gebrauchswert auf das in einem gesellschaftlichen Kontext inhaltlich »objektiv« Nützliche eines Gegenstandes im historischen Wandel zielt. Seine *Theory of Moral Sentiments* betrifft die Ordnung von Verhaltensweisen, welche die kulturelle Höherentwicklung des Menschen sichern sollen, und *das* ist bei ihm Konsumtheorie im weitesten Sinne. Oder, umgekehrt ausgedrückt, die formalisierte Konsumtheorie der neueren Lehrbücher ist die kaum mehr kenntliche Spur der großen kulturphilosophischen Fragen der frühen politischen Ökonomie.

b) Warenproduktion mittels Waren (Torrens, Ricardo)

Das vom neoklassischen so verschiedene Verständnis der Bedürfnisstruktur und der Bedürfnisbefriedigung in arbeitsteiligen, warenproduzierenden Gesellschaften hat bei Smith und in den klassischen Systemen überhaupt eine präzise theoretische Grundlage in der Verschränkung von Wert- und Akkumulationstheorie. »Die Geschichte des Nutzens ist nicht eine Geschichte der Nach-

---

44 S. Smith, *The Wealth*..., a.a.O., Bd. II, S. 303 f.
45 Vgl. G. W. F. Hegel, *Grundlinien der Philosophie des Rechts*, §§ 189 bis 208.
46 E. Salin, *Politische Ökonomie: Geschichte der wirtschaftspolitischen Ideen von Platon bis zur Gegenwart*, 5. erweiterte Auflage, Tübingen, 1967, S. 74 f.

frage!«, schreibt Stigler zu Recht.⁴⁷ Der Komplex der Nachfrage ist bei weitem reicher, als was in der Reduktion auf den Nutzen sichtbar wird. Der theoretische Rahmen muß dieser Diskussion adäquat sein. Er ist, schon bei Smith in aller Deutlichkeit, die Vorstellung der wirtschaftlichen Reproduktion als eines Kreislaufs *unter Einschluß des Konsums*, denn nur wenn der Stand der technologischen Entwicklung als Komplex der gesellschaftlich notwendigen Produktionsmethoden und der Konsum als notwendiger Konsum und Luxuskonsum gegeben gedacht sind, verknüpfen sich die Analysen vom Mechanismus der Akkumulation mit der historischen, sozialkritischen Argumentation als Erörterung dieser »Notwendigkeiten«. Die neoklassische Fragestellung der optimalen Allokation gegebener Ressourcen zur Befriedigung gegebener Präferenzen verschließt sich dagegen im Prinzip (wenn auch nicht unbedingt in der Praxis des engagierten Wissenschaftlers) beidem, da das Problem der Optimierung methodisch auf einer anderen Ebene liegt als das der historischen Bestimmung. Die Klassik analysiert die Daten zu Produktion und Konsum im Hinblick auf ihre Interdependenz (zum Beispiel in der Einkommensverteilung) und – kritisch – im Hinblick auf ihre Entstehungsursachen. Beim zweiten Bereich denken wir (und mit Recht) vor allem an Smith, beim ersten an Ricardo und seine Anhänger, aber beide Bereiche sind methodisch verknüpft.

Dies kommt bei Torrens analytisch im folgenden Zitat zum Ausdruck:

»In the production of every commodity certain portions of some other commodities are consumed. Effectual demand must therefore consist in the power and the inclination to give for a commodity, either by direct or circuitous exchange, a quantity of the other commodities required in their production, somewhat greater than their production actually costs.«⁴⁸

So erfordert etwa die Produktion der Ware Korn belebte und unbelebte Materie (»Produkte«) in vielfältiger Form, aber nur die in die Produktion eingehenden *Waren* (einschließlich der von Arbeiter, Pächter und Landbesitzer konsumierten Waren) werden im kommerziellen Austausch ersetzt. Torrens entwickelt mit langen Zahlenbeispielen eine sich reproduzierende Wirtschaft, in der Waren mit Hilfe von Waren reproduziert werden; der in

47 Vgl. G. J. Stigler, »The Development of Utility Theory«, *Journal of Political Economy*, LXIII (1950), S. 307 ff., hier S. 308.
48 R. Torrens, a.a.O., S. 342.

Rede stehende Überschuß ersetzt den Profit. Wir haben es somit mit einem Modell der erweiterten Reproduktion vom Typus des von Neumann- oder Sraffa-Modells zu tun[49], bei einheitlicher Rate des Profits und ggf. auch der Akkumulation. Daher:

»Effectual demand consists in the power and inclination, on the part of consumers, to give for commodities, either by immediate or circuitous barter, some greater portion of all the ingredients of capital than their production costs.«[50]

Dies wird nun im Rahmen eines »Schemas der Reproduktion«, aber nicht, wie bei Marx, in Tausch-, sondern in Gebrauchswerten dargestellt.

»Let us suppose that there exists a society consisting of one hundred cultivators, and one hundred manufacturers, and that the one hundred cultivators expend one hundred quarters of corn and one hundred suits of clothing, in raising two hundred and twenty quarters of corn, while the one hundred manufacturers expend one hundred quarters of corn and one hundred suits of clothing, in preparing two hundred and twenty suits.«[51]

Formal ergibt sich also:

   100 corn + 100 clothing $\rightarrow$ 220 corn
   100 corn + 100 clothing $\rightarrow$ 220 clothing

Es folgt ein Tauschverhältnis 1:1 und eine aus der physischen Reproduktionsrate abzuleitende Profitrate von 10%. Es gelingt Torrens nicht, die einschränkende Bedingung gleicher Kapitalzu-

---

[49] Von Neumann, insofern wir »balanced growth« vor uns haben; Sraffa, insofern die Zahl der Sektoren, gleich der der Waren ist. Vgl. hierzu B. Schefold, »On Counting Equations«, *Zeitschrift für Nationalökonomie*, XXXVIII, 1978, S. 253 ff., und ders., »Von Neumann and Sraffa, Mathematical Equivalence and Conceptual Difference«, *The Economic Journal*, März 1980, S. 140-156.

[50] R. Torrens, a.a.O., S. 349. Vielleicht wäre Marx der Schiffbruch beim Transformationsproblem erspart geblieben, hätte er hier die Bedeutung der Torrens'schen Argumentation erkannt und es vermieden, Torrens durch Unterschiebung einer Verwechslung von Produkten und Waren ins Lächerliche zu ziehen (vgl. K. Marx, *Theorien über den Mehrwert*, in: Marx/Engels, *Werke*, Band 26.3, a.a.O., S. 73). Vor allem übersieht Marx, daß es sich bei Torrens um ein Gesamtsystem der Reproduktion und nicht um die Reproduktion einer einzelnen Ware handelt. Schumpeter glaubt bemerkenswerterweise (J. Schumpeter, a.a.O., S. 490), daß er Torrens nicht gerecht werden kann.

[51] R. Torrens, a.a.O., S. 372 f.

sammensetzung in beiden Sektoren zu überwinden[52], aber der Hauptpunkt wird sofort klar: Die Entsprechung von Nachfrage und Zufuhr wird nicht durch das Auffinden von Gleichgewichtspreisen vermittelt, sondern ist gegeben, wenn die Proportionen der physischen Reproduktion der Gebrauchswertstruktur gefunden sind. Daher:

»... an absolute increase in the effectual demand for a commodity may arise from two distinct causes, – an increase in the quantity of the ingredients of capital offered in exchange for it, or a diminution in the quantity of those ingredients required in its production.«[53]

So kann etwa im zweiten Fall die Kornproduktion steigen, wenn sie weniger Kleider per Einheit Korn erfordert. Die Rückwirkung auf die anderen Sektoren und die Verwendung des Mehrprodukts bleibt zu untersuchen.

Der Konsum ist hier nur notwendiger Konsum. Torrens erweitert dann sein Modell, indem die Basissektoren Korn und Kleider dank technischem Fortschritt einen Surplus produzieren, der ausreicht, um zwei (wirtschaftsgeschichtlich nicht zufällig gewählte) Luxusgütersektoren mit Kapital (das heißt in erster Linie Lebensmittel für Arbeiter) auszustatten, nämlich Zucker und Tabak einerseits, Bänder und Borten andererseits. Mit der Steigerung der Produktivität ergeben sich dann die drei Möglichkeiten: 1. des gesteigerten Wachstums, 2. der Arbeitszeitverkürzung unter Verzicht auf die Luxusgüter oder 3. der Produktion der Luxusgüter. In allen Fällen wird gezeigt, wie die Reproduktionsbedingungen die Übereinstimmung von Nachfrage und Zufuhr (mit den damit implizierten Preisen) definieren und nicht aus ihr abgeleitet werden.[54] Die Gleichheit von Produktion und Verwen-

---

52 Bei heterogener Kapitalzusammensetzung wäre die Reduktion auf Standardproportionen im Sinne Sraffas erfordert, um die Gebrauchswerte, die den Profit konstituieren, mit den Gebrauchswerten, die das Kapital konstituieren, homogen zu machen, so daß die Profitrate – wie hier bei Torrens – ohne Rekurs auf das Preissystem definiert werden kann. Vgl. P. Sraffa, *Warenproduktion mittels Waren*, mit Nachworten von B. Schefold, Frankfurt 1976, Kapitel IV und Nachworte 2 und 6 (Anhang).
53 R. Torrens, a.a.O., S. 364.
54 Schumpeters eingangs gegebene Definition des natürlichen Preises verträgt sich mit dieser Interpretation, aber sie gibt nur *einen* Aspekt des Zusammenhangs wieder.

dung von Korn, Tuch, Zucker usf. wird nicht durch variable Preise hergestellt, sondern *gesetzt,* so daß sie umgekehrt *einen* Vektor relativer Preise definiert.
Man könnte nun meinen, die Einführung der Wahl zwischen Wachstum, Arbeitszeitverkürzung und Luxusgüterproduktion eröffne eine Lücke, die durch Nutzenerwägungen (Abstinenz, Nutzen der Freizeit, Konsumgüterpräferenzen) zu schließen sei. Die nach den eigenen Worten Ricardos kostenorientierte klassische Wertlehre würde dann im Sinne von Marshalls Scherengleichnis durch eine Nachfragetheorie ergänzt.
Hierauf ist zunächst zu erwidern, daß die »Ergänzung« eine Verdrängung der gesellschaftspolitischen Ansätze der Klassiker (abgesehen von der allen Klassikern außer den linken Ricardianern gemeinsamen Grundregel des »Laissez-faire«) zur Folge haben müßte. Man mag – etwa vor dem Hintergrund der Werturteilsdebatte – dafür plädieren, mit Hilfe des Paretianischen Apparates der Wohlfahrtstheorie inhaltliche Erörterungen über das Konsumverhalten zu vermeiden, aber es läßt sich nicht belegen, daß dieser Typ formaler Analyse der Klassik fehle oder gar – etwa bei Smith – durch sie schon impliziert sei, da die Klassik diese »Lücke« eben anders ausfüllt.
Was die Bereiche des Konsums und des Arbeitsinhalts anlangt, wurden sie anhand von Smith schon behandelt. Es wird aber noch viel deutlicher, wenn wir uns auf die Faktormärkte beziehen. Die Arbeit wird durch die Malthusianische Bevölkerungstheorie im Grunde für die sehr lange Periode den Waren subsumiert. Im Aufschwung, also in der mittleren Frist, steigen die Löhne, aber der früher erwähnte, dabei zum Zuge kommende, in gewisser Hinsicht »keynesianische« Mechanismus verlangt nach keiner nutzentheoretischen Erklärung und wird, als Beispiel einer Abweichung eines Marktpreises vom natürlichen Preis, auch nicht mit Hilfe von Angebots- und Nachfragekurven verständlicher. Die passive Rolle des Landes und der Landbesitzer folgt aus der ricardianischen Rententheorie. Angebot und Nachfrage von »Realkapital« (dritter Faktor) existieren nicht, vielmehr definiert der Fleiß der Unternehmer und der schon erreichte Stand der Akkumulation eine Rate fortgesetzter Akkumulation von Kapitalgütern, die ihrerseits wieder nur als Waren im Reproduktionssystem erscheinen. Die Schließung der genannten Lücke erfolgt in der Klassik paradigmatisch durch die Akkumulations- und Vertei-

lungstheorie Ricardos, die – wenn wir Sraffa als korrekten Deuter Ricardos ansehen – von einer gegebenen Gebrauchswertstruktur einschließlich von Lohngütern und Investititionsgütern und einer gegebenen Verteilung ausgeht, deren Entwicklung im Zeitablauf untersucht wird.

Nur beim *Geldkapital* gibt es eine bemerkenswerte Ausnahme. Während die Reproduktionsverhältnisse sonst die natürlichen Preise bestimmen, behauptet Marx für den Geldzins kategorisch eine Ausnahme; für den Zinssatz gibt es keinen natürlichen Preis. Nur die Kräfte, die sonst den Marktpreis bestimmen, regeln ihn. Aber das besagt wenig, denn: Die »Deckung von Nachfrage und Zufuhr« beim Geldzins heißt »durchaus nichts«.

»Es ist durchaus kein Grund vorhanden, warum die mittleren Konkurrenzverhältnisse, das Gleichgewicht zwischen Ausleiher und Anleiher, dem Ausleiher einen Zinsfuß von 3, 4, 5% etc. auf sein Kapital oder aber einen bestimmten Prozentanteil, 20% oder 50% vom Bruttoprofit, geben sollten. Wo hier die Konkurrenz als solche entscheidet, ist die Bestimmung an und für sich zufällig, rein empirisch, und nur Pedanterie oder Phantasterei kann diese Zufälligkeit als etwas Notwendiges entwickeln wollen.«[55]

Als Ansicht über den natürlichen Zins ist diese Auffassung von Marx höchstens für eine Strömung innerhalb der Klassik repräsentativ (er selbst beruft sich auf Tooke), aber sie bringt richtig zum Ausdruck, daß die Anpassung von Nachfrage und Zufuhr, wo sie nicht aus den Reproduktionsbedingungen folgt, in der Klassik von der »Konkurrenz« abhängt und als Prozeß, nicht als Gleichgewicht gesehen werden muß.

5. Marktpreis und effektive Nachfrage

Die Neoklassik versucht, Ungleichgewichtssituationen zu präzisieren, indem sie die aggregierten angebotenen und nachgefragten Mengen sich je als Funktionen des Preises vorgibt, so daß, wenn Angebot und Nachfrage ungleich sind, die Differenz (Überangebot bzw. Übernachfrage) für jeden hypothetischen Ungleichgewichtspreis als extensive Größe gegeben ist. Die Einführung der Vorstellung von Angebot und Nachfrage als Kurven in Funktion

[55] K. Marx, *Das Kapital*, a.a.O., Band 25, S. 375.

von am Markt nicht wirklich erscheinenden Preisen war eine überaus kühne Tat Marshalls, die von ihm (im Gegensatz zu verschiedenen vergessenen Vorläufern) nach meiner Vermutung nur durchgesetzt werden konnte, weil die Nutzentheorie begründete, weshalb alle Marktteilnehmer nicht nur bei dem einzigen Preis, der sich am Markt wirklich bildet, sondern auch zu jedem anderen einen Beschluß darüber fassen können, wieviel sie anbieten oder nachfragen wollen – ein Beschluß, der ja real nicht explizit gefaßt wird und den man bei Introspektion auch mit ehrlicher Mühe kaum aus sich herausholen kann.[56] Es war nicht nur die Kühnheit der neoklassischen Konzeption (die man dank der Gewohnheit langen Unterrichts nur mehr mit der Anstrengung der historischen Reflexion nachzuempfinden vermag), sondern auch die Abwesenheit des Nutzenkalküls, die den Klassikern die Vorwegnahme des heute unentbehrlich scheinenden Kurvenapparates unmöglich machte. Was somit über Ungleichgewichte gesagt werden konnte, scheint, zumal im Vergleich mit dem modernen Apparat, eher simpel, fast banal – so sehr, daß Ricardo kaum über Smith hinausging.

Smith unterschied, wie man weiß, zwischen Marktpreis und natürlichem Preis. Eine Aussage über die Bildung des Marktpreises in Abweichung vom natürlichen Preis verlangt *erstens* die Spezifizierung des Ungleichgewichts als Ausgangssituation. Da Kurven nicht herangezogen werden können, ist die »Zufuhr« ganz platt die vorhandene und die effektive Nachfrage die beim als bekannt vorausgesetzten natürlichen Preis nachgefragte Menge:

»The market price of every particular commodity is regulated by the proportion between the quantity which is actually brought to the market, and the demand of those who are willing to pay the natural price of the commodity...«[57]

Die Konsumtheorie von Smith versucht nur, die beim natürlichen Preis nachgefragte Menge zu erklären. Im Preis-Mengen-Dia-

---

[56] Wenn die Ökonometriker in der Umgebung eines Gleichgewichtspunktes Elastizitäten messen, rekonstruieren sie damit noch lange nicht die ganzen Kurven in ihrer theoretisch postulierten Allgemeinheit. Das Identifikationsproblem zu diskutieren würde aber zu weit führen.
[57] A. Smith, *The Wealth*..., a.a.O., Bd. 1, S. 63.

gramm kann aber nur ein *Punkt* angegeben werden, nämlich der Gleichgewichtspunkt, und dazu die Zufuhr:

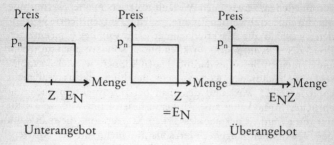

Unterangebot | | Überangebot

Es gibt also Unterangebot Z, Überangebot Z und die Deckung von effektiver Nachfrage E_n und Zufuhr Z. Im letzten Fall ist der Marktpreis gleich dem natürlichen Preis p_n; in den beiden anderen Fällen wird die Diskrepanz von Nachfrage und Zufuhr im Diagramm festgehalten, ohne daß dadurch die Höhe des Marktpreises wie im neoklassischen Diagramm mit Nachfragekurve, temporärem Angebot und langfristiger Angebotskurve bestimmbar würde.

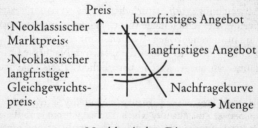

Neoklassisches Diagramm

Benetti[58] hat einen Versuch unternommen, eine Nachfragekurve eigener Art aus Smith abzuleiten, indem er die effektive Nachfrage als die beim natürlichen Preis von den Käufern angebotene Geldmenge G definiert; der Marktpreis p_m verhält sich dann umgekehrt zur Zufuhr Z ($p_m Z = G = p_m E_N$), so daß der Markt geräumt wird. Diese Deutung der effektiven Nachfrage als einer

---

58 Vgl. C. Benetti, *Smith, La teoria economica della società mercantile*, Mailand 1979, S. 93.

unveränderlichen Geldmenge scheint mir aber nicht belegt zu sein. Vor allem verliert Benetti den wichtigsten Beitrag von Smith, den zur Dynamik, aus den Augen, denn:
Zweitens muß der durch die Ausgangssituation ausgelöste Prozeß charakterisiert werden. So sei etwa die Zufuhr zu gering; dann wird eine Konkurrenz zwischen den Käufern ausgelöst.

»A competition will immediately begin among them, and the market price will rise more or less above the natural price, according as either the greatness of the deficiency, or wealth and wanton luxury of the competitors, happen to animate more or less the eagerness of the competition.«[59]

Diese Konkurrenz läßt den Marktpreis über den natürlichen steigen.
Smith zielt nicht auf eine Formalisierung nach der Art des Spinngewebetheorems, sondern auf eine sozialgeschichtlich relevante, paradigmatische Erfassung der wichtigsten Ungleichgewichtssituationen. Für das »Maß« des Ungleichgewichts gibt es nur eine extensive Größe, das Unterangebot beim natürlichen Preis, nicht eine ganze Funktion. Dafür wird nun aber das Augenmerk auf eine intensive Größe gelenkt, die »Konkurrenz«. Sie hängt zunächst von der »Bedeutung« der Waren ab und ist deshalb scharf zum Beispiel »among competitors of equal wealth and luxury« in einer belagerten Stadt. Die so erzeugten Preisfluktuationen sind bei Agrikulturprodukten weiter und häufiger als in der Industrie.[60]

Im umgekehrten Fall einer zu großen Zufuhr spielt die Konkurrenz auf seiten der Anbieter eine Rolle; sie ist zum Beispiel bei verderblichen Waren größer als bei haltbaren. Die Zufuhr ist damit als Menge noch gegeben, aber die Konkurrenz bestimmt, ein wie großer Teil der Zufuhr auf den Markt geworfen und wieviel auf Lager gehalten wird. Sofern die – etwa wegen der Verderblichkeit – auf den Markt geworfene Menge die Nachfrage übersteigt, fällt der Marktpreis unter den natürlichen Preis.

Es mag überraschen, daß Smith nicht von einer Konkurrenz auf beiden Seiten des Marktes spricht. Ich vermute, daß die behauptete Asymmetrie so zu verstehen ist: Wenn etwa Unterangebot bei Rohstoffen herrscht, wird den Anbietern ein oligopolistischer Zusammenschluß erleichtert, auf der Seite der Anbieter

---

59 A. Smith, a.a.O., S. 64.
60 Vgl. A. Smith, a.a.O., S. 64, 66.

vermindert sich die Konkurrenz, sie verschärft sich auf seiten der Käufer; deshalb spricht Smith dann von Konkurrenz nur bei den Käufern. Wenn andererseits etwa bei Manufakturwaren eine nicht durch gewöhnliche Lagerbildung aufzufangende Überproduktion sich auf dem Markt bemerkbar macht, entsteht ein Wettbewerb der nach Liquidität strebenden Verkäufer, während die Käufer in Ruhe den Zusammenbruch der Preise erwarten.[61]
Mit der *Konkurrenz* führt Smith eine Bestimmungsgröße der Abweichung des Marktpreises vom natürlichen Preis ein, die wohl auch heute noch nicht sinnvoll formalisiert oder auch nur präzisiert ist, da auf die besonderen Marktbedingungen verwiesen wird. So müßten etwa nach der neoklassischen Theorie walrasianischer Observanz die ex ante bestimmten Nachfragefunktionen (die in dem Fall hauptsächlich von der Verteilung der Kaufkraft abhängen würden) bei einer Hungersnot infolge einer Mißernte anzugeben gestatten, um wieviel der Brotpreis über den normalen steigt. Es ist aber klar, daß in diesem und ähnlichen Fällen Spekulationen und institutionelle Faktoren eine wesentliche Rolle spielen und das temporäre Gleichgewicht verschieben. Diese werden von der Klassik durchaus ernstgenommen, und selbst der späte J. St. Mill geht in seinen *Principles* darauf ein.[62] Wenn er die regional und im Zeitablauf ausgleichende Funktion der Kornhändler hervorhebt, wird er den gelegentlichen Gefahren der Spekulation, gerade unter den Bedingungen der Unterentwicklung[63], nicht gerecht, aber seine Argumentation bleibt durchaus im Einklang mit der Vorstellung des natürlichen Preises als eines Gravitationszentrums, um das die Marktpreise Oszillationen vollführen, die sich einer genauen Berechnung prinzipiell entziehen, die aber den spezifischen Gleichgewichtsbegriff nicht in Frage stellen. Insoweit stets Rückkehr zum Gleichgewicht erfolgt, sind Klassik und Neoklassik verwandt, erst Keynes, vor

61 Vgl. eine ähnliche Argumentation in: K. Marx/F. Engels, »Lohnarbeit und Kapital«, in: Marx/Engels, *Werke*, Band 6, S. 397 ff., hier S. 402 f.
62 Vgl. den Abschnitt »Examination of the influence of speculators, and in particular of corn dealers« in den *Principles* von J. St. Mill, Buch IV, II, § 5, 1. Ausgabe 1848; gekürzte Ausgabe, Harmondsworth 1970, S. 67 ff.
63 Vgl. A. Sen, »Starvation and Exchange Entitlements: A General Approach and its Application to the Great Bengal Famine«, *Cambridge Journal of Economics,* 1, 1977, S. 33 ff.

allem in der Deutung von J. Robinson, stellt im Zusammenhang mit Erwartungsbildung und Spekulation den Begriff des langfristigen Gleichgewichts selbst, und nicht nur seinen Inhalt, zur Debatte.

6. Marktpreis und natürlicher Preis

a) Abstraktion und Analogie

Trotz ihres institutionellen Bezugs ist die klassische Erklärung des Marktpreises nicht theorielos. Sie ist auch weniger simpel als sie scheint, was vor allem aus Fehlinterpretationen deutlich wird. Die Textstelle

»The monopolists, by keeping the market constantly understocked, by never fully supplying the effectual demand, sell their commodities much above the natural price... The price of monopoly is upon every occasion the highest which can be got.«[64]

kommentiert Schumpeter so:

»The proposition... might be the product of a not very intelligent layman, taken literally it is not even true.«[65]

Aber wenn Ricardo den zweiten Satz in nur geringfügiger Variation aufnimmt[66], muß doch etwas dahinterstecken. Die Lösung sehe ich darin, daß Nachfrage und Zufuhr, für sich genommen, bei den Klassikern nichts erklären, nur anschauliche Worte, nicht scharf definierte Begriffe sind, die nur in Relation zum natürlichen Preis erklärende Kraft erlangen. Der Monopolist steht nicht einer *Cournot*schen Nachfragefunktion gegenüber, sondern einer Nachfrage, die sich am natürlichen Preis orientiert und die er willkürlich nicht befriedigt, so daß sein Preis über dem natürlichen Preis steht, der seinerseits sich aus den Komponenten Lohn, Rente, Profit zusammensetzt. Da die Löhne und Renten den natürlichen Raten entsprechen, ist der höchste Preis mit dem höchsten Profit verbunden.

Diese Erklärung ist zwar weder sehr gehaltvoll noch befriedigend im Sinne Cournots, aber doch hinreichend im Hinblick auf die

---

64 A. Smith, a.a.O., S. 69.
65 J. Schumpeter, a.a.O., S. 309.
66 Vgl. D. Ricardo, a.a.O., Vol. I, S. 249.

klassische Theorie der Konkurrenz, und diesen Zusammenhang übersieht Schumpeter gänzlich. Wie ich anderswo gezeigt habe, orientiert sich die klassische Diskussion der Konkurrenz auf Grund der internen Logik ihrer Argumentation nicht an der Marktform (zahlenmäßige Verteilung, allenfalls Gewichtung von Anbietern und Nachfragern), sondern an den *Eintrittsschranken*.[67] Bei »Monopolen« hat man bei Smith an Handwerksgeheimnisse, merkantilistische Privilegien u. ä. zu denken, die zur Folge haben, daß in einem bestimmten Industriezweig die Profitrate sich über die »natürliche« erhebt, weil der Zutritt beschränkt ist.[68] Durch die Eintrittsschranken wird die Logik der Bildung des natürlichen Preises nicht aufgehoben und durch etwas anderes ersetzt (wie etwa durch ein abstraktes Gesetz isolierter Gleichgewichte von Angebot und Nachfrage), sondern nur modifiziert, im einfachsten Fall im Sinne einer Umverteilung der Profite zwischen Industrien.

Die Bewegung der Marktpreise berührt in erster Linie die *Profite* und muß in Funktion eines (durch Monopole behinderten, aber nicht aufgehobenen) Ausgleichs der Profitraten verstanden werden; nur deshalb kommt es zur Gravitation der Marktpreise um die natürlichen Preise.[69] Ricardo sieht dies deutlicher als Smith und erkennt die Rolle, welche die Banken im Ausgleichsprozeß spielen:

»With the rise or fall of price, profits are elevated above, or depressed below their general level, and capital is either encouraged to enter into, or is warned to depart from the particular employment in which the variation has taken place... When the demand for silks increases, and that for cloths diminishes, the clothier does not remove with his capital to the silk trade, but he dismisses some of his workmen, he discontinues his demand for the loan from bankers and monied men; while the case of the silk manufacturer is the reverse: he wishes to employ more workmen, and thus his motive for borrowing is increased: he borrows more, and thus capital is transferred from one employment to another, without the necessity of a manufacturer discontinuing his usual occupation.«[70]

67 Vgl. B. Schefold, Nachworte, a.a.O., S. 207.
68 Vgl. zum Beispiel auch D. Ricardo, a.a.O., S. 316-317 n.
69 Benetti (a.a.O., S. 98 ff.) diskutiert dies im Rahmen eines allerdings zu engen Formalismus.
70 D. Ricardo, a.a.O., Vol. 1, S. 88 f.

Die Aussagen zur Marktpreisbildung sind somit nur im Zusammenhang mit den natürlichen Preisen, also mit der Akkumulationstheorie, erklärungskräftig. Wenn Marx, den Klassikern folgend, meinte, im Gleichgewicht »höben« sich die »Kräfte« von »Nachfrage und Zufuhr« oder »Begehr und Angebot« »auf«, und »erklärten« somit »nichts«, das heißt weder Wert noch natürlichen Preis oder Produktionspreis, wendete Böhm-Bawerk[71] scheinbar schlagend gegen die Metapher ein, daß der Luftballon steigt, bis sich die Kräfte von Auftrieb und Gewicht aufheben, und dadurch doch eine Höhe bestimmt wird, in Analogie zur Preisgröße. Aber die Klassiker hatten Nachfrage und Zufuhr eben nur in Relation zum natürlichen Preis, nicht zum Marktpreis, fest zu definieren gewagt.

Eine bessere Analogie wäre vielleicht diese: Globale Stoffkreisläufe wie der des Wassers lassen sich nicht nur mit Hilfe von Durchschnittswerten messen, sondern Durchschnittswerte wie der jährliche Gesamtniederschlag lassen sich auch unter vereinfachenden Annahmen über die globale Sonneneinstrahlung, die Ausdehnung von Meeresoberfläche, Eis, Land usw. modellmäßig erfassen. Das Modell für die Durchschnitte von Verdunstung, Wolkenbildung, Regen ist im Grunde zeitlos und eindimensional; es erfaßt nur eine *durchschnittliche* Säule der Atmosphäre über einem durchschnittlichen Stück Erdoberfläche, es erfaßt nicht das *Einzelereignis*, nicht den Niederschlag in seiner regionalen oder zeitlichen Variation. Die Variationen als Einzelereignisse entziehen sich infolge ihrer Komplexität in der Regel der Berechnung, sie können aber, wie die Marktpreise, in bezug auf die natürlichen durch Gegenüberstellung mit dem Durchschnitt verstanden und in ihrer Wirkung eingeschätzt werden: Eine besondere Wetterlage in den Subtropen bedingt eine besondere Wetterlage in den gemäßigten Breiten usw. Die so häufig zitierten und nur mechanischen Analogien wären damit prinzipiell nicht reichhaltig genug, um den von der Klassik intendierten Gegensatz von Marktpreis und natürlichem Preis zu veranschaulichen.

Während die Newtonsche Mechanik reversible Abläufe in einfachen, vollständig determinierten Systemen analysierte, wo alle

---

71 Vgl. E. v. Böhm-Bawerk, »Zum Abschluß des Marxschen Systems«, 1896, abgedruckt in F. Eberle (Hg.), *Aspekte der Marxschen Theorie*, Frankfurt 1973, Bd. 1, S. 107.

Teile wie Sonne und Planeten in identifizierbaren Wechselwirkungen stehen, behandelt die moderne Naturwissenschaft irreversible, komplexe, nicht in allen Wechselwirkungen kausal bestimmte und im Zeitablauf deshalb nicht bis in alle Zukunft determinierte Systeme durch einen Abstraktionsvorgang, welcher der Konzentration der Ökonomen auf das intuitiv als wesentlich Erkannte vergleichbar ist. Der Abstraktionsvorgang springt in der Unsicherheit berücksichtigenden keynesianischen Makroökonomie deutlicher ins Auge als in der mechanistischen neoklassischen Mikroökonomie. Der Vergleich mit der makroskopischen klimatologischen Methode sollte deutlich machen, inwiefern die klassische Ökonomie auch mikroökonomisch nicht mechanistisch ist: Die Produktions- und Verteilungsbedingungen, aus denen sich die »natürlichen« Preise oder Produktionspreise ableiten, entsprechen einer Abstraktion, für die es in der Wirklichkeit kein unmittelbares Korrelat gibt; nicht die ganze Komplexität eines irreversiblen Wachstumsprozesses unter Wettbewerbsbedingungen mit allen vorübergehenden Diskrepanzen von Nachfrage und Zufuhr in der Interaktion aller Agenten und Firmen soll analysiert werden, sondern nur das Zusammenspiel der fundamentalsten Kräfte auf dem Niveau der Industrie, nicht der Firma. Marshall steht in dieser Hinsicht der Klassik verhältnismäßig nahe.

Bei Marx erhält diese klassische, aber auch in der modernen Ökonomie nie ganz verlorene Sichtweise eine philosophische Dimension. So postulierte er zu Beginn des *Kapital* den Gegensatz zwischen der präzisen Regulierung durch das Wertgesetz unter dem Gesichtspunkt der abstrakten Arbeit im Widerspruch zu der sperrigen Wirklichkeit der konkreten Tätigkeit, was sich im Wertgesetz unter einer Produktionsweise, in der das abstrakte Moment dominiert, nach seinem Ansatz so durchsetzt, daß die Marktpreise um die Produktionspreise herum statistisch verteilt auftreten und die »Oberfläche« durch die gedankliche Umkehrung einer realen Sukzession von Durchschnittsbildungen approximierbar wird. Die abstrakte Sphäre im Wertsystem gegeben, erscheinen die Produktionspreise als Resultat einer Umverteilung zwischen den Sektoren, und die Marktpreise als Resultat einer Umgewichtung innerhalb der Sektoren.

Marx beging allerdings den Fehler, die durch Abstraktion geschaffenen idealen Bedingungen für eine konstruierbare Wirklichkeit zu halten, weil die idealen Bedingungen, die »fundamentalsten Kräfte«, ja durchaus eine beobachtbare, empirische, allerdings nicht in Unmittelbarkeit erscheinende Wirklichkeit haben. Als Bewunderer des Statistikers Quetelet war Marx von der Möglichkeit, etwa bei der Lebensversicherung, der Kriminalität usw. Durchschnitte zu prognostizieren, wo sich das Einzelergebnis der Berechnung entzieht, überaus fasziniert. Gegenüber der marktwirtschaftlichen Durchschnittsbildung nahm er somit eine ambivalente Haltung ein: Zwar betonte er einerseits kritisch den Gegensatz zwischen konkreter und abstrakter Arbeit, also den Gegensatz zwischen der reichen Individualität jeder menschlichen Gestaltung der Natur und der kalten Rationalität der eigengesetzlich voranschreitenden Akkumulation, der gegenüber alle Individualität von Arbeit (Standardisierung der Arbeit) und Bedürfnis (Homogenität der Ware) als einzuebnende Normenverletzung erscheint. Andererseits ging von Marx aber auch die Vorstellung aus, die Durchschnittsbildung ließe sich durch bewußte Berechnung der Arbeitsallokation ersetzen.

Nun ist Arbeit in der Intensität und im Geschick ihrer Ausführung von großer, nie ganz beherrschbarer Variabilität und damit das wohl am meisten zufälligen – weil zum Teil willkürlichen – Bestimmungen ausgesetzte Element der Produktion. Die von Marx postulierte »bewußte Planung« erforderte also vor allem die Planbarkeit der Arbeit unter Einebnung der Individualität der Tätigkeit des Einzelnen. Hier ist ein begrifflicher Ursprung des von Marx herstammenden Totalitarismus. Die »bewußte Berechnung« wurde zur diktatorischen Willkür, weil sie nicht gelang und nicht gelingen konnte. Der Plan läßt dem Individuellen und Zufälligen nach aller Erfahrung weniger Raum als der Markt, der nicht nur unter geeigneten Umständen das individuelle Geschick der Selbständigen begünstigt, sondern auch in der Konkurrenz eine gewisse Ausdifferenzierung der Fähigkeiten ermöglicht, und, wie Smith in seiner Untersuchung der Entwicklung von Arbeitsteilung und Bedürfniserweiterung gezeigt hatte, teils vorantreibt, teils aufhebt.

b) Die gesellschaftlich notwendige Technik

Die konventionelle Metapher vom »Gravitieren« des Marktpreises zum Gravitationspreis, das hier gewählte, differenzierte naturwissenschaftliche Analogen und die Diskussion der Marxschen Auffassung der Marktpreisbewegung haben die Vorstellung vom natürlichen Preis als einem »Durchschnitt« gemeinsam; aber der »Durchschnitt« wurde noch nicht klar definiert: Woher ist er zu ermitteln, wie verschiebt er sich in der Zeit und vor allem: mit welchen Gewichten wird der Durchschnitt gebildet? Es dürfte nun klar sein, daß die Klassik (abgesehen vom Marxschen Versuch über den Zinssatz) Nachfrage und Zufuhr nie isoliert zur Preisbestimmung heranzieht[72], sondern daß der Marktpreis nur in Relation zum natürlichen Preis verständlich wird. Wie hängen aber beide zusammen, wenn der Marktpreis zum natürlichen »gravitiert«? Können die »durchschnittlichen« Produktionsbedingungen unabhängig von Nachfrage und Zufuhr gedacht werden?

Dies hat man sich bisher unter der Annahme *konstanter Erträge* vorzustellen versucht: Wenn die Nachfrage nach einer Ware steigt, der Marktpreis sich über den natürlichen hebt und die Ursache der Nachfragesteigerung von Dauer ist, senkt sich der Preis wieder auf denselben natürlichen Preis, sobald sich die Produktionsmenge infolge des höheren Profits angepaßt hat.

Viele moderne Interpreten scheinen zu glauben, daß *nur* die Annahme konstanter Skalenerträge die klassische Theorie davor bewahrt, sagen zu müssen, daß die natürlichen Preise schließlich doch von Nachfrage und Zufuhr und damit den Marktpreisen abhängen. Was bestimmt nach der Anpassung den neuen natürlichen Preis bei variablen Erträgen, wenn nicht Nachfrage und Kosten zugleich, ganz im Sinne von Marshalls Scherengleichnis?[73]

Nun schloß aber zumindest Ricardo die Möglichkeit variabler Erträge nicht aus:

72 Die eine, große, merkwürdige, unbefriedigende Ausnahme ist die Marxsche Theorie des Zinssatzes, die insofern an Keynes erinnert, als dieser nach der Publikation der *General Theory* gesagt hat, er habe mit dem Liquiditätspräferenzansatz keine Theorie des Zinses geliefert, sondern nur die Bestimmung dessen, was er ist: »I am simply stating what it is, the significant theories on the subject being subsequent.« (J. M. Keynes, *Collected Works*, Bd. XIV, S. 215). – Marx müßte, um konsequent zu sein, die Suche nach den »subsequent theories« für aussichtslos halten.

73 Vgl. zum Beispiel S. Hollander, a.a.O., S. 323.

»If the demand for hats should be doubled, the price would immediately rise, but that rise would only be temporary, unless the cost of production of hats, or their natural price were raised.«[74]

Zu einem Verständnis dieses Satzes gelangt man meines Erachtens nur, wenn man die Veränderung der Produktionskosten als einen *Prozeß* auffaßt. Das (in der Industrie eher anzunehmende) langsame Fallen der Produktionskosten der Hüte erzeugt Vorstellungen über einen sinkenden natürlichen Preis, und zu diesem gehört eine bestimmte, sozialgeschichtlich zu erklärende Veränderung der Hutnachfrage. Dieser langsame Prozeß kann durch ein abruptes Ereignis wie die hier angenommene exogene Steigerung der Nachfrage ebenso überlagert werden wie durch ein abruptes Fallen der Produktionskosten. Wenn man bereit ist, die Prozesse gedanklich zu trennen, wird man nicht gezwungen, eine Gleichgewichtsbestimmung durch Kurven vorzunehmen.

Damit wird zur Hauptfrage bei der Anpassung, welche »marginalen« Betriebe über die Preisbestimmung entscheiden, indem sie zu normalen Produktionskosten verkaufen. Die marginalen Betriebe benutzen, um den Marxschen Terminus zu gebrauchen, die »gesellschaftlich notwendige Technik«, aber Marx selbst war bei deren Bestimmung in der kurzen Periode merkwürdig unsicher.[75] Ricardos Antwort dagegen ist klar: Der natürliche Preis wird durch die günstigste Produktionsmethode bestimmt (und diesem Preis folgt der Marktpreis bei technischem Fortschritt), sofern diese Methode genügt, um das gesellschaftliche Bedürfnis zu befriedigen.[76] Gesellschaftlich notwendig ist also zum Beispiel die Kornproduktion auf dem schlechtesten Land, sofern bessere Böden allein die Nachfrage nicht decken können, und der am billigsten produzierende Betrieb, sofern dessen Methoden im Prinzip verallgemeinert werden können, um die ganze Nachfrage zu befriedigen. Es müssen also zum Beispiel subventionierte Betriebe (»charitable institution where the poor are set to work with the funds of benefactors«)[77] ausgenommen werden.

---

74 D. Ricardo, a.a.O., S. 384 f.
75 Vgl. hierzu das konfuse zehnte Kapitel im dritten Band des *Kapital*, in welchem der »Marktwert«, um den Nachfrage und Zufuhr schwanken sollen, schließlich selbst von Nachfrage und Zufuhr abhängig gemacht wird.
76 Vgl. D. Ricardo, a.a.O., S. 73.
77 D. Ricardo, a.a.O., S. 73.

Ricardos Definition des natürlichen Preises geht also nicht von einer Durchschnittsbildung aus. Man kann die Sprechweise vom Durchschnitt aber mit seinem Ansatz vereinbaren, wenn man will. So besehen wäre der natürliche Preis nicht primär als zeitlicher Durchschnitt über die Bewegung der Marktpreise zu verstehen, sondern als Durchschnitt über die Produktionsbedingungen jedes Industriezweiges innerhalb einer genügend langen Periode. Dabei wäre die Gewichtung so anzubringen, daß die billigsten, gemäß dem Stand der Nachfrage verallgemeinerungsfähigsten Produktionsmethoden den Durchschnitt definieren. Die Sprechweise vom Durchschnitt rechtfertigt sich, weil bei der angegebenen Gewichtung erwartet werden kann, daß dann auch die zeitliche Bewegung der Marktpreise diesem natürlichen Preis zustrebt; der Durchschnitt wird insofern hinterher – allerdings nicht im streng methodischen Sinn – auch als Durchschnitt der zeitlichen Bewegung aufgefaßt.

Ob man den so vielleicht etwas künstlich erweiterten Durchschnittsbegriff verwendet, hat aber wenig Bedeutung; ich ziehe den prägnanten Begriff der gesellschaftlich notwendigen Technik der immer etwas vagen Durchschnittsvorstellung vor. Als wesentliches Resultat verbleibt, daß es nach hinlänglicher Gewöhnung an diese Denkweise auch dem heutigen Ökonomen gelingen kann, die modernen Fragen ohne Berufung auf Angebots- und Nachfragekurven aufgrund der klassischen Begriffe zu behandeln.

c) Ungleichgewicht und Gravitation klassisch und neoklassisch

Wir haben gesehen, wie Ungleichgewichtssituationen klassisch befriedigend als Abweichungen des Marktpreises vom natürlichen behandelt werden. Wenn man dennoch die Ungleichgewichtssituation mit der neoklassischen Methode in Verbindung bringen möchte, bietet der frühe Marshall eine bessere Anknüpfung an die Klassik als die Walrasianische Lehrbuchdarstellung. Im Preis-Mengen-Diagramm ist das Ungleichgewicht durch eine bei einem bestimmten Stand der Akkumulation erreichte Menge charakterisiert. Die Angebotskurve ist eine langfristige Kostenkurve, der Nachfrageüberhang bedeutet die Möglichkeit, über den Kosten zu verkaufen, so daß die übernormalen Profite eine

Akkumulation bis zum Gleichgewicht verursachen.[78] Die Nähe dieser Konzeption zur klassischen ergibt sich aus der Verknüpfung mit dem Wachstumsprozeß, sie ist aber von Marshall nicht ohne Einschränkungen aufrechterhalten worden, da sie bei Kostendegression fragwürdig wird.

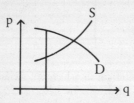

Wenn die langfristige Angebotskurve infolge steigender Skalenerträge – die in vielen Industrien als plausibel anzunehmen sind – wie im folgenden Diagramm fällt und von der von links oben kommenden Nachfragekurve bei der Menge $\bar{q}$ geschnitten wird, ist $\bar{q}$ als stabil anzusehen, insofern die Bereitschaft der Nachfrager, bei q_1 den über den Kosten $p^1{}_S$ liegenden Preis $p^1{}_D$ zu zahlen, die Expansion bis $\bar{q}$ nahelegt (umgekehrt bei q_2). Der Preis $\bar{p}$ bei $\bar{q}$ stellt allerdings dann und nur dann ein Gleichgewicht dar, wenn die Kostendegression bei vollkommener Konkurrenz infolge von Skalenerträgen zustande kommt, die für die Firma extern, für die betrachtete Industrie aber intern sind. Eine individuelle Firma, die bei $\bar{q}$ zu Kosten einschließlich Normalprofit produziert, kann nämlich einerseits bei nur der Firma internen Skalenerträgen den für sie bei Konkurrenz gegebenen Preis $\bar{p}$ ausnutzen, um nach individueller Expansion etwa nach q_2 zu niedrigeren Kosten, also mit überdurchschnittlichem Profit zu produzieren; bei externen Erträgen kann die Expansion unter Kostenreduktion nach Definition nur durch die Expansion der Gesamtindustrie erfolgen. Externe Effekte, die andere Industrien beeinflussen, führen zur Verletzung der *ceteris paribus*-Klausel. Der Preis $\bar{p}$ stellt schließlich kein Gleichgewicht bei unvollkommener Konkurrenz dar, da dann höhere als normale Profite durchgesetzt werden.

Die besondere Kraft von Marshalls Ansatz, die in der Berücksichtigung der von den Klassikern und insbesondere Smith für die

---

78 Vgl. A. Marshall, *The Pure Theory of Domestic Values*, Privatdruck 1879, Reprint der Ausgabe von 1930, New York 1974, S. 10 f., 16 f; oben, S. 35-61. Der *locus classicus* ist A. Marshall, *Principles* v, iii, 6.

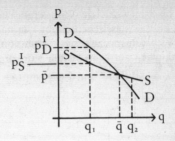

Industrie als charakteristisch erkannten steigenden Skalenerträge liegt, entfaltet sich also nur im schwachen, seltenen Sonderfall von der Firma externen, der Industrie internen Erträgen, wie Sraffa 1925 erkannt hat; weit häufiger ist die firmenintern begründete Kostendegression, welche den Rahmen des neoklassischen Gleichgewichtsbegriffs sprengt.[79]

Man kann außerdem gegen Marshall einwenden, daß die der Nachfragekurve zugrundeliegenden Erwartungen durch den Akkumulationsprozeß derart verändert werden, daß der Gleichgewichtspunkt nicht vom Anpassungspunkt unabhängig definiert werden kann.

Das letzte Argument gilt *a fortiori* von der von J. Robinson mit Recht beanstandeten Lehrbuchdarstellung, die von einem Preis außerhalb des Gleichgewichts ausgeht und bei zu hohem Preis das Überangebot als Ursache einer Preisreduktion ansieht. Da Handel bei falschen Preisen die Bestände und die Erwartungen verändert, mußte Walras seinen bekannten Auktionator erfinden.[80]

In der klassischen Theorie *und* der neoklassischen Theorie gilt der Einwand, daß der Anpassungsprozeß die Erwartungen und damit das Gleichgewicht verändert, genau dann nicht, wenn man begründen kann, weshalb die Gleichgewichtsmengen unabhängig von den Anpassungsprozessen sind. Die Klassik verfügt dabei über den Vorteil, daß sie nur die zum natürlichen Preis gehörige Nachfragemenge als bekannt voraussetzt. Die Klassik greift dazu

---

79 Vgl. B. Schefold, Nachworte, a.a.O., S. 134 ff; oben, S. 137-193.
80 Vgl. J. Robinson, »History versus Equilibrium« (Vortrag in der J. W. G. Universität, Frankfurt/M.), abgedruckt als »Thames Paper« in: *Political Economy*, London 1974.

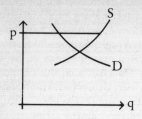

auf nach heutigem Verständnis exogene Faktoren zurück, welche Wachstum, Verteilung und Bedürfnisse historisch bestimmen (wobei der Übergang zur Geschichte nicht theorielos durch Datenvorgabe, sondern durch besondere Theoriebestandteile wie die Bevölkerungslehre erfolgt), während die Neoklassik sich auf die gegebenen Präferenzen stützt. Insoweit beide Theorien Gründe für die Dauerhaftigkeit der langfristig wirksamen Daten angeben, sind auch beide in der Behandlung der Anpassungsprozesse kohärent; die bei der Neoklassik zu stellende Frage wäre nur, ob der Gleichgewichtsbegriff sich mit steigenden Skalenerträgen verträgt (in der Regel ist dies nicht der Fall) und ob die Theorie von Angebot und Nachfrage nicht nur auf Konsumgüter, sondern auch auf Investitionsgüter angewendet werden kann.

Es sollte deutlich geworden sein, daß die Differenz zwischen klassischer und neoklassischer Konzeption auf den Faktormärkten wesentlich stärker zum Tragen kommt als auf den Warenmärkten. Die Preise der »Faktoren« Arbeit, Boden und Kapital bilden sich bei den Klassikern ganz offensichtlich nicht durch den Ausgleich von Angebot und Nachfrage auf den Faktormärkten. Für den Lohn gilt, unter Beachtung gewisser Einschränkungen, die Bestimmung durch das Subsistenzniveau. Die Profite ergeben sich im Verhältnis zum vorgeschossenen Kapital gemäß einer durch die Konkurrenz sich durchsetzenden einheitlichen Rate. Die charakteristische Bestimmung der Bodenrente finden wir bei Ricardo in Form der Differentialrente.

Bevor wir uns andeutungsweise im nächsten Abschnitt der Tragfähigkeit der neoklassischen Analyse der Faktormärkte durch Angebot und Nachfrage zuwenden, sei noch angemerkt, daß die Betonung der Bedeutung der Abweichung von Marktpreisen von natürlichen Preisen davon ablenkt, daß sich die Anpassungsprozesse, zumal im Bereich der modernen industriellen Produktion, vor allem über die Lagerbildung, die Kapazitätsauslastung und Bestellungen vollziehen. A. Smith hat, wie oben bemerkt, darauf hingewiesen, daß die Ausgleichsmöglichkeit durch Lagerbildung bei verderblichen Waren eingeschränkt ist. Bei haltbaren, homogenen Waren ist der Marktpreis infolge des Ausgleichs über die Mengenanpassung gleich dem Produktionspreis. Der durch seinen Opiumroman berühmte De Quincey, einer der letzten echten Ricardianer, hat dies mit seinem schriftstellerischen Geschick hübsch illustriert:

»... in horses, or whereever it is impossible to equate the supply abruptly with an altered state of the demand, large elongations occur... between the oscillating market price... and the steady... natural price... whilst horses are perhaps always at market value, boots and shoes are never known to bear a market value... there is so little reason for supplying [the manufactured article – B. S.] in any variable ratio, and shoemakers are notoriously such philosophic men... that no man buys shoes... at any other than the steady natural price... The result of this difference is seen in the two orders of men, shoemakers and horse-dealers. The horse-dealer is always too clever; whilst it is in no scorn, but in thankful rememberance of such men as Jacob Boehme, &c., that Mr. Coleridge and many others have declared the shoemakers' craft to be the most practically productive of meditation amongst men. This has partly been ascribed to its sedentary habits; but much more, I believe, depends upon the shoemaker's selling always at natural, never at unnatural or market, price; whilst the unhappy horsedealer, being still up to his lips in adfected price, and absolutely compelled to tamper with this price, naturally gets the habit of tampering with the buyer's ignorance, or any other circumstance that shapes the price to his wishes.«[81]

7. Klassik und Neoklassik

R. Arena charakterisiert die Marktpreistheorie als »théorie indéterminée du prix courant«. Man muß »interpréter la théorie classique du prix courant comme l'analyse d'une tendance dont on ne connaît en général ni la nature précise, ni le temps de réalisation«.[82]

---

81 Th. De Quincey, *The Logic of Political Economy*, Erstdruck 1844; Reprint in Th. De Quincey, *Political Economy and Politics*, New York 1970, S. 205.

Die Tendenz gilt einer Anpassung an den natürlichen Preis, der eine besondere Theorie erfordert, gegründet auf das Mengensystem. Ebenso zielt Marshall auf die Analyse der langen Periode, und noch Pigou geht von einer an den natürlichen Preis anknüpfenden Definition aus:

»I define the normal supply price of any quantity of output as the price which will just suffice to call out a regular flow of that quantity when the industry under review is fully adapted to producing that quantity.«[83]

Von der »eigentlichen« Theorie der natürlichen Preise meint Garegnani, daß sie einer Methode entspreche, welche eine frühe Neoklassik mit der Klassik geteilt habe und die erst im Zeitalter von Keynes durch eine neue ersetzt wurde:

»The study of the permanent effects of changes by means of comparisons between positions of the economic system characterized by a uniform rate of profits was in fact the method used by Ricardo and the English classical economists, when they explained profits in terms of the surplus product left after paying wages at the rate determined by independent economic or social circumstances... But fundamentally the same method was preserved after Ricardo, across the deep change which the theory underwent in favour of a symmetric explanation of profits and wages in terms of the equilibrium between the forces of demand and supply for labour and capital.
It was only in the last few decades that this method, which was centred on ›long-period positions‹ of the system – as we may call them in order to cover both the long-period equilibria of the later theories and the analogous notion of the classical theories – was increasingly challenged: be it in favour of short-period equilibria which do not imply a uniform rate of profits on the supply price of the capital goods, or be it in favour of Robinson's ›analysis of processes‹.«[84]

Heute herrscht die Tendenz vor, auf Grund der Präzisierung der Theorie der kurzen Periode die der langen bei der Klassik anzugreifen. Man wirft ihr vor, den Nutzen zu vernachlässigen. Aber wir haben gesehen, daß es in der klassischen Theorie keine »Lücken« gibt, welche die Nutzentheorie auszufüllen berufen wäre. Die »Lücke«, welche durch die gedanklich schon von

82 R. Arena, »Note sur la conception classique de la concurrence«, *Cahiers d'Economie Politique* 5, Paris 1979.
83 A. Pigou, »An Analysis of Supply«, *The Economic Journal*, 1928, S. 238.
84 P. Garegnani, a.a.O., S. 25 f.

Galiani und Früheren vorbereitete Nutzentheorie aufgefüllt wurde, mußte vielmehr erst geschaffen werden, indem man den sozialgeschichtlichen Ansatz der Erklärung der Bedürfnisbefriedigung durch den der Maximierung des Nutzens in gegebener Präferenzstruktur und die institutionellen Elemente der Verteilungstheorie durch Angebot und Nachfrage für Produktionsfaktoren ersetzt hatte. Bei der Formulierung der Theorie der Investitionsgüternachfrage stieß dann die Neoklassik selbst an eine Grenze, die zur unbefriedigenden Verzweigung der Theorie in den makroökonomisch orientierten Keynesianismus einerseits und die Modelle des temporären Gleichgewichts (Mikroökonomie) andererseits führte. Es ist hier nicht Raum oder Anlaß, die immanenten Probleme der modernen Lehre zu erörtern[85], aber es mag legitim sein, an sie zu erinnern, damit die Bedeutung und Eigenständigkeit der klassischen Theorie von Nachfrage und Zufuhr deutlich wird. Die klassische Theorie sperrt sich nämlich weniger als die neoklassische gegen die Integration mit den wesentlichen Elementen der keynesianischen Revolution, da sie nie notwendig Vollbeschäftigung beinhaltete. Gerade die relative Gleichgültigkeit der klassischen Theorie gegenüber den Problemen der kurzen Periode ermöglichte die Einbettung keynesiani-

[85] Vgl. hierzu die Kontroverse zwischen J. Robinson und P. Garegnani in P. Garegnani, *Valore e domanda effettiva (Keynes, la ripresa dell' economia classica e la critica ai marginalisti)*, Turin 1979. Beide sind sich über die Stichhaltigkeit der kapitaltheoretischen Kritik an der Neoklassik im Rahmen der »Reswitching«-Debatte einig, das heißt, Funktionen, die Angebot und Nachfrage nach »Kapital« beschreiben, sind nicht nur, wie im klassischen System, nicht nötig, sondern nicht einmal möglich. Sie sind aber uneins, ob eine zweite Kritik an der Neoklassik, nämlich der Vorwurf, daß die Existenz unsicherer Preiserwartungen die Vorstellung eines langfristigen Gleichgewichts sinnlos mache, auch auf die klassische Analyse langfristiger Positionen im Sinne Garegnanis zutreffe. Dieser bemerkt abschließend: »Il lettore potrà... rendersi conto là di come la controversia tra Joan Robinson e me verta sul se l'errore di base delle teorie marginali stia realmente, come l'autrice sostiene, nell' avere trascurato l'ostacolo che incertezza e aspettative oppongono a tendenze verso un equilibrio tra le forze di domanda e offerta dei fattori produttivi – o stia, piú radicalmente, nella concezione stessa di tali forze. La posizione di Joan Robinson... indebolisce la critica delle teorie dominanti e rischia di sterilizzare il lavoro di ricostruzione teorica« (P. Garegnani, a.a.O., S. 143).

scher Analysemethoden in diesem Bereich; als Ansatz zur Preiserklärung bietet sich die »mark-up«-Hypothese an, wodurch die Marktpreissicherungen durch Auslastungsschwankungen der betrieblichen Kapazitäten – ganz im Sinne des obigen Zitats von De Quincey – ersetzt werden.

Die hier als Theoriebeitrag versuchte Herausarbeitung einer klassischen Lehre hat notwendig eklektischen Charakter. Selbstverständlich sind die Positionen einzelner Schriftsteller differenzierter, als sie hier erscheinen. Sie sind damit auch widersprüchlicher; die Grenzen zwischen den Schulen verwischen sich, und die Gegensätze zwischen den Autoren der Schulen nehmen zu, je genauer man sie betrachtet. Dies gilt etwa von Torrens und Ricardo, deren Ansichten in wesentlichen Fragen stark divergieren und die dennoch hier komplementär dargestellt werden. Ich meine aber, daß die Kohärenz des schließlich erfaßten Gesamtbilds es rechtfertigt, wenn wir auch heute noch Klassik und Neoklassik anhand der Werttheorie unterscheiden und diese Einteilung gegenüber anderen wichtigen Einteilungen in der Dogmengeschichte, etwa nach dem Glauben an den langfristigen Fall der Profitrate oder der Haltung zum Sayschen Gesetz, privilegieren. Dank der Sraffaschen Rehabilitierung der ricardianischen Wertlehre dürfte die Konsistenz des klassischen Ansatzes, in einer gewissen Abgrenzung von Marx und in deutlichem Gegensatz zur Neoklassik, zumindest im Bezug auf die Bestimmung der natürlichen Preise oder Produktionspreise unumstritten sein. Dieser *Kern* der Klassik sei noch einmal unabhängig von dogmengeschichtlichen Einzelverweisen zusammenfassend formuliert, um nun die Unterschiede zur modernen Betrachtungsweise direkt hervorzuheben:

Die Klassik geht von einem *gegebenen* Gleichgewicht aus, charakterisiert durch gegebene Produktions- und Konsumgütermengen und eine gegebene Verteilung. Sie nimmt an, daß diese Daten sich langfristig nicht zufällig, sondern gemäß einer Vielzahl von Gesetzen entwickeln. Soweit die Daten gegeben sind, definieren sie Preise und damit aus genau einem vorgegebenen Parameter der Verteilung (zum Beispiel die Profitquote) die übrigen (zum Beispiel Profitrate, Lohnrate usw.). Die eigentliche Theorie betrifft die Erklärung der Modifikationen, die das wachsende System infolge von Fortschritt, Geschmacksveränderung, Stilwandel, Verteilungskonflikten, Errichtung von Eintrittsbarrieren, natürlichen Wachstumsgrenzen oder -schwellen erfährt. Die Setzung der Preistheorie für die lange Periode ist im Grunde recht trivial und rechtfertigt sich nur durch den geschickten Gebrauch, der von ihr als einem Ausgangspunkt der Erklärung der Akkumulation gemacht wird.

Da die Klassik selbst Parameter wie die Beschäftigungshöhe als Datum nimmt, scheint sie – im Vergleich zur Neoklassik – nur wenig zu beweisen. In der Tat geht es ihr in der Preistheorie auch nur darum, an einem langfristigen Gleichgewicht, von dem der Ausgang zur weiteren Theoriebildung genommen werden soll, eine Reihe von Konsistenzbedingungen zu überprüfen: Da die Waren homogen, die Preise, die Lohnrate, Profitrate, Rentrate zu jedem gegebenen Boden uniform sind, stehen sie in bestimmten Wechselbeziehungen (Summe der Inputwerte zuzüglich Löhne, Profite und Renten gleich Summe der Outputwerte in jeder Industrie), und zwar auf Grundlage einer Mengenstruktur, bei der die Sektoren zu vorhersehbaren, nicht notwendig uniformen Raten expandieren. Somit sind weitere Konsistenzbedingungen zu erfüllen, nämlich diejenigen, welche die Gesamtreproduktion des Systems zu gesellschaftlich notwendigen Produktionsmethoden gewährleisten (also den billigsten von denen, die den Bedarf befriedigen und unter den herrschenden Konkurrenzbedingungen zur Verfügung stehen). Das Gleichgewicht setzt weiter die Konsistenz makroökonomischer Beziehungen zwischen Investition, Ersparnis, Verteilung und Beschäftigung voraus. Schließlich gehört selbstverständlich zu allem diesem mit hinzu, daß die ausgetauschten Mengen bei den natürlichen Preisen auch wirklich angeboten und nachgefragt werden.

In der Neoklassik hat sich unter kaum einsichtiger Betonung des letzten Aspekts die Diskussion von der Überprüfung der Konsistenzbedingungen eines Gleichgewichts und seiner Modifikationen auf seine Konstruktion verlagert: Es werden Präferenzen der Individuen für alle möglichen, auch nicht gleichgewichtigen Situationen als bekannt vorausgesetzt, obwohl Existenz und Konsistenz dieses umfassenden Präferenzsystems bei keinem Individuum je nachgewiesen wurden. Ebenso glaubt man, die Aufzählbarkeit der möglichen Technologien und Güter postulieren zu dürfen, als ob die möglichen Technologien so überschaubar wären wie die wirklichen – wenn sie es wären, gäbe es kein Umweltproblem. Auf diesen erkenntnistheoretisch so fragwürdigen Grundlagen wird die mathematische Existenz von in der Regel nicht einmal eindeutig bestimmten Gleichgewichten bewiesen.

Nach der Konzeption hängt die ökonomische Relevanz des langfristigen neoklassischen Gleichgewichts aber am zusätzlich zu erbringenden Nachweis, daß das System ihm aus beliebigen Anfangsbedingungen zustrebt. Dieser Nachweis der Stabilität stößt auf große Schwierigkeiten. Schon der Existenzbeweis berücksichtigt die kapitaltheoretisch sinnvolle Forderung einer uniformen Profitrate nicht angemessen, wie man erkennt, wenn man mit Sraffa von einem System im langfristigen Gleichgewicht ohne explizite Vorgabe der Präferenzen ausgeht.

Sraffas Untersuchung von Preisveränderungen infolge von Modifikationen der Verteilung war im klassischen Rahmen von untergeordneter Bedeutung; ihr Verdienst ist aber, den Blick für die zentrale Aporie der neoklassischen Gleichgewichtsvorstellung zu öffnen: Wie kann die anfallende Ersparnis aus dem Einkommen – selbst wenn die Höhe der Investitionen schon ex ante mit ihr übereinstimmt – sich in realen Kapitalgütern und einer Erweiterung der konkreten Technologie niederschlagen, welche Vollbeschäftigung garantiert? In dieser Formulierung verknüpfen sich die keynesianische und die kapitaltheoretische Problematisierung des neoklassischen Vollbeschäftigungsgleichgewichts, das nach dem weitergehenden neoklassischen Anspruch ja nicht wie das klassische Unterbeschäftigungsgleichgewicht gegeben ist und auf seine Modifikation untersucht wird, sondern das ein Ziel darstellt, dem das System zustreben soll; in der Erreichung des Vollbeschäftigungsziels muß sich die Stabilität als wesentliches Postulat erfüllen. (Die Problematik erscheint in den verschiedenen Modellen in unterschiedlichen Formen und oft ohne expliziten Bezug auf den mathematischen Stabilitätsbegriff.)

Angesichts des beeindruckenden formalen mathematischen Apparats der modernen Gleichgewichtstheorie fällt es denen, die mit ihr erzogen worden sind, trotz dieser in vielen Abwandlungen immer wieder erhobenen Einwände schwer, sie vom ökonomischen Gehalt her zu problematisieren. Zweifel an der Neoklassik sind zwar Mode. Dennoch wird der neoklassisch Geschulte, wenn mit der klassischen und keynesianischen Alternative konfrontiert, immer wieder fragen, wie es denn möglich sei, die Mengenstruktur unabhängig vom natürlichen Preis und nicht in

der charakteristischen Wechselwirkung von Angebot und Nachfrage zu denken.
Dies ist jedoch ein Mißverständnis. Die Übereinstimmung von Nachfrage und Zufuhr beim natürlichen Preis ist im Gleichgewicht ja einfach vorausgesetzt. Dies mag im Vergleich zur Neoklassik bequem erscheinen, aber der Nachweis der Stabilität des langfristigen neoklassischen Gleichgewichts ist bis heute nicht gelungen, wie die vermutlich inhaltlich verknüpften Stabilitätsdiskussionen innerhalb der Neoklassik und im Rahmen der keynesianischen und kapitaltheoretischen Kritik zeigen, so daß die bescheidenere klassische Methode sich als handfester Ausgangspunkt anbietet.
Der Neoklassiker sollte eine andere, berechtigtere Frage stellen, nämlich ob die Klassiker in ihrer Diskussion der Modifikationen eines schon existierenden Gleichgewichts der Wechselwirkung von Preisen mit Mengen hinreichende Aufmerksamkeit geschenkt haben. Es war das Ziel dieser Darlegungen zu beweisen, daß dies bei den Klassikern selbst – wenn auch vielleicht nicht bei ihren modernen Nachfolgern – der Fall war.
Die Behandlung der kurzen Periode war dabei die vom neoklassischen Standpunkt eingängigere, da die Marktpreise dem (bei Smith allerdings in besonderen historischen Modifikationen betrachteten) Spiel von Angebot und Nachfrage derart folgen, daß die Marktpreise zu einem vorher bekannten langfristigen Gleichgewicht gravitieren.
Wie aber ist die Entwicklung des letzteren zu verstehen? Der Verweis auf die historische Mengenbestimmung wird den Neoklassiker nicht befriedigen, der vor allem nach der Wechselwirkung zwischen natürlichen Preisen und Mengenstruktur fragt. Hier muß man die dogmengeschichtliche Antwort von einer aktualitätsbezogenen scheiden.
Die Behandlung der Nachfrage nach notwendigen Konsumgütern ist bei den Klassikern, in moderner Terminologie und in erster Näherung, nicht durch die Voraussetzung konstanter Skalenerträge, sondern, bei variablen Erträgen, durch die Annahme einer inelastischen Nachfrage gelöst zu denken. Freilich kann zum Beispiel die Nachfrage nach Korn seitens der Arbeiter nur innerhalb enger Grenzen wirklich inelastisch sein. Die reale Elastizität der Nachfrage berührt aber, zumindest im Kontext der klassischen Diskussion, nicht so sehr Substitutionsmöglichkeiten

der Konsumenten (zum Beispiel ein Ausweichen auf andere Nahrungsmittel bei steigendem Kornpreis) als die Interaktion mit makroökonomischen Größen. So bedeutet ein steigender Kornpreis zunächst eine fallende Profitrate (bei gegebenem Reallohn), mit Konsequenzen für die effektive Nachfrage und damit – über komplexe Mechanismen – für die Wirtschaftslage als ganze, und nicht nur für das Geschehen auf einem einzelnen Markt. Solche makroökonomischen Konsequenzen für die Verteilung sind aber, so lange die Synthese von Keynesianismus und Neoklassik noch aussteht, auch heute nur anhand *ad hoc* konstruierter Modelle zu durchdenken. Über die Makroökonomie entsteht eine Interdependenz von Angebot und Nachfrage, die sich nicht nur einer marshallianischen Analyse unter *ceteris paribus*-Annahmen, sondern auch einer walrasianischen Totalanalyse entzieht. Der moderne praktische Ökonom wird deshalb, in der Regel ohne sich dessen bewußt zu sein, wie der Klassiker seine Überlegungen den besonderen historischen Umständen anpassen.

Daß das Geschehen auf den Faktormärkten im Zusammenhang mit keynesianischen Argumenten behandelt werden muß, die mit der neoklassischen allgemeinen Gleichgewichtstheorie nicht integriert sind, liegt auf der Hand. Was schließlich Luxusgüter betrifft, so ist die Nachfrage nach ihnen in hohem Grade preisabhängig, aber die überragende Bedeutung von Smith liegt meines Erachtens nicht zuletzt im Nachweis, daß das Geschehen auf den Luxusgütermärkten nicht allein von individuellen Präferenzen her zu analysieren ist, sondern unter Berücksichtigung der Interaktion von Präferenzen (Luxusgüter als Ausdruck von Macht, als Elemente gesellschaftlicher Repräsentation, als – modern – demonstrativer Konsum). Wenn man von einem Wertparadox sprechen möchte, liegt es darin, daß der subjektive Wert des Diamanten am Fingerring von seiner Wertschätzung durch andere als den Besitzer abhängt.

Es verbleibt ein schmaler Bereich (der sich mit wachsendem Wohlstand vergrößert haben mag), innerhalb dessen die genuin neoklassischen Erklärungen empirischer Preiselastizitäten durch die Substitutionsmöglichkeiten bei gegebenen Präferenzen, aber variablen Preisen und Haushaltseinkommen am Platze sind. Ein leicht steigender Brotpreis wird heute ohne Zweifel Substitutionen hervorrufen, die in erster Näherung und in praktischer Hinsicht sinnvoll auf individuell gegebene Präferenzen zurückgeführt werden können. Wir wissen zwar, daß die Präferenzen historisch gewachsen sind und nur aus konkreten geschichtlichen Umständen verstanden werden können (zum Beispiel übermäßiger Fleischkonsum nach Zeiten des Mangels), aber sie sind zunächst individuell fixiert und können – allerdings nur in Umgebung der wirklich realisierten Präferenzen – als bekannt vorausgesetzt werden. Man wird heute in der Analyse der Modifikationen eines langfristigen Gleichgewichtszustands unter den Gesichtspunkten der angewandten Ökonomie des neoklassischen Apparats, insbesondere der Preiselastizitäten oder Stücken von Nachfragekurven, nicht entraten können. Preiselastizitäten können ja auch empirisch vorgegeben sein und müssen nicht aus der Annahme der Existenz vollständiger Präferenzsysteme unabhängiger Individuen abgeleitet werden.

Ich sehe aber nicht, weshalb dieser pragmatische, in den klassischen Ansatz integrierbare Gesichtspunkt die riesige Literatur über das *allgemeine* neoklassische Gleichgewicht, trotz seiner Infragestellung durch Keynesianismus und Kapitaltheorie, trotz seiner erkenntnistheoretischen Problematik und mit seinem ganzen ideologischen Kontext und seinem universellen Erklärungsanspruch, etwa gemäß der Robbinsschen Definition des Wirtschaftens, rechtfertigen könnte.

Der hier versuchte Rückblick auf die Klassik sollte zeigen, daß die klassische Methode im Ansatz bescheidener ist als die moderne Neoklassik, aber reicher im politischen Kontext, der ja nicht nur durch die marxistische Tradition bestimmt ist. Auf die dem Neoklassiker wichtige Frage, wie die Preise den Ausgleich von Angebot und Nachfrage vermitteln, ergab sich eine klassische Antwort, die zwar formale Geschlossenheit vermissen läßt, die aber wegen ihrer Verbindung mikro- und makroökonomischer Gesichtspunkte aktuelle Bedeutung besitzt. Der Leser möge schließlich selbst urteilen, ob nicht deshalb die Argumentationsweise des guten, empirisch orientierten Ökonomen der Klassik oft näher steht, als er selbst sich bewußt ist.[86] Dies meinte jedenfalls De Quincey, dem das letzte Wort überlassen sei:

»A crazy maxim has got possession of the whole world; viz. that price is, or can be, determined by the relation between supply and demand. The

---

86 Vgl. B. Schefold, »Kapitaltheorie: vom Transformationsproblem und

man who uses this maxim does not himself mean it... You fancy yourself ascertaining the price by the relation of supply to demand, and, in fact, you are ascertaining it by privately looking for the cost in past years, – the very thing that you had pledged yourself to dispense with.«[87]

---

der Kritik an der Neoklassik zur Rekonstruktion der Politischen Ökonomie«, *Jahrbuch für Sozialwissenschaft*, Bd. 30/1979, S. 177-188.
87 Th. De Quincey, a.a.O., S. 206.

Biographischer Anhang

David Ricardo wurde am 18. April 1772 in London geboren. Bereits in seinem 14. Lebensjahr begann er, an der Börse zu arbeiten. Erfolgreiche Börsenspekulationen verschafften ihm eine finanzielle Unabhängigkeit, die es ihm ermöglichte, sich im Alter von 42 Jahren (1814) aus dem Geschäftsleben zurückzuziehen. Ricardo interessierte sich zunächst für Naturwissenschaften (er war Gründungsmitglied der Geological Society). Seine Beschäftigung mit der Nationalökonomie rührte aus einer zufälligen Lektüre des Werks von Adam Smith (im Jahre 1799). Ricardos erste Schriften waren geldtheoretischen Fragestellungen gewidmet: *The High Price of Bullion* (1809/10); *Proposals for an Economical and Secure Currency with Observations on the Profits of the Bank of England*, (1816). Ricardo beteiligte sich als entschiedener Vertreter freihändlerischer Positionen an der Kontroverse um die Abschaffung der Getreideschutzzölle (*Essay on the Influence of a Low Price of Corn on the Profits of Stock*, 1815). Er führte eine rege ökonomische Diskussion mit James Mill, Malthus, McCulloch, Trower und Say. 1817 erschien sein Hauptwerk *Principles of Political Economy and Taxation*, welches seine Stellung als der nach Adam Smith wichtigste Vertreter der klassischen Nationalökonomie begründete. Ziel dieser Abhandlung war es, die Gesetze aufzuzeigen, welche die relative Verteilung im Kapitalismus bestimmen. Dies führte ihn zu werttheoretischen Fragestellungen. Seine Theorie des Werts als »verkörperte Arbeit« sollte einen nachhaltigen Einfluß auf Marx ausüben. 1819 wurde Ricardo in das Unterhaus gewählt. Er beschäftigte sich weiterhin mit geld- und währungstheoretischen Fragen sowie mit Problemen der Besteuerung. Ricardo starb am 11. September 1823.

Alfred Marshall wurde am 26. Juli 1842 in Clapham, England, geboren. Er studierte Mathematik am St. John's College, Cambridge, und beschäftigte sich dann mit Philosophie und Ethik (insbesondere mit Kant). Sein Interesse für die »Soziale Frage« führte ihn zur Nationalökonomie. Er war Dozent für Moral Science am St. John's College, Dozent und Professor in Bristol und am Balliol College, Oxford. 1885 erhielt er als Nachfolger von Fawcett den Lehrstuhl für Politische Ökonomie in Cambridge, den er bis zu seiner Emeritierung im Jahre 1908 innehatte. Marshall war der bei weitem wichtigste britische Nationalökonom seiner Zeit. Er kann als der eigentliche Begründer der Cambridger Schule der Wirtschaftstheorie betrachtet werden. Sein berühmtestes Werk sind die *Principles of Economics* (1890). Weitere bekannte Werke sind *Industry and Trade* (1919) und *Money Credit and Commerce* (1923). Marshall war einer der bedeutendsten neoklassischen Ökonomen, allerdings anfangs noch stark von der klassischen Tradition beeinflußt. Er versuchte, nutzen- und produktionskostenorientierte Werttheorie zu integrieren, indem er sowohl Nutzen als auch Kosten als Bestimmungsfaktoren des Wertes betrachtete. Mit seiner Unterscheidung zwischen sehr kurzer, kurzer, langer und säkularer Periode leistete er einen wichtigen Beitrag zur analytischen Konstruktion der Angebotskurve für Gütermärkte. Marshall analysierte statische Gleichgewichtszustände mit Hilfe der Methode des partiellen Gleichgewichts. Weitere Schwerpunkte seiner theoretischen Arbeit waren die Bedeutung steigender bzw. fallender Erträge für den Wettbewerb und die Expansion der Unternehmung, die Diskussion der externen Effekte, die Behandlung der realen Kosten als Nutzenentgang sowie die Geldtheorie. Obwohl versierter Mathematiker, verzichtete Marshall weitgehend auf die mathematische Formulierung ökonomischer Zusammenhänge und bemühte sich stets, die theoretische Darstellung durch eine Fülle anschaulicher Beispiele zu ergänzen. Alfred Marshall starb am 13. Juli 1924.

Vladimir Karpovič Dmitriev wurde am 24. November 1868 in Smolensk (Rußland) geboren. Er studierte in Moskau Medizin und politische Ökonomie. 1896 begann er als Steuerbeamter in der kleinen Stadt Von-'kovits im Gouvernement Podolsk zu arbeiten, bis ihn eine schwere Tuberkulose 1899 zur Aufgabe dieser Tätigkeit zwang. Dmitriev war der erste russische mathematische Ökonom. Seine zwischen 1898 und 1902 veröffentlichten ökonomischen Abhandlungen, deren englische Übersetzung 1974 von D. M. Nuti herausgegeben wurde *(Economic Essays on Value, Competition and Utility)*, können heute als wichtige Beiträge innerhalb der ökonomischen Theorie betrachtet werden. Dmitriev war wohl der erste Ökonom, der über die bloße Definition des Werts als »verkörperte Arbeit« hinausging und ein Gleichungssystem formulierte, welches die Berechnung von Arbeitswerten ermöglichen sollte und dem Leontiefschen Input-Output-Schema nicht unähnlich ist. L. v. Bortkievič hat dieses System in seiner Arbeit über Marx verwendet. Dmitrievs Versuch einer mathematischen Formalisierung der klassischen Preistheorie führte zur Entwicklung eines Modells der Produktion von Waren durch datierte Arbeit. Die von Dmitriev angestrebte »organische Synthese« von Arbeitswertlehre und Grenznutzenschule führte zu einer entschiedenen Kritik wichtiger Theorieelemente der Klassiker. Dmitriev lehnte die Auffassung von der menschlichen Arbeit als Quelle des Werts ebenso ab wie die Vernachlässigung der Nachfrage in der klassischen Theorie der natürlichen Preise. Bemerkenswert ist Dmitrievs Theorie der Konkurrenz, die man wohl am besten als vollkommene Konkurrenz in Gegenwartsmärkten bei Abwesenheit von Zukunftsmärkten charakterisieren kann. Dmitriev war lange Zeit in Vergessenheit geraten. Obwohl wir in seinem Werk sehr fruchtbare Ansätze für die sozialistische Wirtschaftsplanung finden, wird er erst seit den sechziger Jahren in der sowjetischen Fachliteratur beachtet – wenn auch als »bürgerlicher Ökonom«. Dmitriev starb am 30. November 1913.

Piero Sraffa wurde am 5. August 1898 in Turin geboren. Er studierte in Turin, diente im Ersten Weltkrieg an der Front gegen Österreich und promovierte 1920 mit einer Arbeit über geldtheoretische Fragen bei Luigi Einaudi, dem späteren Präsidenten der Italienischen Republik. Sraffa war schon früh von sozialistischem Gedankengut beeinflußt. Eine persönliche Freundschaft verband ihn mit Antonio Gramsci, später war er auch mit Keynes und Wittgenstein sowie mit dem Bankier Mattioli eng befreundet. Sraffa war Professor in Cagliari (Sardinien), mußte aber dann das faschistische Italien verlassen und kam 1927 mit Unterstützung von Keynes nach Cambridge, England. Dort wurde er Dozent und später Bibliothekar an der Marshall Library, seit 1939 Fellow des Trinity College. Zu Sraffas wenigen, dafür aber um so wichtigeren Veröffentlichungen zählen die Kritiken an der Marshallianischen Form der neoklassischen Gleichgewichtstheorie; der Artikel von 1925 liegt in diesem Band übersetzt vor. Aus dem 1926 im *Economic Journal* erschienenen Aufsatz entwickelte sich dann die Debatte über die Theorie der unvollkommenen Konkurrenz. Ein weiterer Beitrag war seine Kontroverse mit Hayek über die Rolle des Zinssatzes (1932). In den dreißiger und vierziger Jahren befaßte er sich mit der Herausgabe der gesammelten Werke Ricardos. Seine bemerkenswerte Einleitung sowie die sorgfältig von ihm redigierten und teilweise bis zu diesem Zeitpunkt noch unpublizierten Aufsätze und Briefe Ricardos wiesen den Weg für eine neue Interpretation des Systems der politischen Ökonomie Ricardos. Sraffas zweifelsohne wichtigstes Werk war *Warenproduktion mittels Waren* (1960), welches die Grundlage für eine neue Werttheorie in Fortsetzung der klassischen Tradition legte. *Warenproduktion mittels Waren* ermöglichte eine Kritik der internen Logik des neoklassischen Theoriegebäudes und eröffnete damit eine Diskussion, die noch lange nicht abgeschlossen ist. Piero Sraffa starb am 3. September 1983 in Cambridge.